Zu Gast bei Mozart

COLLECTION
ROLF HEYNE

Eva Gesine Baur

Zu Gast bei Mozart

Mit Fotografien von Zoltan Nagy
und Foodfotografien von Bodo A. Schieren

COLLECTION ROLF HEYNE

Inhalt

Zu Gast bei Mozart

Vision und Wirklichkeit 8

-1-

Kinderessen unterwegs

Bier, Schöpsernes und Binadl 20
Suppen & Fastenspeisen 37

-2-

Mozarts Kost und Frust in Italien

Von Trüffeln, Mortadella und abscheulichen Wirtshäusern 58
Gemüsesuppen & -gerichte 83

-3-

Salzburger Intermezzo

Mandelmilch zum Billardspiel 98
Flusskrebse & Fischgerichte 107

-4-

Vaters Vorschriften von München bis Paris

Bloß kein Wein, sondern Gerstenschleim 122
Fleisch & Wild 137

-5-

Mozart in Wien

Würstel zwischen Umzugskisten 166
Obst, Nachspeisen & Getränke 189

-6-

Mozart als Gastgeber

Ein bankrotter Gott, der Madeira liebt 213

Anhang

234

Zu Gast bei Mozart

Vision und Wirklichkeit

Ein lichter Raum, stuckierte Rocaillen an den Wänden, Spiegel in blattvergoldeten Rahmen. Kerzen auf einem Kristalllüster beleuchten die Szene. Um den Tisch sitzen auf zierlichen Stühlen die Gäste im Seidentaft und hören zu, wie zwischen Morchelsuppe und Fasanenbraten der Gastgeber am Fortepiano seine eigenen Kompositionen spielt. Und dann setzt er sich zu ihnen, ein graziler Charmeur mit schönem Gesicht und tiefblauen Augen, aus denen das Genie leuchtet. Ab und zu sorgt er mit ein paar derben Witzen für Gelächter, das aber sofort erlischt, wenn er wieder ans Klavier geht und seine Klänge die Ewigkeit ahnen lassen.

So stellen wir uns eine Einladung bei Wolfgang Amadeus Mozart vor.

Doch die Wirklichkeit sah anders aus.

Wer gemeinsam am Tisch sitzen wollte mit dem kindhaft kleinen, knollennasigen Mann, der eigentlich Johannes Chrysostomus Wolfgangus Theophilus getauft worden war und sich zu allem hinzu nach seinem Firmpaten noch Sigismundus nennen musste, hatte am ehesten Aussichten, wenn er sich dort einladen ließ, wo Mozart selbst zu Gast war. Und das war sehr oft weder in Salzburg noch in Wien, sondern irgendwo zwischen Rom und Brüssel, London und Prag, Venedig und Paris, München und Brünn.

35 Jahre, zehn Monate und neun Tage hat Mozart gelebt. Davon war er zehn Jahre, zwei Monate und acht Tage auf Reisen. Rechnet man die allerfrüheste Kindheit ab, macht das ein Drittel seines Daseins aus.

Und auch was die Genüsse unterwegs angeht, ist die Gefahr groß, dass uns Rokokoseligkeit und Mozartschwärmerei den Blick für die Tatsachen verschleiern. Man könnte meinen, die Touren des Genies seien von Wunderkindzeiten bis ins Erwachsenenalter Exkursionen gewesen, auf denen all jene, die Mozarts Einzigartigkeit erkannten, für den nötigen Luxus gesorgt hätten. Wir sehen einen Kavalier (zierlich) im Frack (adrett) in einer Kutsche (reich geschnitzt und vergoldet), von Pferden (prächtigen) gezogen, durch anmutige Landschaften fahren – ein filmreifes Bild, untermalt von Mozarts Musik. Wir sehen unseren Helden Freitreppen emporschreiten, sehen ihn in gleißenden Sälen vor staunendem Publikum brillieren und hinterdrein im Kronleuchterglanz tafeln zwischen den hochadligen Gönnern. Sogar Mozart selbst verführt uns dazu, sein Leben unterwegs zu verklären, denn es ist bekannt, dass er Reisen für unverzichtbar hielt, wollte man nicht der Verblödung anheim fallen. Als er zweiundzwanzig war und schon sehr viel mehr Reiseerfahrung besaß als die meisten

Die Wahrheit über Mozart: Im Taufmatrikelbuch des Salzburger Doms kommt der Name Amadeus nicht vor. Der wurde erst später aus Mozarts Amadé gebastelt, das er wiederum von Theophilus ableitete.

Rechte Seite:

Das Mozart-Porträt von Barbara Krafft (1764–1825) ist zwar postum entstanden, achtzehn Jahre nach Mozarts Tod, es zeigt ihn dennoch lebensnah, denn die Malerin verfügte über eine vorzügliche Informantin: Mozarts Schwester Nannerl. Wahr ist, dass das Genie eine Knollennase besaß und darunter litt.

umherziehenden Kollegen mit fünfzig, vermeldete er seinem Vater aus Paris: »*ich versichere sie, ohne reisen (wenigstens leüte von künsten und wissenschaften) ist man wohl ein armseeliges Geschöpf!*« Vermessen erklärte er Leopold, der sich erniedrigt hatte, um eine Wiedereinstellung seines im Ausland gescheiterten Sohnes beim Erzbischof zu erwirken, er werde das Stellenangebot als Salzburger Hoforganist und Konzertmeister nicht annehmen, »*wenn der Erzbischof mir nicht erlaubt all 2 jahre eine Reise zu machen*«. Mozarts Begründung: »*ein Mensch von mittelmässigen Talent bleibt immer mittelmässig, er mag reisen oder nicht — aber ein Mensch von superieuren Talent (welches ich mir selbst, ohne gottlos zu seyn, nicht absprechen kann) wird — schlecht, wenn er immer in den nemlichen ort bleibt.*«

Es kann also, sagt sich der moderne Tourist, nicht so strapaziös gewesen sein, wenn Mozart auf dieser Art der Fortbildung bestand. Kein Mensch verfiele doch auf die Idee, sich etwas Unangenehmes als Vergünstigung auszubitten, mehr noch: es zur Vertragsbedingung zu machen.

Doch die Wirklichkeit war so beinhart wie die Sitze der meisten Gefährte, in denen er über die Straßen ratterte, die größtenteils nicht ausgebaut waren: voller Schlaglöcher, im Sommer staubig, im Herbst morastig, im Winter vereist.

Die Entfernung zwischen zwei Poststationen betrug um die drei Meilen, also ungefähr fünfundzwanzig Kilometer. Je nach Wetter und Straße konnte eine Kutsche zwischen fünfeinhalb und siebeneinhalb Kilometer in einer Stunde schaffen, das heißt für eine Etappe waren dreieinhalb bis viereinhalb Stunden nötig. Auf der Poststation musste der Reisende dann eine Zwangspause von ein bis zwei Stunden einlegen, während die Pferde ausgewechselt wurden. Dabei konnte er den besonders stark mitgenommenen Körperteilen eine kleine Erholungspause gönnen oder kurz wegdämmern, »denn, ich versichere Sie«, berichtet Mozart 1780 seinem Vater von der relativ kurzen Fahrt von Salzburg nach München, »daß keinem von uns möglich war nur eine Minute die Nacht durch zu schlaffen — dieser Wagen stößt einem doch die Seele heraus! — und die Sitze! — hart wie stein! — von Wasserburg aus glaubte ich in der that meinen Hintern nicht ganz nach München bringen zu können! — er war ganz schwierig [= schwielig] — und vermuthlich feüer Roth — zwey ganze Posten fuhr ich die Hände auf dem Polster gestützt, und den Hintern in lüften haltend«. Verständlich, dass er meint, es sei ihm »lieber zu fus zu gehen, als in einem Postwagen zu fahren«.

Doch Oasen der Ruhe oder auch nur Orte der Kräftigung waren die Poststationen nicht gerade, an die heute manchmal noch ein »Gasthaus Post«, »Posthorn« oder

Das Reisen zur Mozartzeit: Schön anzusehen, schwer zu ertragen. Eine Szene, wie sie der fränkische Maler Johann Adam Delsenbach (1687–1765) bei der Augartenbrücke vor den Toren Wiens festhielt, erfüllt nur den mit Nostalgie, der nichts weiß von den Strapazen einer tagelangen Kutschfahrt auf harten Bänken über verheerende Straßen, bedroht von Wegelagerern.

»Zum Rössl« erinnern. Meistens handelte es sich um pestilenzisch stinkende Kaschemmen voller Mäuse, Ratten und Ungeziefer, in denen miserable Gerichte zu überzogenen Preisen aufgetischt wurden. Die Reisenden hatten, auf freier Strecke abseits der Städte zumindest, ja keine Wahl. War Mozart genötigt, dort zu essen, so waren mit ihm grölende Betrunkene und plärrende Kinder zu Gast, krankheitsverseuchte Billig-Huren und Kleinkriminelle.

Leopold Mozart war ein guter Beobachter, und seine Briefe sind von einer erfrischenden Lebensnähe, weil er die Details mit unbarmherzig genauem Blick betrachtet hat. Dass er seinem Salzburger Hauswirt Lorenz Hagenauer gerade die gastronomischen Verhältnisse im Ausland akribisch beschrieb, ist kein Zufall: Hagenauer war von Beruf »Spezereywarenhändler«. Von seinem Großvater, der aus einer Ainringer Bauern- und Gastwirtsfamilie stammte, hatte er das Haus Getreidegasse Nr. 9 geerbt, in dem Mozart als siebtes Kind von Anna Maria und Leopold am 27. Januar 1756 zur Welt gekommen war. Mit dem Haus war Hagenauer auch die Konzession vermacht worden, hier ein Geschäft mit *Spezereyen*, also mit Genussmitteln vom Wein bis zur Schokolade, mit Gewürzen, Ölen, aber auch Pigmenten, also Farbstoffen, zu führen. Unter den Salzburger Kollegen in der Branche war Hagenauer immerhin der viertgrößte. Als Feinkost-Fachmann und Gourmet hatte er sich die speziellen Informationen sicher erbeten, er konnte allerdings auch Anspruch darauf geltend machen: Hagenauer war es schließlich, der es den Mozarts ermöglichte, sicherer zu reisen als heute jeder Kreditkartenbesitzer. Nachdem Überfälle an der Tagesordnung waren auf den viel befahrenen Reisestrecken und Taschendiebstahl ein üblicher Gelderwerb in den Poststationen, wollte Leopold Mozart gerne bargeldlos reisen. Schließlich war er einer der ersten bürgerlichen Europareisenden und musste sich solche Tourneen für die Karriere des Sohnes mühsam absparen. Die berühmte »Grand Tour«, diese monatelange Exkursion nach Venedig, Florenz, Paris und anderen traditionsgeschwängerten Orten unternahmen vornehmlich Engländer aus reichen adligen Häusern. Und auch die nicht englischen Bildungsreisenden jener Zeit waren fast alle vermögende Aristokraten. Leopold Mozart hatte viel Unternehmungsgeist, aber wenig Vermögen und gar keine Ahnung, wie er die Tourneen finanziell organisieren sollte, ohne sich mit einem

prall gefüllten Geldbeutel den kriminellen Übergriffen auszusetzen und so ein Fiasko zu riskieren. Hagenauer jedoch, der erfahrene Geschäftsmann mit den vielen Kontakten, wusste Bescheid. Er versorgte den Wunderkindvater mit Kreditbriefen, die der dann bei Hagenauers Handelspartnern einlösen konnte. Zum Dank lieferte Leopold Mozart regelmäßig Protokolle an den Vermieter. Über Speisefolgen und über Tischsitten, über die kulinarischen Gepflogenheiten und Besonderheiten, über Wohlschmeckendes und Ekelerregendes, über Delikatessen und befremdliche Spezialitäten, über Preise und Essenszeiten, über Export und Import von Lebensmitteln, über Wein, Whisky, Bier und Tee, über Galamenüs und trostlose Gasthöfe. Leopolds Schilderungen sind ungeschminkt, plastisch, zuweilen drastisch. Und beleuchten die oft düsteren Verhältnisse, unter denen das kleine Genie durch die Welt geschleppt wurde.

Manchmal hört sich der Bericht erfreulich an, wie der vom 24. November 1762, als Leopold an Hagenauer aus Wien schreibt: »am Caecilia Fest haben wir bey dem Kaiserl: H: Capellmeister v Reitter zu Mittag gespeiset. wenn wir nach Hause kommen so werde ich der Fr: Hagenauerin die Speiß Liste recitiren.« Meistens aber klingt es weniger erfreulich. Aus Brüssel berichtet Leopold am 17. Oktober 1763, dass sie auf dem Weg dorthin wieder einmal eine Zwangspause einlegen mussten, weil auf der gepflasterten Straße von Lüttich nach Paris »das halbe theil vom Reif des 2.ten vorderen Rades absprang«. Was blieb ihm anderes übrig, als mit Frau und Kindern die Reparatur beim Essen abzuwarten. »Wir musten also um 2 Stunden eher das Mittagsmahl einnehmen, bis das

Die Heimaten Mozarts: Die Wohnung der Mozarts im Hagenauer-Haus in der Salzburger Getreidegasse war eng und ziemlich dunkel, aber dennoch ein Ort, an den Mozart liebend gern zurückkehrte. Die spätere Wohnung am Makartplatz, in der jenes Porträt von Mozart, seiner Schwester und seinem Vater entstand, war elegant und geräumig, aber die Familie war dort entschieden weniger glücklich: getroffen vom Tod der Mutter, die 1778 starb und hier nur noch im Bildnis erscheint, im Dauerkrieg mit dem neuen Erzbischof.
Zugeschrieben wird dieses Gemälde, entstanden im Winter 1780/81, zu Unrecht nach wie vor Johann Nepomuk della Croce.

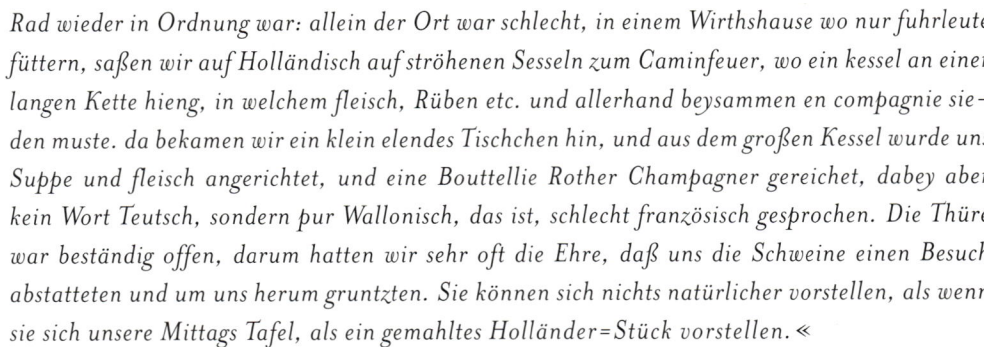

Die Leiden des jungen Mozart: Roman-tisch nimmt sich eine Kutsche in unseren Augen aus, doch die anstrengenden Reisen, die Mozart bereits als Kind zu überstehen hatte, meist in harten Postkutschen, gelten den Medizinhistorikern mit als Grund dafür, dass Mozart nicht recht wuchs — Mutter, Vater und Schwester Nannerl waren groß — und dass er eine schwächliche Konstitution hatte. Nicht ominöse Vergiftungen, sondern eine Infektions-krankheit, die sein angegriffener Organis-mus nicht verkraftete, waren der Grund für seinen relativ frühen Tod. Ein Drittel seines Lebens, die allerfrüheste Kindheit nicht mitgerechnet, war Mozart auf Achse.

Rad wieder in Ordnung war: allein der Ort war schlecht, in einem Wirthshause wo nur fuhrleute füttern, saßen wir auf Holländisch auf ströhenen Sesseln zum Caminfeuer, wo ein kessel an einer langen Kette hieng, in welchem fleisch, Rüben etc. und allerhand beysammen en compagnie sieden muste. da bekamen wir ein klein elendes Tischchen hin, und aus dem großen Kessel wurde uns Suppe und fleisch angerichtet, und eine Bouttellie Rother Champagner gereichet, dabey aber kein Wort Teutsch, sondern pur Wallonisch, das ist, schlecht französisch gesprochen. Die Thüre war beständig offen, darum hatten wir sehr oft die Ehre, daß uns die Schweine einen Besuch abstatteten und um uns herum gruntzten. Sie können sich nichts natürlicher vorstellen, als wenn sie sich unsere Mittags Tafel, als ein gemahltes Holländer=Stück vorstellen. «

Auch der siebenjährige Mozart dürfte in solchen Etablissements nur eines genossen haben: den Gedanken, in einer Absteige dieser Kategorie nicht auch noch übernachten zu müssen, denn die Lager in den Mehrbett-Zimmern bestanden im Allgemeinen nur aus Strohsäcken und waren ähnlich verdreckt wie die so genannten Abtritte. Die Luft war stickig, geheizt wurde ohnehin nicht, und wer in einem der so genannten Gastzimmer zu schlafen versuchte, bekam, wie Mozarts Vater uns wissen lässt, »abscheuliche schwarz=blau=rothe hände«. Kein günstiger Neben-effekt für ein Wunderkind, dessen kleine Finger anmutig über die Tasten huschen sollen, um das Publikum zu entzücken.

Vielleicht ertrug ein Reisender die Unannehmlichkeiten und Wider-wärtigkeiten leichter, der diese Zustände schon als Kind kennen gelernt und sich daran gewöhnt hatte, hungrig und durstig durch Eiseskälte oder glühende Sommerhitze gerüttelt zu werden, stundenlang warten zu müssen, weil irgendein Schaden an der Kutsche zu beheben war, und immer damit zu rechnen, auf freier Strecke von Wegelagerern überfallen zu werden. Und kaum ein Mensch hatte früher mit diesem Training angefangen als jener Wolfgang Mozart, der mit sieben, acht Jahren vor den Fürsten Europas so routiniert auftrat wie ein altge-dienter Virtuose.

Wer bei Mozart zu Gast sein wollte in dessen Kindheit und Jugend, hatte nur zwei Möglichkeiten: in Salzburg auf ihn zu warten oder ihm nachzu-reisen. Und dann auf seinem Zimmer mit ihm zu essen, was gebracht wurde vom nächsten und meistens nicht besten, sondern billigsten Spei-selieferanten. Oder eben in einem der meistens ungepflegten Wirtshäu-ser, die seine Eltern und später er selbst sich leisten konnten, hartes Fleisch kauend, sehnsüchtig an den mürben Tafelspitz daheim zu denken.

Selber zum Gastgeber wurde Mozart erst in Wien, als er gegen den Willen seines Vaters mit Constanze einen gemeinsamen Hausstand gründete. Doch auch in seinen Wiener Jahren von 1781 bis zu seinem Tod 1791 gab es einige Probleme, was die Gastfreundschaft anging. Wer nur das so genannte Figaro-Haus kennt, wo Mozart eine lichte, vornehme Wohnung hatte, die heute makellos restauriert und teuer

möbliert all die Klischees bedient, an die wir uns so gerne halten, ahnt nichts vom wirtschaftlichen Chaos des Großverdieners Mozart, ahnt nichts von den finanziellen Drahtseilakten, die er ständig zu bestehen hatte – und die nicht die ideale Voraussetzung gelassenen Bewirtens sind.

Die Wahrheit über Mozarts Leben als Genießer, über seine kulinarischen Vorlieben und Abneigungen, über das, was in seinem Haus ablief, wenn er feierte, ist nicht idyllisch und schon gar nicht ideal schön. Aufregend und erhellend aber ist sie in jedem Fall.

Wer solchermaßen vorgewarnt zu Gast bei Mozart sein will, bringe Folgendes mit:

1. ein gutes Gehör (es muss kein absolutes sein);
2. Trinkbares, am liebsten Madeira oder Champagner;
3. Tierliebe;
4. eine halbwegs brauchbare, vor allem intonationssichere Singstimme, um neue Werke des Meisters vom Blatt zu singen, wenn dieser gerade Lust darauf verspüren sollte;
5. eine gewisse Belastbarkeit, was obszönes Vokabular und Fäkalsprache angeht;
6. die Fähigkeit, Musik schweigend anzuhören, denn Mozart vertrat die Ansicht seines späteren Interpreten Alfred Brendel: »Die Voraussetzung der Musik ist Stille« (wobei das dauernde Kommen und Gehen im Hause Mozart ohnehin für eine Dauergeräuschkulisse sorgte);
7. die Höflichkeit, einen geistesabwesenden, oft auch leer vor sich hin glotzenden, ziellos herumwandernden Mozart aus diesem Zustand nicht aufzuschrecken – so sah es nun mal aus, wenn er komponierte;
8. Bargeld oder Schecks, um dem Meister bei Bedarf (und der bestand meistens) auszuhelfen;
9. Trinkfestigkeit;
10. Kenntnisse im Billardspiel.

Wer derart vorbereitet ist, kann sich nun auf den Weg machen, um mit dem Mann zu tafeln, den der sieben Jahre ältere Goethe anstaunte als »ein Wunder, das nicht zu erklären ist«. Recht hatte er, der Mozart in Frankfurt zum ersten Mal live erlebte – Goethe vierzehn, Mozart sieben Jahre alt: Wer immer versucht, sich den privaten Mozart zu erklären, gerät ins Dickicht der Widersprüche.

Nicht erklären, aber leichter verstehen kann jedoch Mozarts Marotten, Schwächen und Vorlieben, wer seine Tafelfreuden und -leiden teilt. Gemütlich war das allerdings selten.

Wunder gehören nicht aufs Sofa, war die Ansicht von Mozarts Vater. Sie gehören auch nicht ihren Eltern oder ihrer Heimat. Sie gehören der Welt.

-1-

Kinderessen unterwegs

Bier, Schöpsernes und Binadl

Blass und befremdlich sieht es aus, dieses Kind von nicht einmal sechs Jahren. Der große Kopf ist rachitisch verformt; zwei große Höcker an der Stirn verraten die überstandene Krankheit. Die Augen sind groß und tiefblau, aber in ihrem Blick liegt nichts Kindliches, und auch den Händen ist anzusehen, dass sie so gut wie gar nicht mit Kinderspielzeug beschäftigt sind. Schon mit drei hatte sich der kleine Kerl jeden Abend auf einen Stuhl gestellt und sein selbst erfundenes Lied gesungen. »Oragna Fiagata fà«, Text und Melodie von Wolfgang Mozart. Er findet es gar nicht komisch, wenn jemand über ihn lacht, und reagiert böse, wird er vom Klavier weggeholt, beim Geigespielen gestört oder beim Notenschreiben, weil einer anfängt, währenddessen zu reden. Mit fünf hat er dann seinen ersten öffentlichen Auftritt hinter sich gebracht vor der Salzburger Prominenz: als Tänzer in einer musikalischen Schulkomödie, die in der Aula der Universität aufgeführt wurde und die einen Titel trug, der normalen Kindern wenig sagt – *Sigismundus Hungariae Rex*. Aber er hat ja mit fünf auch bereits 1 Andante, 2 Allegros und ein Menuett für Klavier (KV 1a–1d) komponiert.

1762, ausgerechnet im Januar, als die Straßen vereist sind und jederzeit mit neuen Schneefällen zu rechnen ist, bricht dieser blasse Kerl kurz vor seinem sechsten Geburtstag zusammen mit seiner fünf Jahre älteren Schwester Maria Anna, genannt Nannerl, und dem Vater zum ersten Wunderkindgastspiel von Salzburg nach München auf. Drei Wochen bleiben sie dort, und die Kinder produzieren sich vor Herzog Clemens Franz von Bayern im so genannten Clemens-Schlössl, direkt neben dem Tor zum Alten Botanischen Garten gelegen. Und vielleicht sind sie auch bei ihm zu seinem wie üblich späten Abendessen eingeladen. Denn der an Hand und Fuß gelähmte Herzog sucht kunstsinnige Tischgenossen – seine Frau zieht es vor, allein zu speisen. Nannerl darf sogar Kurfürst Maximilian III. Joseph vorspielen.

Abgesehen von seinem großen Auftritt ist für Wolfgang hier nichts wirklich fremd. Der bayerische Dialekt ist dem Salzburgischen nicht unähnlich, und die Rezepte für Knödel und Schweinsbraten sind sich so gut wie gleich. Und auch wenn sich wie in Salzburg die Residenz in der Stadt breit macht: Eine Weltstadt ist dieses München mit seinen bescheidenen Abmessungen nicht.

Bereits im Herbst dieses Jahres setzt Vater Mozart das Training fort, denn sein Sohn ist mittlerweile Berufskomponist – er hat bis in den Sommer 1762 vier weitere Klavierstücke in jene Noten gesetzt, die schwerelos übers Papier huschen. Vater Mozart nimmt seinen Beruf, seine Berufung als Manager an, reist am 18. September mit seiner Frau und den beiden Kindern in die Kaiserstadt Wien ab und unternimmt von dort aus noch einen anstrengenden Ausflug nach Pressburg. Er denkt nicht daran aufzugeben, obwohl das Leben unterwegs ein Vermögen kostet, der Adel nicht etwa mit Bargeld, sondern mit

Mozart in Gala: Kaiserin Maria Theresia schenkte dem genialen Kind zum Dank für seinen Auftritt am Hof in Wien diese teure Ausstattung, zuvor von einem ihrer Söhne getragen, sicher nicht bequem, aber eindrucksvoll. Deshalb ließ Leopold seinen Sohn darin porträtieren, vermutlich von Pietro Antonio Lorenzoni (1721–1786).

Mozarts Alltag: Schlichte Möbel aus Weichholz, eine Kommode, auf der die Waschschüssel Platz fand — die Wohnung der vier Mozarts in der Salzburger Getreidegasse war einfacher, enger und weniger reich dekoriert, als es das Museum dort heute vermuten lässt. In diesem Zimmer schliefen die Mozarts.

Uhren, Tabaksdosen oder auch, wie Kaiserin Maria Theresia, mit abgelegten Kleidern für die Konzerte zahlt, obwohl die Pocken grassieren und Wolfgang an einer rheumatischen Knotenrose erkrankt, die der Vater für Scharlach hält.

Erst am 5. Januar 1763 kehren sie nach Salzburg zurück — eine Rückreise wiederum in der schlechtesten Zeit, in der die von Motten zerfressenen Pelzdecken in der Kutsche keineswegs ausreichen, um die Gliedmaßen nur halbwegs warm zu halten.

Aber diese Exkursion ist nur eine Kostprobe gewesen, bei der alles noch durchaus vertraut geschmeckt hat, das, was auf den Tisch kam, ebenso wie die Sprache. Tafelspitz und Beuschel, Leberknödel, Kraut und vor allem die bei Kindern beliebten Mehlspeisen. Schon im Juni desselben Jahres bricht die ganze Familie Mozart zu einer Reise auf, die drei Jahre, fünf Monate und zwanzig Tage dauern soll und auf der es weder Tafelspitz noch Beuschel, weder Leberknödel noch Kraut und schon gar keine Mehlspeisen geben soll.

Dass Leopold Mozart dieses Abenteuer eingeht, er, der Rechner, der Vernunftmensch, der Sparsame, dass er alles, was er hat, und sogar das, was er nicht hat, aufs Spiel setzt, beweist: Er hält seinen kleinen Sohn für das Größte.

Gut, dass der Hauswirt Hagenauer für seine Mieter Verständnis hat und ihnen die Wohnung in der Getreidegasse so lange freihält und auch mal durchlüftet, sich darum kümmert, alte Kleider wegzugeben, damit sich die Kakerlaken darin nicht vermehren, und vergessene Lebkuchen entsorgt. Die Hagenauers, schreibt Leopold von unter-

wegs, sollten sich bitte »die Mühe nehmen, und im Cabinetl im Kasten in der mittern und in der obern Stelle suchen, wo sie in einer schachtel etwas weniges Zuckerwerk, und in einem Papier ein Stück lebzelten finden wird. was immer von solchem Zeuge unter die Hände kommt, bitte aufzehren zu lassen: sonst verdirbt es«.

Eine solche Nebensächlichkeit kann den Vater des Genies um seinen Schlaf bringen.

Über München und Augsburg, Ludwigsburg und Schwetzingen, Heidelberg, Mainz, Frankfurt am Main, Koblenz, Köln und Aachen fahren die Mozarts nach Brüssel, von dort aus nach Paris.

Die Vorstellungen vom Paris des Rokoko sind im Allgemeinen so umnebelt von Wünschen und Legenden wie die von Mozarts Äußerem. Die Seine-Stadt im letzten Glanz des Ancien Régime beschwört in unserer Fantasie Bilder herauf von dekadenter Eleganz. Stadtpaläste von lichter Schönheit, Unterhaltungen voll Esprit, Damen wie aus Porzellan, eine Welt, wie mit Pastellkreiden gemalt. Doch die Wirklichkeit hat andere Farben und Gerüche, vor allem einen anderen Geschmack. Gegessen wird aus Kosten-gründen dort, wo sich die Familie eingemietet hat, ein Traîteur liefert das Essen an. An der Unterkunft hat Leopold wenig auszusetzen: »Das Hôtel, wo wir wohnen, ist so nach der Bequemlichkeit gebauet, daß alle, auch die kleinesten Winkel, zu etwas dienlich sind.« Was ihn aber empört, ist die teure und meistens miserable Qualität des Essens, er zetert über die angebotenen »crepirte Fische«, deren Todesdatum vom Zeitpunkt

des Servierens allzu weit entfernt war. Auch mit der flüssigen Ernährung ist es heikel für eine Familie, die aus Salzburg bestes Wasser und frisch gemolkene Milch gewöhnt ist: »*Das abscheulichste ist hier das trinckwasser, so aus der Seine (so abscheulich aussieht) geholt wird*«, berichtet Vater Mozart dem Freund Hagenauer. »*Es sind einige Wasserträger, die das Privilegium haben, und etwas an den König bezahlen müssen; folglich mus alles Wasser bezahlet werden. Wir haben es im Hause. Es wird auf der gasse ausgeruffen: de l'eau. Wir sieden uns alles Trinckwasser, und lassen es abstehen, dann wird es schöner.*«

Schon in Koblenz hatte Leopold festgestellt, dass Essen, Trinken und Übernachten Meile für Meile teurer würde. Paris aber bricht alle Preisrekorde. Fast alle. »*Wohlfeil ist hier nichts als der Wein.*« Davon trinkt er deswegen mit seiner Frau gleich zwei Flaschen am Tag, denn das Brot ist teuer, da muss gespart werden.

Dass die Kinder einen G'spritzten bekommen, also Wein mit Wasser, war damals ganz üblich. Und nachdem das trübe Seine-Wasser auch abgekocht eher nach Kanalisation als nach Gebirgsquell geschmeckt haben dürfte, war das nur vernünftig.

Leider verrät Leopold nicht, ob sein Wunderkind samt Familienanhang bei den verschiedenen Einladungen einen etwas besseren Eindruck von der französischen Kochkunst bekommen hat. Gelegenheit gäbe es: Stolz hinterbringt er es Hagenauer, dass sie sogar beim König eingeladen sind. Und bemängelt, dass die Mätresse von Ludig XV., Jeanne de Poisson, die zur Marquise de Pompadour geadelt worden war, sich hochnäsig benommen habe. Leopold lässt Hagenauer gerne wissen, dass die Mozarts hier Beachtung finden und dass er sich bereits auskennt mit den Sitten hier. »*Nun haben sie zu wissen, daß der könig niemals öffent: speist; als alle Sontage nachts speist die ganze könig: familie beysammen. Doch wird nicht gar jederman dazu eingelassen. Wenn nun aber ein grosses Fest ist, als der NeujahrsTag, Ostern, Pfingsten, die NahmensTäge etc. so heist es das grosse Couvert, dazu werden alle Leute von Unterscheid eingelassen: allein der Platz ist nicht gross, folglich ist er bald voll. Wir kammen spät, man muste uns demnach durch die Schweitzer [Schweizer Garde] Platz machen, und man führte uns durch den Saal in das Zimmer, das hart an der könig: Tafel ist, und wodurch die Herrschaft in den Saal kommt. Im Vorbeygehen sprachen sie mit unserm Wolfg: und dann giengen wir hinter ihnen nach zur tafel.*« Über das, was auf der königlichen Tafel stand, verliert er jedoch kein Wort. Wo er sich doch bewusst war, dass sein Sohn die Menschen noch lange interessieren würde, gerade was jenen Bereich angeht, auf dem »Privat« steht.

Freundlicherweise hat sich die Speisekarte eines Soupers erhalten, das Ludwig XV. elf Jahre vor dem Besuch der Mozarts auf Schloß Choisy kredenzen ließ — die älteste erhaltene Speisekarte der Welt. So können wir uns ziemlich genau vorstellen, mit welchem Anblick der Sechsjährige, gewöhnt an die schlichte, gute Küche seiner Mutter, fertig werden musste.

Da gibt es Suppe mit Gemüse-Julienne und Erbsen, eine andere mit feinen Rübchen, Poulardenkoteletts und -filets mit Gurkengemüse, Turteltäubchen im Ganzen, Wachteln, in Lorbeer geschmort, junges Kaninchen an Wacholdersauce, dazu kleine, dicke gebratene Kartoffelscheiben, Kaninchenpasteten, Brustknorpel in Béchamelsauce, Truthahn in Champagnersauce, Carrées vom Lamm mit Sorbet, Ochsenschwanz auf Turiner Art, helles Taubenkompott, Ragout vom Kalbshirn … Hier brechen wir im Sinn des überforderten Kindes am Tisch ab, denn es handelt sich bei den bisher aufgeführten Gerichten nur um Entrees, die, wie damals üblich, alle gleichzeitig auf die Tafel gestellt wurden. Es folgten dann vier süße Zwischengerichte von einer einfachen Brioche bis zum Überraschungskuchen, und danach als Hauptgang acht verschiedene Sorten Fleisch und Geflügel vom Rost. Damit die Speisekarte nicht schäbig wirkt, sind außerdem noch sechzehn verschiedene Nachspeisen aufgeführt, zu denen nicht nur Schokoladencreme und Erdbeertörtchen gehören, sondern auch Artischocken und junge Erbsen mit Speck.

So gesehen ein Wunder, dass nicht öfter von Brechdurchfall die Rede ist in den Briefen Leopolds an Hagenauer, dem er über jede Verstopfung, jeden Schnupfen, jede Heiserkeit der Kinder genau berichtet.

Aber derart opulente Einladungen waren wohl auch nicht an der Tagesordnung. Leichter wird es für den reisenden Mozart, mittlerweile acht Jahre alt, auf der weiteren Reise nicht unbedingt. Und für seinen Vater wird es nicht billiger. Aus London vermeldet Leopold dem Hauswirt Hagenauer am 28. Mai 1764: »… das Bier, deren man verschiedene Gattungen haben kann ist ganz erstaunlich starck und gut. Hingegen ist der Wein, weil das Bier ein Land-productum ist, unbeschreiblich theuer, und ein erstaunlicher Accis [= eine Abgabe] darauf.«

Das allerdings müsste ihm gleichgültig sein, denn er hatte dem Erzbischof in einem langen Brief mitgeteilt, er müsse als Angestellter des erzbischöflichen Hofes dringend mehr Weingeld zugeteilt bekommen, weil ihm »wegen der schon 3 Jahre nacheinander mich befallenden Sciatica und andern von einer flüchtigen Galle herrührenden Unbässlichkeit Bier zu trinken untersaget ist«. Auch einem Wahl-Österreicher wie Leopold Mozart macht mehr zu schaffen, dass sein flüssiges Grundnahrungsmittel hier auch nur zu Wucherpreisen angeboten wird: »Eben so ist es mit dem Coffeé, welcher über 4. teutsche Gulden das kleine Pfund zu stehen kommt. Über diess muß man ihn schon gebrennt und gemahlter kaufen, dazu eigne Boutiquen sind: und wer ein Pfund Coffeé im Haus selbst brennt wird um 50 guineé gestraft. Was glauben sie was meine Frau über diese Einrichtung für gesichter macht. Genug, die Herren Engelländer suchen ihren

Thée an den Mann zu bringen und zu verhindern, daß das Geld für Coffeé nicht aus dem Lande kommt.«

Notgedrungen füllen sich die Mozart-Eltern also mit Wein ab, interessanterweise meistens mit italienischem, und ihre Kinder mit dem bewährten G'spritzten. Denn, so der sparsame Familienvater, »*Der Wohlfeilste Wein ist der Wein von Florenz à 2. Schilling die Buttelien: Das sind in stroh eingeflochtene Boutellien wie die Monte Bul: Boutell:* [= Montepulciano-Flaschen, wohl die 2-Liter-Fiaschi] *folglich wird man, wenn ich und meine Frau davon trincken und den Kindern etwas weniges unter das Wasser giessen, da das pure Wasser nichts nutz ist, gar leicht des Tages mit einer Bout: fertig*« — also zwei normale Flaschen und ein Kostenfaktor, mit dem Vater Mozart nicht gerechnet hatte. Auf den Gedanken, den täglichen Weingenuss dem Wunderkindbudget zuliebe ersatzlos zu streichen, kommt er beruhigenderweise nicht; zum Asketen ist er noch nicht geworden, er jammert nur: »*Das sind also 60. Schilling des Monats nur Wein. Wir wollten uns anfänglich zum Bier gewöhnen: Allein, sowohl ich als meine Frau wurden bald gewahr, daß es unserer Gesundheit höchst schädlich ware; wir musten es bleiben lassen.*« Na also doch, hat er den Erzbischof nicht wirklich belogen, auch wenn seine gesundheitlichen Bedenken wegen seiner Gallenbeschwerden kein Ernährungskundiger auf das Bier schieben könnte.

Wenigstens die Wohnung in der Thrift Street, in einem hohen, schmalen Haus mit Hühnerleiter-Treppe, die sie gemietet haben, ist nicht teuer, denn in Soho will damals kein Engländer wohnen, der auf sich hält. Zu viele Juden, zu viele Ausländer, zu viele Künstler, zu viel Lärm und zu viel Dreck. Soho, das gilt nicht als ernst zu nehmendes Stadtviertel damals; jeder weiß, woher das Quartier seinen Namen hat: Es war ein Jagdplatz gewesen, wo man mit dem Ruf So-ho, was daher hinten betont wird, das Wild aufgeschreckt hatte. Damals schon gab es wie heute in Soho viele Kneipen, aber während sie nun, mit der Vorsilbe »*Szene*« versehen, abenteuerliche Preise von prominenter Klientel aus der Film- und Musikindustrie verlangen können, waren es damals verschriene Etablissements und nicht auf Kinderteller eingerichtet.

Was sein musikalisches Niveau angeht, wäre der Kinderteller auch nicht mehr passend für Wolfgang: bereits Ende 1764 sind seine 6 Sonaten für Klavier, Violine oder Flöte und Violoncello ad libitum (KV 10-15) im Druck erschienen, Englands Königin Sophie Charlotte gewidmet. Kompositionen, in denen ein abgeklärter Mensch von Sehnsucht und Wehmut, von Liebe und Liebesschmerz zu sprechen scheint.

Während sein kleiner Sohn rund um die Uhr arbeitet, mit seiner Schwester zusammen Konzerte gibt, berühmte große Komponistenkollegen wie Johann Christian Bach besucht, im Königshaus und bei anderen Hocharistokraten die Wunderkindnummer absolviert und zwischendrin komponiert, macht sich der Vater nützlich. Bucht Termine und schreibt seitenlange Reportagen an Hauswirt Hagenauer. Detailgenau führt er auf, wie viel Wein nach England aus Portugal, Spanien, Frankreich, Deutschland und Holland importiert wird, und staunt nicht schlecht über die Menge:

im Jahr 1738 seien es summa summarum 30 040 Tonnen gewesen, mittlerweile werde aber »*noch einmahl so viel eingeführet, (…) dann alles sauft Wein, obwohl der mindeste Preis einer Boutellie Wein (die noch etwas kleiner als unsere sind) 2. Schilling. — — dann andere Weine von 3. bis 20. Schilling eine Boutellie kostet, welches, so unglaublich es scheinet, doch die heilige Wahrheit ist. Indem die gräulichst accise [= Zuschläge, Steuer] auf die Weine gelegt sind, um den Abgang des Biers, Cyder oder Mosts und Brandweins etc. als Landproducta zu befördern: und obwohl die starken getränke nicht für nothwendige Lebensmittel zu achten sind. So werden sie doch aus folgenden Rechnungs Auszug de anno 1733 den ich gesehen habe, die Menge der eingeführten und hier selbst distillirten Sorten starcken getränckes bewunderen.*« Warum bitte kümmert sich Vater Mozart in London um verjährte Rechnungsauszüge? Warum listet er akribisch auf, wie viele Gallonen »*Arrack*«, »*Vizney*« [= Whisky], »*Cordial wasser*« [= Likör], »*Wachholder brand-wein*« [= Gin], »*Rackee*« [= Raki], »*Kornbrandwein*« und »*Usquebaugh*« [= ebenfalls Whisky, in alter gälischer Bezeichnung] eingeführt wird? Es fragt sich schon, weshalb der gestrenge Musikerzieher und Wunderkindmanager sich derart ausgiebig in solche Wirtschaftsdaten vertieft.

Mag sein, dass er Hagenauers Verdienste würdigen will, mag aber auch sein, dass sich hier bereits der zwanghafte und kontrollsüchtige Charakter Leopolds zeigt, der ihm zwar hilft, finanziell über die Runden zu kommen, aber später die schwersten Kon-flikte mit seinem Sohn einbringen wird. Denn der wird einmal seine ganze Energie

darauf verwenden, sich eben jener Überwachung zu entziehen. Noch ist Wolfgang brav und fügsam. Noch begehrt er nicht auf. Noch lässt er sich vorführen, staunt, nimmt auf, gibt ab, bezaubert mit einer ihm eigenen Selbstverständlichkeit: ein Gott von vielleicht einem Meter zwanzig Körperlänge, sich seiner Göttlichkeit nicht bewusst, daheim ganz artig und wohl erzogen. Ignaz Ferdinand Arnold, einer der ersten Mozart-Biographen, wird später dem kleinen Wolfgang eine Eins in Betragen geben: »*Gegen seine Eltern war er gehorsam, nachgiebig, sanft, daß man sich nie sinnlicher [= körperlicher] Strafe bedienen musste. Nicht einmal Eßware oder sonstige Näschereien nahm oder verzehrte er ohne Erlaubniß der Eltern.*«

Ansonsten verzehrt der Kleine, was hier üblich ist: Tee und Butterbrot. Für einen, der aus dem Land der Kipferl und des Kaffees kommt, durchaus gewöhnungsbedürftig. Daheim gibt es Tee nur, wenn einer krank ist. »*Der Theé Kessel ist dem ganzen Tag auf dem Feuer, und bey Besuch werden die Leute mit Theé und Butter Brod bedient: daß ist; man bringt fein aufgeschnittenes und mit Butter überstrichenes Brod. Übrigens ist der Mittag Tisch meist zwischen 2. und 3. Uhr, und auf die Nacht essen die meisten Leuthe nichts, oder nur etwa Käß, Butter und Brod, und lassen sich einen guten Krug starck bier dazu schmecken.*« Doch auch bei Kindern ist der Alkoholkonsum in England zu Leopolds Beunruhigung an der Tagesordnung. »*Die Kinder und die Magd trinken leichtes Bier, und haben die Freyheit nach belieben zu dem fässe zu gehen den ganzen Tag hindurch; denn hier trinckt niemand Wasser, Herr und Frau trincken Starckbier.*«

Vor dem Starkbier wird er seine beiden Kinder ebenso zu bewahren suchen wie vor dem Anblick adliger Duellanten, die so undelikat sind, sich in öffentlichen Weinstuben abzustechen. Doch kindgerecht ist das Essen in London nun einmal nicht; Leopold erscheint es eher für abgebrühte Militärs als für zarte Kindermägen geeignet. *»Sie essen auch Zwiebeln, wie die Panduren* [= ungarische Soldaten]*«*, entrüstet er sich, und angewidert berichtet er, dass die Engländer *»nicht nur die warme, sondern die gestockte Fette mit gusto hineinfressen«*. Sogar der Tee selber erscheint dem besorgten Vater nicht harmlos genug für seine Kinder, auch wenn das dazu gereichte Toastbrot seinen Vorstellungen von Diät durchaus entsprechen müsste; *»der Bürger, sage ich, hat folgende Ordnung. Morgens trinckt er, seine ganze Familie, so gar die Magd Theé, der über alle maassen stark und recht von der Menge der Kräuter bitter ist; darein schütten sie allzeit ein klein wenig Milch oder Rahm und essen eine Menge Butter-Brod dazu, welches auf dünnen Brodschnitten schon auch dünne aufgestrichen hergetragen wird. Gemeiniglich werden auch einige Butterbrodschnitten vorgesetzt, die samt dem darauf gestrichenen Butter bey der Glut gebähet sind.«*

Nicht unwahrscheinlich, dass diese Kost Mozart zu einem Klavierstück in C-Dur angeregt hat, das ihm zumindest zugeschrieben und gerne als Zugabe gespielt wird. Es trägt den Titel *»Das Butterbrot«*. Doch während die Butterbrote mit Tee hinuntergespült werden, braucht es für Hammel und Rind kräftigere Flüssigkeiten. Leopold, selbst kein Verächter guter Weine, der sich daheim in Salzburg die Mühe macht, lange Briefe an den Erzbischof zu schreiben, um den Wein aus Lambach billiger zu bekommen, beschleicht das Gefühl, hier in ein Land von schweren Alkoholikern geraten zu sein.

Immerhin ist er bereit, aus reinem Forschungsdrang alles, vor allem die Biere, zu verkosten, obwohl die ihm angeblich ja nicht bekommen. Hagenauer zuliebe pichelt er hier dennoch Gerstensäfte und notiert seine Erkenntnisse wie immer mit buchhalterischer Genauigkeit. Als wolle er eine Getränkekunde mit derselben Gründlichkeit verfassen wie seine erfolgreiche *»Violinschule«*, unterscheidet er genau in Porter, das tief dunkelbraune, obergärige Bier mit 12 bis 16 % Extragehalt, das angeblich ursprünglich von den Londoner *porters*, den Trägern, getrunken wurde, und das *»Strong-beer; so das starcke Bier ist«*, und in *»Ale; so das leichte Bier heist«*. Erstaunt stellt er fest, was hierzulande bereits morgens konsumiert wird, zum Beispiel *»Purl, nämlich Wermuth Bier«*, das meint ein Bier, in dem ein bitteres Kraut gezogen hat; als Frühschoppen wird es heiß und mit Wacholderbranntwein, also Gin, vermischt serviert.

Doch Mozart nimmt hier bereits die neuesten Modegerichte zu sich. *»Roasted Beef, das ist den englischen Rindsbratten, der unter dem Nammen Rost Biff in Teutschland bekannt ist; weil es nach der englischen Aussprache fast so lautet. dazu haben sie gesotene Erdäpfel, oder Bohnen, die werden nicht zugerichtet, sonderen in einem besondern kleinen Geschirre wird zerlassne heisse Butter hingestellt, davon jeder auf die herausgenommenen Erdäpfel oder Bohnen nach belieben schüttet.«*

Kein Wunder, wenn bei Eltern und Kindern die Gelüste nach Rahmstrudel, Kipferl und Mürbteigtorten wach werden. Denn die englischen Versuche in Feinbäckerei, Süß- und Mehlspeisen können Leopold nicht überzeugen. »*Plumb-pudding* [= Plum-Pudding]*, das ist in Teig eingeschlagne Rosinen, oder auch rechte Äpfel. so eine Art einer Torte vorstellen soll; aber in der that elend und schlecht gemacht ist. Dieses lässt man gleich beym Pastetten Bäcker holen, und isset es kalt.*«

Resteverwertung ist den Mozarts vertraut – kaum eine Küche der Welt betreibt sie mit größerer Vollendung als die österreichische, die auch Schnipsel noch veredelt und vergoldet mit Panade. Doch die Ökonomie der Engländer, die wochenlang an einem Stück Fleisch herumschneiden, scheint Leopold wenig Appetit zu machen. »*Nachts gegen 8. oder 9. Uhr wird der mittägige schöpsene Schlägl oder Roasted-Beef wieder aufgesetzt. Nun ist zu wissen nothwendig, daß der Schlägl oder Rindsbraten am Sonntage warm auf den Tisch kommt. Hernach wird immer die ganze Woche für jede Person nur ein klein schnittzchen abgeschnitten, so lange es dauert, und Abends nehmen sie Speck oder*

Käß oder Butter, streichen es auf Brod und bächen oder rösten es. Mit einem Worte sie essen wie die Panduren.«

Sein begnadeter Sohn soll selbstverständlich nicht verdorben werden von diesen derben Sitten. Aber Einladungen in die Häuser des Hochadels kommen Leopold durchaus gelegen. Doch auch dort scheinen bekennende Alkoholiker das Übliche zu sein. Was soll sich Wolferl denken, wenn er das sieht? »*Leute nun, die kostbahrer leben, deren es genug giebt, halten was den Theé morgens und abends anbelanget die nämliche Ordnung, nur das auch Coffée und choccolate, mit Zimmet gesottene Weine, Rosolie [= Rosenschnaps], gefrornes etc. und anderes gewis kostbares aufgesetzt wird. Diese Speisen um 4. auch um 5. Uhr zu Mittag, bey iedem Tellerwechseln werden auch Messer, Gabeln und Löffel mit hinausgegeben. Da wird man (wie in Teutschland) tractirt. Nachdem [sic] Tisch wird das Tischtuch abgenommen, und die kostbahren Früchte bleiben da; da wird ieder*

Einfach gut: Wenn die Mozarts auf Reisen Schinken, ein Glas Wein, klares Wasser oder frisches Obst bekamen – die Quitten freilich waren roh ungenießbar –, waren sie zufrieden. Üblich aber war in den Gasthöfen an Poststationen Essen von unsäglicher Qualität. Die Gäste hatten ja keine Wahl.

Person ein klein Gläsl hingestellt, und in die Mitte werden viele Bouttelien mit Rheinwein,
Spanischenwein etc. und anderen Weinen nebst Cyder gesetzet, davon man nach belieben
selbst einschenken mag: denn es wird immer eine Boute: nach der anderen von einer Person
zur anderen auf dem Tische herum geschoben; so, daß ich mir einschencken oder die Boute:
weiterschieben kann. Cyder ist Äpfelwein oder Most. es sieht aus wie ein weisser Tyroler-
wein, und ist sehr gut zu trincken, hat Geist, ist etwas weniges säuerlich, folglich sehr ange-
nehm, und klar wie Gold; man sagt, er seye nicht ungesund. Wenn man aufgestanden, kommt
Coffée. Es wird auch Punch angetragen. Obwohl Punch mehrentheils um ein paar Stunden
später, dabey auch Thee und Rosolie oder Liquers aufgetragen werden. dann ist spiel, spa-
zierfart und Musick.«

Wenig kindgerecht sind auch die aristokratischen Essenszeiten. »*... die Noblesse*
soupiert vor Mitternacht auch vor 1 und 2. Uhr nach Mitternacht nicht. um 12. Uhr Mit-
tags stehen sie auf. Opera, Concerten und Comoedien fangen vor 7 — Acht Uhr Abends nicht
an. « Erlaubt es der Vater der Karriere wegen, dass sein kleiner Sohn so spät ausgeht
und nachher mit am Tisch sitzt, wenn frühestens um Mitternacht gegessen wird? Sind
ihm die Beziehungen wichtiger als die Gesundheit seines Sohnes? Wir wissen es nicht.
Aber wir können vermuten, dass die Begeisterung Mozarts für den Punsch bereits im
zarten Alter von acht Jahren erwachte; englische Kinder durften schließlich auch
davon trinken. »*Punch. Wird Punsch ausgesprochen*«, vermeldet Vater Leopold dem
wissbegierigen Hauswirt in Salzburg, »*ist ein getränk von Wasser, Rhum, Zucker und*
Limonien gesotten. Wird warm oder kalt getruncken nach belieben. Rhum ist ein Art eines
Brandweins, so aus einer Frucht in Westindien gebrannt wird und ein Specificum für den
Magen ist. Punch und eine Pfeife Toback ist das englische Element. « Punsch und eine
Pfeife mit gutem Tabak: Da wird sich Mozart später ganz in seinem Element fühlen.

Der Vater kann wahrscheinlich eher das »*Specificum*« brauchen, denn die Preise in
London schlagen ihm auf den Magen. »*Die Mittagsmahlzeit, die um 3. Uhr ist, kostet*
4. Schilling. Wir glaubten es mit 3. Schilling zu machen; wir kammen zum 4.ten Tracteur
[= Traîteur]: allein es war nicht möglich. des Abends können wir eine blosse Suppe unter
8. Pennys oder Sols, ein wenig eingemacht kalbfleisch unter einem Schilling nicht bekom-
men. Ein Hendl kostet 2. Schilling. (...) Nun sage nichts von Zucker, Theé, Milch, Brod
etc. von Kohlen. «

Besonders empört es ihn, wie hier mit System abgekocht wird, wie gerade die
ahnungslosen Fremden in eine schöne Falle gelockt und dann geschröpft werden.
Trotzdem muss er zugeben: Die Ausflugziele außerhalb der Stadt sind geeignet für ein
Kind in Wolfgangs Alter und sind durchaus nach dem Geschmack des Vaters. Hinge-
rissen berichtet er über einen nicht weit von London, südlich von Lambeth an der
Themse gelegenen Vergnügungspark: »*Vauxhall ist etwas, daß mich in Erstaunung*
gesetzt hat, und unmöglich zu beschreiben ist. Ich habe mir die Eliseischen Felder vorgebil-
det [= die Elysischen Felder vorgestellt]. Stellen Sie sich einen ungemein grossen Garten
vor, der alle Arten von Alleen hat, die alle wie der helle Tage mit viel 1000 Lampen, die alle

in den schönsten Gläsern eingeschlossen, beleichtet sind. (...) Hier zahlt jede Person nur einen Schilling; und für diesen Schilling hat man das vergnügen viel 1000 Menschen, den schönst beleuchteten Garten zu sehen und schöne Music zu hören. wie ich da war, waren über 6000. Menschen da. 1. Schilling ist nicht viel. allein man weis wohl, das man mit einem Schilling hinein kommt: doch man weis nicht wie man herauskömmt. Man mache nur den vesten Vorsatz kein Geld zu verzehren; weit gefehlt. Man gehet hin und her; man wird müde; man setzet sich nieder; Endlich lässt man sich ein Bout: Wein geben, etwa einige Biscuit dazu, das kost gleich 4. bis 5. Schilling, endlich sieht man ein paar Hendl tragen, man winkt ihnen; sie kommen; sehen sie so werden die guinées aus dem Sack gelockt. «

Auch wenn solche Unsitten den sparsamen Familienvater verärgern, kann ihm keiner vorwerfen, er sei den fremden Gebräuchen gegenüber verschlossen: Seine Berichte hören sich so an, als habe er alles einmal ausprobiert, und sei es nur, um seine Aufgabe als Hagenauers Reporter perfekt zu erfüllen, denn Leopold Mozart war sein Leben lang ein Perfektionist, im Alter sogar bis zur Selbstkasteiung diszipliniert.

Wer beim Gedanken an die Küche des 18. Jahrhunderts fette Braten, gefüllte Gänse und wuchtige Pasteten vor sich sieht, ist verblüfft, von der damals von Wien bis Venedig, von Den Haag bis London grassierenden Vorliebe für Austern zu hören. Doch es gibt ein Dokument, das einwandfrei belegt: Sogar in Salzburg waren Austern zur Mozartzeit durchaus auf dem Speiseplan des Fürsterzbischofs zu finden; da gab es eine Karpfenschüssel mit Austern, Austern in einer Sauce aus Zwiebeln, Knoblauch, Sellerie und Weißwein, Austern gebraten in Semmelbröseln und Parmesan. Vergiften wollte sich keiner der geistlichen Herren mit verdorbenen Austern. Und sie auch nur halbwegs frisch anzuliefern war offenbar nicht nur in einer Metropole wie Paris, Wien oder London möglich, an großen Flüssen mit regem Schiffsverkehr gelegen, sondern auch an der Salzach. Den Beweis dafür liefert ein Opus mit dem nicht bestsellertauglichen Titel: »*Neues Salzburgisches Koch=Buch für Hochfürstliche und andere vornehme Höfe/ Clöster/Herren=Häuser/ Hof= und Hauß-Meister/Köch und Einkäuffer; Wie auch Für einschichtige/gesund und krancke Persohnen/nicht allein zu Hauß/sondern auch im Feld.*« Verfasst hat es ein gewisser Conrad Hagger, von Beruf »Hoch=Fürstlich=Salzburgischer Stadt=und Landschafft=Koch«. Dieses Buch ist eine unbezahlbare Rarität, denn es verrät uns, was und wie im 18. Jahrhundert in Salzburgs besseren Kreisen gekocht wurde. Dort erfahren wir, dass neben Forellen, Karpfen, Hecht und Saibling auch Räucherlachs in Rahmsauce, Krebse, Schnecken und Froschschenkel konsumiert wurden, also für importierte Fische, Krustentiere und bedenkliche Köstlichkeiten durchaus Interesse bestand. Die Austern, die man in Salzburg isst, stammen vermutlich aus Venedig. Denn Leopold ist erstaunt, welche Mengen die Engländer von dieser lebenden Delikatesse schlucken und wie groß diese Meeresfrüchte hier sind im Vergleich zu denen, die er kennt. »*Man rechnet, daß hier jährlich ungefähr verzehret werden (...) 113563 Schäffel Austern, die hier von verschiedener Gattung und Preis, z; E: [= zum Exempel] die gröste Gattung 12. Stück für 4. Pennys zu haben sind. Aus einer solchen*

können sie 4. venetianische machen. indem man eine Auster nicht essen kann, ohne sie wenigst in der Mitte einmahl von einander zu schneiden.«

Ob Wolfgang bereits als Kind Austern probiert hat? Oder auch von »der erstaunlichen Menge der grossen Meer Krebsen, anderer Krebsen, Meerschnecken etc. und derley Zeuges« etwas zu kosten bekam, über die sein Vater Hagenauer berichtet? Möglich ist es, denn später, in Wien, waren Austern für Mozart eine ganz übliche und vertraute Kost, die in den großen Häusern, in denen er verkehrte, gern serviert wurden – wohlgemerkt nicht als Vorspeise, sondern als Zwischengericht oder auch als Abschluss des Menüs, so als förderten sie die Verdauung.

Es kann sogar sein, dass Mozart sein Appetit auf Austern zum Verhängnis wurde, denn von seiner Italienreise kehrte er am 15. Dezember 1772 laut Nannerl angeschlagen zurück und musste gleich zu Beginn des neuen Jahres 1773 mehrere Wochen das Bett hüten. Er habe so gelb ausgesehen, erinnerte sich seine Schwester später, dass er »fast unkenntlich war«. Mit Sicherheit hat es sich dabei, wie der mozartforschende Mediziner Anton Neumayr diagnostizierte, um eine Virushepatitis gehandelt, die man sich zum Leidwesen der Gourmets beim Austerngenuss besonders leicht holen kann.

Der vorsichtige Vater Mozart, der sich ständig als Laienarzt aufspielte und sich und seine Familie selber behandelte, hat vermutlich darauf verzichtet, mit Austern die Gesundheit der seinen aufs Spiel zu setzen. Sicherer war es da, sich an den Vorläufer von Fish&Chips zu halten: Makrelen mit Kartoffeln.

Die für die Gaumen der Salzburger befremdliche und für ihre Mägen reichlich belastende englische Küche, die Gemüse einfach in Butter ertränkte und mit üppigem Konsum scharfer Alkoholika die Verdauung zu befördern suchte, übersteht der Kleine ziemlich gut, obwohl er einen schweren Gelenkrheumatismus und ein paar Anginen hinter sich gebracht hat auf dieser ersten großen Reise. Immer verordnet Leopold seinem Sohn, wenn er krank ist oder einen verdorbenen Magen hat, »heiße brie« und »binadl«, Fleischbrühe und Brotsuppe, benannt nach der französischen Panade. Das scheint zu helfen. Zumindest jammert der Wunderknabe nicht und funktioniert perfekt.

Kein Grund also für Vater Mozart, auf weitere Tourneen zu verzichten.

Gefährlich verlockend: Frische Austern, wie die Mozarts sie in England genossen und speziell die Niederländer in Stillleben verewigten, waren auch fernab der Meere eine beliebte Delikatesse, die Salzburgs Fürsterzbischöfe ebenso schätzten wie die gute Gesellschaft in Wien. Mozart hat sich möglicherweise beim Genuss von Austern in Italien mit Hepatitis infiziert.
Hier eine Hommage an die Austern von dem Antwerpener Maler Osias Beert.

Suppen & Fastenspeisen

Leopold Mozart war ein aufgeklärter Geist, keineswegs ein kritikloser Katholik; doch es war ihm wichtig, die Grundregeln seiner Konfession auch in der Fremde einzuhalten – und sei es nur aus Heimweh. Deshalb vermeldet er seinem Hauswirt Hagenauer aus Schwetzingen, wo er mit Frau und Kindern unterwegs ist, am 19. Juli 1763 erstaunt bis entrüstet: »*die fastenspeisen bekommt man sehr hart* [d.h. schwer]. *Sie machen solche auch sehr schlecht denn alles frist fleisch; und wer weis was sie uns gegeben haben. Basta! Wir haben keine schuld!*« Dabei wäre es gerade in Schwetzingen so einfach gewesen: Mit den berühmten Spargeln dort ist es zwar um diese Zeit vorbei. Aber Kartoffeln gediehen damals schon gut im Schwetzinger Boden.

Rindssuppe

600 g Rindsknochen (Rippe)
6 Scheiben Markknochen,
ca. 2 cm dick
600 g Rindfleisch
(Schulter oder Brust)
3,5 l Wasser
1 große Zwiebel mit Schale
16 Pfefferkörner
3 Karotten
1 Sellerieknolle
1 Stange Porree (Lauch)
1 Zweig Liebstöckel
1 Bund Petersilie
Salz
1 Bund Schnittlauch,
geschnitten

Die Knochen gründlich warm waschen. Das mit Spagat (= Küchengarn) zusammengebundene Fleisch mit den Knochen in kaltes Wasser geben. Die ungeschälte Zwiebel halbieren, in einer Pfanne ohne Fett dunkel anbraten und in die Suppe geben. Aufkochen lassen, den Schaum abheben. Kaltes Wasser angießen, wieder zum Kochen bringen und den Schaum abheben. Den Vorgang ein paarmal wiederholen, damit die Suppe schön klar wird.

Nach eineinhalb Stunden Kochen die Pfefferkörner, die Karotten, den Sellerie und den Lauch hinzufügen, Liebstöckel und Petersilienbüschel, etwas Wasser nachgießen (es sollten 1,5 l Flüssigkeit bleiben). Ist das Gemüse gar, Fleisch und Gemüse entnehmen, die Suppe durchs Sieb gießen und mit Salz abschmecken. Nur mit geschnittenem Schnittlauch oder mit einer der zahlreichen klassischen Suppeneinlagen servieren.

Weil das Fleisch, um eine gute, kräftige Suppe zu bekommen, in kaltem Wasser aufgesetzt werden muss, ist es selbst nachher trocken und eignet sich am besten für einen Rindfleischsalat, in den auch das Suppengemüse hineingeschnitten werden kann und dem eine Marinade die nötige Saftigkeit gibt.

Soll das Fleisch saftig bleiben, muss es in kochendem Wasser oder kochender Brühe aufgesetzt werden, damit sich die Poren sofort schließen.

Lebenselixier, Medikament, Grundnahrungsmittel, nicht sichtbares, aber unverzichtbares Ingrediens von Saucen und anderen Suppen, wandelbares Wunder der Einfachheit: Ohne die Rindssuppe ist die österreichische Küche nicht denkbar. Mit vielfältigen Einlagen war sie von jeher ein bewährtes Kraftmittel für Genesende; auch Leopold Mozart empfiehlt seiner Tochter Nannerl, als sie über Schwäche klagt, »heisse fleischbrie« und hält sie sich als Dauervorrat zu Hause. Weil die Markknochen für den runden und feinen Geschmack wichtig sind, sollte nur bei einem absolut vertrauenswürdigen Metzger eingekauft werden.

Suppeneinlagen

Grießnockerl

Die Butter schaumig rühren, das verklepperte Ei langsam darunterschlagen, Grieß, Salz und Muskat unterrühren und 20 Minuten ruhen lassen.

Mit feuchten Händen die Nockerl formen, in leise kochendes Salzwasser einlegen, 3 Minuten kochen lassen, entnehmen, mit kaltem Wasser abschrecken und zugedeckt 10 Minuten ziehen lassen.

Für 16 Nockerl:
60 g Butter
1 großes Ei von ca. 70 g
100 g grober Hartweizengrieß
Salz
geriebene Muskatnuss

Wiener Leberreis

Die Leber durch den Wolf drehen, die Petersilie fein hacken und die Knoblauchzehen im Mörser zerreiben. Alle Zutaten gut miteinander vermengen, die Rindssuppe zum Kochen bringen und die Masse mit einer Teigkarte durch ein umgedrehtes Reibeisen pressen. Einmal aufkochen und ein paar Minuten ziehen lassen.

200 g Rindsleber
1 kleinen Bund Petersilie
2 Knoblauchzehen
2 Eier
60 g Butter
100 g gesiebtes Mehl
Salz, Pfeffer

Panadl (Brotsuppe)

Die Brotscheiben in Stücke schneiden. Die Butter in einem Topf erhitzen, die Brotstücke und die fein gehackten Zwiebeln darin anrösten, das Mehl einrühren, die Brühe angießen und so lange auf kleiner Flamme köcheln, bis die Brotstücke zerfallen. Die Suppe vom Herd nehmen, 2 Löffel Suppe entnehmen, das Ei darunterrühren und diese Mischung mit dem Schneebesen wieder in die Suppe einrühren, nach Bedarf salzen. In eine vorgewärmte Terrine gießen und die gehackte Petersilie einstreuen.

150 g trocken gewordenes halbweißes Brot oder Graubrot, in dünnen Scheiben
60 g Butter
1 Zweibel
1 EL Mehl
1 l Rindssuppe
1 Ei
Salz
1 Bund Petersilie

Auf der Wienreise, die Leopold mit beiden Kindern im Herbst 1762 unternimmt, erwischt den sechsjährigen Wolfgang der grassierende Scharlach. Der selbst ernannte Hausarzt Leopold, der wohl einmal einen pharmazeutischen Grundkurs absolviert hat, verabreicht seinem bedrohten Wunderkind »Pulver« und setzt es auf Diät: »... *Nichts als Suppen oder Binadl*«, schreibt er am 30. Oktober 1762 seinem Hauswirt Lorenz Hagenauer nach Salzburg. Die Bezeichnung »Binadl«, auch Panadl, kommt von »*panade*«, dem französischen Wort für Brotsuppe.

Rindssuppe
mit Markknödeln

80 g entrindetes Weißbrot
etwas Milch
1 Ei (Zimmertemperatur,
nicht aus dem Kühlschrank!)
50 g Rindermark
15 g Butter
60 g Weißbrotbrösel vom
frisch gebähten
(= im Backrohr
getrockneten)
entrindeten Brot,
zur Not Semmelbrösel
Salz, weißer Pfeffer
geriebene Muskatnuss
1 TL gehackte
Petersilienblätter

Rindssuppe (s. Seite 38)

Das Weißbrot in Milch einweichen, ausdrücken und passieren.

Das Ei gründlich verschlagen. Das Mark passieren und mit der handwarmen Butter schaumig rühren, das Ei langsam unterrühren. Das passierte Weißbrot daruntermischen, Brösel, Gewürze und Petersilie zugeben. Mit feuchten Händen nicht zu große Knödel formen (die angegebene Menge reicht für ca. 12 Stück).

Ins sanft kochende Wasser einlegen, 5 Minuten schwach wallend kochen und weitere 5 Minuten ziehen lassen. Entnehmen und in die heiße Rindssuppe legen.

Stolz vermeldet Mozart am 18. Juni 1783 die Geburt seines ersten Kindes, Raymund Leopold, dem Vater in Salzburg: »Ich gratuliere, Sie sind Gros=Papa! — gestern früh den 17. um halb 7 uhr ist mein liebes Weib glücklich mit einem großen, Starken und kugelrunden Buben entbunden worden; — um halb 2 uhr Nachts fiengen die Schmerzen an — folglich — war es mit dieser Nacht um alle ruhe und schlaf für beyde getan. — um 4 uhr schickte ich um meine Schwiegermutter — und dann um die Hebamme; — um 6 uhr kamm sie im Stuhl — und um halb 7 uhr war alles vorbey. — Meine Schwiegermutter bringt nun alles das üble was sie ihrer tochter lediger weise zugefügt hat, nun wieder mit allem guten herein — sie bleibt den ganzen tag bey ihr. (…) Ich hoffe zu Gott, daß, da sie sich gut hält, sie ihr kindbett auch glücklich überstehen wird. —« Um glücklich zu überstehen, gab man einer Frau im Kindbett eine stärkende Suppe. Der Klassiker: Rindssuppe mit den sehr nahrhaften Markknödeln.

Safransuppe

Etwas Rinderfett
2 Zwiebeln
1 Fenchelknolle
1 l Rindssuppe (s. Seite 38)
2 EL Mehl
1–2 Eidotter
1/8 l Sauerrahm
Safran
Anis
Pfeffer, Salz

Das Rinderfett erhitzen, die fein gehackten Zwiebeln darin anschwitzen, den ebenso fein gehackten Fenchel zugeben und mitdünsten, eine Schöpfkelle Rindssuppe angießen, das Gemüse weich kochen und alles durchpassieren. Einen Löffel kalter Rindssuppe mit dem Mehl und den Dottern verrühren. Die restliche Suppe auf die passierten Gemüse gießen, aufkochen lassen.

Die heiße, nicht kochende Suppe mit der Dotter-Mehl-Mischung binden, die Suppe mit Sauerrahm verfeinern und mit Safran, wenig Anis, Pfeffer und Salz abschmecken.

Sauerkrautsuppe
mit Bratwurst

2 EL Butterschmalz oder Rinderfett
100 g Räucherspeck, fein gehackt
2 Zwiebeln, geschält und fein gehackt
600 g Sauerkraut, mehrmals durchgeschnitten
1 TL Paprikapulver, edelsüß
1 l Rindssuppe
2 mittelgroße Erdäpfel (= Kartoffeln)
2 EL Sauerrahm

Das Fett in einer Kasserolle erhitzen, den Speck darin anrösten, die Zwiebeln zugeben und anschwitzen. Das Sauerkraut zugeben, mehrmals wenden und mitbraten. Mit Paprika würzen. Nun die Rindssuppe angießen und das Ganze 45 Minuten köcheln lassen. Die Erdäpfel schälen, roh reiben und unter die Krautsuppe rühren. Nochmals 15 Minuten köcheln lassen, dann mit Sauerrahm verfeinern.

Pro Person 1 große rohe Bratwurst braten, in Stücke schneiden und in die Suppe geben.

Gut schmecken in der Sauerkrautsuppe auch Debreziner Würstel.

Bratwurst als Suppeneinlage? Heute unbekannt, damals alltäglich – und wohlschmeckend. Leopold Mozart berichtet Nannerl am 19. November 1784: »Das gewöhnliche was mir holen lasse, ist zu mittag die Suppe mit einer Bratwurst …«

Gelbe-Rüben-Suppe

Das Butterschmalz in einem großen Topf erhitzen, die fein gehackte Zwiebel darin golden anschmelzen, die Karottenstücke zugeben und die Gemüsebrühe angießen. Sämtliche Gewürze, Zucker und Salz hineingeben. Kochen, bis die Karotten völlig gar sind. Gründlich durchpassieren, dann Obers und Milch hineingießen, verrühren und mit etwas Sherry abschmecken.

Die Mandelblättchen in dem heißen Butterschmalz golden rösten. Die Suppe in vorgewärmte Teller verteilen und mit den Mandelblättchen bestreuen.

Leopold Mozart, leidenschaftlich dilettierender Ernährungsexperte, probierte seine Diätkenntnisse nicht nur an sich selber aus, er wandte sie auch auf seine Kinder und später auf den Enkel Leopold von Sonnenburg an, den er ganz alleine in Salzburg großzog; sei es, um sich nicht einsam zu fühlen, sei es, um seine Tochter Nannerl zu entlasten, sei es, um das Kind einem eventuellen Zwist mit seinen vielen Stiefgeschwistern zu entziehen oder deren schlechtem Einfluss – sie waren offenbar miserabel erzogen. Oder sei es aus dem Ehrgeiz und der Hoffnung heraus, nochmals ein Wunderkind unter seinen Fittichen zu haben. Am 4. Januar 1787 jedenfalls berichtet er seiner Tochter Nannerl: »Ihr müsst aber nicht glauben, daß ich euch desswegen die Nachricht gab, daß ich wieder anfange fastenspeisen zu essen; ich schriebs nur, damit ihr wisst, daß ich die Kräutersuppe aufgehört habe, und daß ich nicht ganz Luterisch geworden, dann ich bin ohnehin ein ganz erstaunlicher Scrupulant. (…) Der Leopoldl, der recht lustig ist, nichts als Mo, Mo schreit so oft er eine Schüssl sieht, weil er die Merren [= Möhren] (Gelbe Rüben) am allerliebsten isst, schickt euch busserl. «

1 EL Butterschmalz
1 große Zwiebel, gehackt
1,5 kg Karotten
(=Gelbe Rüben), geschält,
grob geschnitten
1/2–3/4 l kräftige Gemüsebrühe
15 g Zucker
1 TL Kurkuma-
(Gelbwurz-)Pulver
1 Prise gemahlener Zimt
1/2 TL Ingwerwurzel, frisch gerieben
etwas Cayennepfeffer
etwas geriebene Muskatnuss
Salz
1/4 l Vollmilch
1/4 l Obers (Sahne)
10 cl Sherry

Für die Einlage:
ca. 50 g Mandelblättchen
etwas Butterschmalz

Erdäpfelsuppe

1 kleine Sellerieknolle
2 Schalotten
Butterschmalz
2 Knoblauchzehen
1/4 l Wasser
1 l Gemüsebrühe
Salz, Pfeffer
1 EL Majoranblättchen
500 g Erdäpfel
1/4 l Obers (Sahne)
geriebene Muskatnuss

Für die Einlage:
ca. 6 Austernpilze
2 festkochende Erdäpfel, in
der Schale bissfest gekocht
2 Schwarzbrotscheiben,
gewürfelt
Butterschmalz

Den Sellerie und die Schalotten klein schneiden und in einem ausreichend großen Topf in Butterschmalz anrösten; den zerriebenen Knoblauch zugeben. Wasser und Brühe angießen, salzen, pfeffern und den gehackten Majoran zugeben.

Die Erdäpfel schälen, in Scheiben schneiden und in der Suppe kochen. Sind sie weich, den Obers zugießen, alles durchpürieren und mit Muskatnuss abschmecken.

Die zwei gekochten Erdäpfel schälen, würfeln und in Buttschmalz anrösten. Gleichzeitig die zerteilten Austernpilze und die Schwarzbrotwürfel in einer anderen Pfanne ebenfalls in Butterschmalz knusprig braten. Die Suppe nochmals erhitzen und schaumig schlagen. In vorgewärmte Teller füllen und die Suppeneinlagen hineingeben.

Diese Suppe wird klassisch mit Trockenpilzen an Stelle der Austernpilze gekocht — mit getrockneten Steinpilzen, Totentrompeten oder Mischpilzen, die geputzt, eingeweicht, gut ausgedrückt und geschmort werden.

Kräutersuppe

Die Butter in einem Topf erhitzen, die fein gehackte Zwiebel darin glasig und weich dünsten, die Kräuter bis auf eine Hand voll Petersilie und Kerbelblättchen zugeben, einige Minuten mitdünsten. Das Mehl darüber streuen und unter Rühren leicht anrösten. Nun die Gemüsebrühe angießen und die Suppe 20 Minuten sanft kochen lassen. Vom Herd nehmen und durchpürieren. Eidotter und Sahne verquirlen, einige Esslöffel heiße Suppe dazugeben und diese Mischung in die nochmals erhitzte Suppe einrühren. In eine vorgewärmte Terrine gießen, die zur Seite gelegten Kräuter über die Suppe streuen.

Als Suppeneinlage schmecken geröstete Brotwürfel sehr gut.

Wie gut und preiswert er mit seiner Familie in Salzburg lebte, wurde Leopold Mozart erst in der Fremde bewusst. Dass er seiner Tochter Nannerl an den Wolfgangsee hinaus Kräuter aus Salzburg schickte, beweist seine Sparsamkeit, aber auch sein Qualitätsbewusstsein. Leopold, durchaus ein Genießer, aber niemals Gourmet, vermeldete am 12. August 1786 seiner Tochter Nannerl: »*Nun wird die Glasträgerin kommen und die kräuter, Seyffen und Zucker mitnehmen. Die kräuter sind heute Frühe erst auf dem Mönchberg gebrockt [= gepflückt] worden, weil die Tresel [= Dienstmagd Theres Päncklin] erst um 6 uhr in der Frühe das kräuterweib auf dem Markt antreffen konnte, und ihr tochter solche zu brocken gieng und um 8 uhr brachte.*«

50 g Butter
1 Zwiebel, fein gehackt
250 g frische Frühlings-
kräuter (Kerbel, Petersilie,
Dill, Brennnessel, Sauer-
ampfer, Löwenzahn,
Pimpinelle,
Schafgarbe, Bärlauch
u. a. m.), fein gehackt
50 g Mehl
1 l Gemüsebrühe
1 Eidotter
2 EL Obers (Sahne)

eventuell Brotwürfel und
Butter für die Einlage

Gesulzter Karpfen

(Vorspeise oder mit Röstkartoffeln ein Hauptgericht)

Karpfen ist in der österreichischen Küche ein klassisches Gericht in der Fastenzeit.

500 g Karpfenfilet,
völlig grätenfrei,
aber mit der Haut
2 Karotten, geschabt oder
geschält, in feinen Streifen
1/2 Sellerieknolle, geschält,
in feinen Streifen
1 kleine Zwiebel, gehackt
ein Gewürzbeutel,
gefüllt mit 3 Lorbeerblättern,
Pfefferkörnern und
ein paar Stängeln
Kuttelkraut (= Thymian)
Salz
Essig
12 Blatt Gelatine
Petersilie
3 hart gekochte Eier

Vogerlsalat (= Feldsalat)
Joghurtdressing

Die Karpfenhaut etwas einschneiden, das Filet in einen ausreichend großen Topf legen, die Gemüsestreifen und die gehackte Zwiebel auf dem Fisch verteilen, den Gewürzbeutel dazulegen, mit Wasser bedecken, kräftig Salz und Essig zugeben, bis kurz vor den Siedepunkt erhitzen und dann 15 Minuten ziehen lassen.

Das Gemüse aus dem Sud heben, abtropfen lassen; den Gewürzbeutel entfernen; dann den Karpfen entnehmen und je nach Geschmack die Haut entfernen oder dranlassen (mit Haut sieht das Gericht schöner aus). Den Sud auf 1/2 Liter einkochen.

Die Gelatine nach Packungsangabe in kaltem Wasser einweichen, ausdrücken, im warmen Sud auflösen und abkühlen lassen. In eine ausreichend große, flache Porzellanform, die mit kaltem Wasser ausgespült worden ist, ein wenig Sud gießen, das Ganze kalt stellen. Die hart gekochten Eier in Scheiben schneiden. Ist diese erste Schicht des Gelees fest, die Petersilienblätter und die Eierscheiben dekorativ darauf verteilen. Den Karpfen in schöne Stücke zerteilen und mit den Gemüsestreifen auf die Eierscheiben dekorieren. Vorsichtig, damit nichts wegschwimmt, den restlichen Sud angießen und 12 Stunden im Kühlschrank gelieren lassen.

Vor dem Servieren die Form kurz in heißes Wasser setzen, das Gelee auf eine Platte stürzen, in vier Portionen aufteilen und mit etwas Vogerlsalat (im Joghurtdressing) dekoriert servieren.

Karpfenknöderl
auf Paprikakraut (leichte Hauptspeise)

Für das Paprikakraut:
40 g Butterschmalz
1 große Zwiebel
1 TL Rosenpaprika, scharf
800 g Sauerkraut
1/4 l Gemüsebrühe
1/8 l Obers (Sahne)
1 EL gesiebtes Mehl
Salz, Pfeffer
gemahlener Kümmel

Für den Sud:
2 l Wasser
2 kleine Zwiebeln, geschält
2 Karotten, geschält
2 Stangen Bleichsellerie
1 Spritzer Weißweinessig
3 Lorbeerblätter
6 Wacholderbeeren
6 Pfefferkörner

1 Karpfen von ca. 1 kg

Für die Karpfenknöderl:
2 Semmeln, entrindet
etwas Milch zum Einweichen
1 Schalotte, fein gehackt
1 Ei und 1 Eidotter
Salz, Pfeffer
Saft von 1/2 Zitrone
etwas Zitronenschale, gerieben
1–2 grüne Paprikaschoten

Das Butterschmalz in einem ausreichend großen Topf erhitzen, die gehackte Zwiebel darin goldgelb braten, das Paprikapulver zugeben, mit Wasser löschen. Das Sauerkraut beigeben, die Gemüsebrühe angießen und das Kraut weich dünsten. Den Obers mit dem Mehl anrühren, das Kraut damit binden, salzen, pfeffern und den Kümmel beigeben; warm stellen.

Aus den angegebenen Zutaten einen Sud kochen, den vorbereiteten Karpfen darin garen, entnehmen und ca. 300 g davon für die Füllung der Knödel nehmen, gründlich durchpürieren und dann nochmals durchs Sieb streichen.

Die entrindeten Semmeln in Milch einweichen, faschieren, den pürierten Karpfen, die Schalotte, Ei, Eidotter und Gewürze zugeben, vermischen und nochmals durchpürieren. Ist die Farce zu fest, etwas Obers zugeben, ist sie zu weich, etwas Mehl oder besser Toastbrotbrösel zugeben. Mit dem Eisportionierer oder zwei Löffeln kleine Knödel formen und im heißen Fischsud ca. 10 Minuten ziehen lassen.

Dann entnehmen, abtropfen lassen und in den fein gehackten Paprikawürfeln wenden, bis sie ganz darin eingehüllt sind. Das Paprikakraut auf vier vorgewärmte Teller verteilen und je nach Größe 1 oder 2 Karpfenknödel darauf setzen.

Fischbeuschelsuppe

Eine traditionelle, ungemein köstliche und kalorienarme, aber leider etwas zeitaufwändige Delikatesse für brave Faster.

Den Rogen bzw. die Milch gründlich säubern. Das Beuschel wässern, dabei das Wasser mehrmals wechseln. Den Karpfen filetieren, die Hälfte der Filets einfrieren, die andere in mundgerechte Stücke schneiden und zur Seite stellen.

Die Hälfte der Karotten in grobe Stücke, den Rest in feine Streifen schneiden. Mit dem Knollensellerie genauso verfahren. Die zerhackte Karpfenkarkasse (= das Fischskelett) samt Kopf und das Beuschel in einen großen Topf legen, Salz, Pfefferkörner, die Thymianzweige und Lorbeerblätter, die grob zerkleinerten Karotten und die grob zerkleinerte Selleriehälfte zugeben, 1 Liter Wasser angießen. Das Wasser zum Kochen bringen und 30 Minuten köcheln lassen. Dabei immer wieder den Schaum abschöpfen und ab und zu frisches Wasser nachgießen.

Währenddessen eine Einbrenne zubereiten. In einer Kasserolle das Butterschmalz erhitzen, das Mehl darin goldbraun anschwitzen, die fein geschnittenen Gemüse und die gehackten Zwiebeln zugeben und unter dauerndem Rühren mitrösten, etwas von dem Fischfond aus dem großen Topf nehmen und damit ablöschen. Nun den restlichen Fischfond, aus dem die Karkasse und das Beuschel entfernt wurden, durch ein Sieb in einen Topf abgießen und 20 Minuten lang offen kochen lassen. Dann die Einbrenne damit aufgießen. Das Fleisch vom Karpfenkopf ablösen und später in die fertige Suppe einlegen. Den Rogen, so vorhanden, in Weißwein und Weißweinessig 1 Minute aufkochen. Herausnehmen, aus der Haut lösen und in Scheiben schneiden. Die Milch (so der Karpfen ein Milchner war) ebenfalls in Scheiben schneiden und das Beuschel in Stücke. Die gebundene Suppe wieder erhitzen, die Karpfenfiletstücke (ca. 400 g) darin garen, Beuschel, Rogen- und gegebenenfalls Milch-Scheiben zufügen, die Suppe mit etwas Sauerrahm verfeinern.

Die Weißbrotwürfel in Butterschmalz anrösten und mit der Suppe auftragen.

1 Karpfen von 1 1/2 kg, entschuppt und die Eingeweide (= Beuschel) ausgenommen bis auf die Galle (die unbedingt entfernt werden muss), den Rogen oder die Milch aber unbedingt vom Fischhändler mitgeben lassen!
4 große (oder 6 kleine) Karotten, geschabt oder geschält
1 Knollensellerie, geschält
1 l Wasser
Salz, 12 Pfefferkörner
einige Zweige Thymian
3 Lorbeerblätter
50 g Butterschmalz
40 g Mehl
2 Zwiebeln, geschält und gehackt
1/8 l Weißwein
etwas Weißweinessig
Blättchen von 3, 4 Stängeln Majoran, gehackt
1/8 l Sauerrahm
etwas Butter

Weißbrotwürfel
Butterschmalz

Gebackene Austern

Für den Teig:
100 g Mehl, gesiebt
1–2 Eidotter
1 Prise Salz
1/8 l Milch
1–2 Eiklar, steif geschlagen
pro Person 6 Austern
etwas Butter
Cayennepfeffer
Butterschmalz zum Ausbacken
unbehandelte Zitronen

Alle Zutaten für den Teig bis auf die Eiklar gut miteinander verrühren, dann den Eischnee darunterziehen.

Die Austern aus der Schale lösen, vom Bart befreien, abtrocknen und kurz in Butter anbraten. Mit etwas Cayennepfeffer bestäuben, durch den Backteig ziehen und sofort in heißem Fett golden backen.

Auf kleine Spieße stecken und mit Zitronenspalten servieren.

Palatschinken
mit Belon-Austern

Für die Palatschinken:
2 große Eier
6 EL Mehl
Salz
2 EL Obers (Sahne)
ca. 1/4 l Milch
Butterschmalz

Für das Spargelmus:
1 kg grüner Spargel
1 kleines Glas trockener Sherry
1/4 l Obers (Sahne)
weißer Pfeffer, Salz
1 Bund Petersilie
30 g Butter

12 Belon-Austern

Die Eier mit dem Mehl glatt rühren, salzen, das Obers beigeben, weiterrühren und so viel Milch zugeben, dass ein dünnflüssiger Teig entsteht.

In einer Pfanne das Butterschmalz erhitzen, ein Viertel des Teiges eingießen, die Pfanne dabei im Kreis schwenken, damit der Teig gleichmäßig zerläuft. Die Palatschinke mit einem Deckel wenden und auch auf der anderen Seite goldgelb backen. Während die 4 Palatschinken zubereitet werden, die grünen Spargeln in Salzwasser bissfest kochen, mit Eiswasser abschrecken (damit sie schön grün bleiben). Dann ca. 600–700 g Spargel wegnehmen, in Stücke schneiden, mit Sherry, Obers, Pfeffer und Salz ca. 10 Minuten köcheln lassen, die fein gehackte Petersilie zugeben, alles durchpürieren und das Mus mit einem Stück Butter verfeinern.

Die 12 Belon-Austern öffnen, die Austernflüssigkeit auffangen und in einer kleinen Kasserolle mit 1 EL Butter zum Kochen bringen. Vom Herd nehmen, die Austern hineingeben und 3 Minuten ziehen lassen. Die Palatschinken zu Stanitzeln (= Tüten) rollen, mit Spargelmus und Austern füllen. Auf jeden Teller eine betten. Die verbliebenen Spargelstangen halbieren und daneben dekorieren.

LUCIO

DRAMMA

DA RAPPR

NEL REGIO-DI

DI M

Carnovale

DE DI

ALLE LI

- 2 -

Mozarts Kost und Frust in Italien

Von Trüffeln, Mortadella und abscheulichen Wirtshäusern

Mozart und Italien – welch himmlische Harmonie. So wie er diese Sprache vertont hat, wie er mit italienischen Worten spielte und jonglierte, wie er sie auskostete in all ihren sinnlichen Reizen, muss er dieses Land samt Leuten geliebt haben. Ein Land, wo in lauen Nächten »Un'aura amorosa« aufgeht, eine Atmosphäre voll Liebessehnsucht, wie sie in »Così fan tutte« beschworen wird. Warum sonst hätte Mozart gleich drei Reisen dorthin unternommen, wäre er der *aura italiana* nicht verfallen gewesen?

Doch es ist Vorsicht geboten bei solchen Mutmaßungen. Reiseunternehmer ist schließlich wie immer sein Vater, der lukrative Kompositionsaufträge in Mailand, Bologna, Neapel oder Rom für seinen Sohn angemessen, ja selbstverständlich fand. Schließlich ist Wolfgang noch zwölfjährig im November 1769 zum 3. Konzertmeister der Salzburger Hofkapelle ernannt worden, und jeder, ob er es zugeben will oder nicht, erlebt, wie aus allem, was er komponiert, Weisheit klingt. Als habe der Komponist bereits ein langes Leben gelebt. Äußerlich ist Wolfgang nur ein für sein Alter entschieden zu klein geratener Teenager und nicht besonders hübsch, der gerade erst anfängt, zu pubertieren; der Stimmbruch deutet sich noch nicht einmal an.

So kühn Leopolds Spekulationen sind, der Sohn könne in Italien eine Karriere machen wie der Deutsche Johann Adolf Hasse, so solide vorbereitet begibt er sich auf den Weg. Denn mit einem Abenteurer hat Leopold Mozart schon überhaupt nichts gemein. Vor der Abreise hat er systematisch alle Beziehungen aufgewärmt, die von Salzburger Bekannten nach Italien bestanden, die Kontakte von Salzburger Geistlichen zu ihren Verwandten im Süden erschlossen und hat sich in Verbindung gesetzt mit Salzburgern oder Salzburgerinnen, die durch Beruf oder Heirat nach Venedig, Mailand oder Rom verschlagen worden sind. Da sind die Augustiner in Mülln, die nicht nur für ihr Bier berühmt sind, sondern auch für ihr fein gesponnenes Netz in Europa. Selbstverständlich geben sie Leopold eine Empfehlung mit für die Ordensbrüder in Mailand, Terracina, Rom und Sessa. Dann ist da Mozarts erster Arbeitgeber, Graf Firmian, dessen Neffe Generalgouverneur der Lombardei und ein bekannt großzügiger Gastgeber ist. Zudem gibt es den ehemaligen Diener der Mozarts, einen Italiener namens Porta, der mittlerweile auf einem Landgut bei Bologna arbeitet und der Familie gewogen blieb, obwohl Leopold ihm nach treuen Diensten auf der ersten großen Reise gekündigt hatte. Der Mann hatte wohl Verständnis für die angespannte Finanzlage der Mozarts. Und daneben gibt es einen wie Abate Crivelli, Hochfürstlich Salzburgischer Agent in Rom, oder Marianne d'Asti von Asteburg in Mailand, aus Salzburger Zeiten noch bekannt als Trogermariandl.

Salzburger Tatsachen, italienische Träume: Fürsterzbischof Siegmund von Schrattenbach, der bis zu seinem Tod im Jahr 1771 regierte, wusste Mozart zu schätzen, sein Nachfolger Colloredo machte ihm das Leben schwer. Er lebte als Geistlicher inmitten weltlicher Pracht – hier die Bildergalerie in seiner Residenz –, doch er fand die Ansprüche des jungen Komponisten vermessen. Und Leopold träumte davon, sein Sohn möge in Italien Karriere machen.

Wie ein gewissenhafter Tourist heute hat sich Leopold zudem mithilfe von Guides vorbereitet. Aufs Kulturelle wie aufs Kulinarische, sogar auf die soziologischen und psychologischen Besonderheiten der Italiener. Es hört sich freilich nicht ganz vorurteilsfrei an, was er sich zu Gemüte führte. »*Das gemeine Bauervolk zieht in Tirol gar elend auf, und sieht den Zigeunern nicht gar unähnlich*«, steht da zum Beispiel. Aber zuweilen klingt es auch viel versprechend, was der Italienkenner verrät, bei dem sich Leopold informiert: »*Das weibliche Geschlecht ist in Verona wohlgestalt und von gesunder Farbe*«, lobt er. Was in den Augen des Autors nicht verwunderlich ist, denn: »*Das veronesische Erdreich bringt gute Pfirschen [sic], Melonen, Feigen, Erdbeeren, Trüffeln, sehr große Artischocken, Spargel, Kastanien, Aepfel, Birnen, Pflaumen, Wein, Oliven und vielerley Kräuter hervor.*«

Das Buch, dem Leopold das entnehmen konnte, war eine Mischung aus Gourmet- und Kunstreiseführer, verfasst von Johann Georg Keyßler: »*Neueste Nachrichten durch Deutschland, Böhmen, Ungarn, die Schweiz, Italien und Lothringen*«, 1740/41 erstmals erschienen, die zweite Auflage war 1751 herausgekommen – für heutige Begriffe achtzehn Jahre später verjährt, überholt und unbrauchbar, doch damals waren die Rhythmen des Lebens langsamer und die Veränderungen auch. Von der Ausgabe aus dem Jahr 1751 besaßen die Mozarts gleich zwei Exemplare, eines für zu Hause, eines für unterwegs. Goethe, der fünfundzwanzig Jahre älter war als Mozart bei seiner ersten Italienreise, sollte sich damit ebenfalls zurechtfinden.

Gründlich, wie Leopold Mozart ist, hat er sich freilich nicht zufrieden gegeben mit einseitiger Berichterstattung und sich wohl auch noch den Klassiker der damaligen Reiseliteratur vorgenommen, der ganz seinem Sinn fürs Praktische entsprach und geholfen hat, die Kosten vorher schon halbwegs richtig zu kalkulieren – Ambrosius Lehmanns Opus über »*Die Vornehmst. Eropäischen Reisen/ wie solche durch Teutschland/Frankreich/Italien/Dänemarck u. Schweden/ vermittelst der dazu verfertigten Reise-Carten, nach den Bequemsten Post-Wegen anzustellen/ u. was auf solchen curieuses zu bemercken. Wobey die Neben-Wege/ Unkosten/ Müntzen u. Logis zugleich mit ausgewiesen werden. Welchen auch beygefügt/ LI [= 51] Accurate Post- und Bothen-Carten von den vornehmsten Städten in Europa*«. Der Nachteil dieses Werks: Es war bereits 1700 zum ersten Mal veröffentlicht worden. Der Vorteil: Es war derart erfolgreich, dass ständig neue, aktualisierte Ausgaben herauskamen. Noch schwer wiegender war der Nachteil von J. J. Schwabes »*Allgemeiner Historie zu Wasser und zu Lande oder Sammlung aller Reisebeschreibungen*« – es war zum Mitnehmen im Handgepäck nicht geeignet, da es einundzwanzig Bände umfasste.

Für die nächste Italienreise konnte sich Vater Mozart dann bei einer Neuerscheinung informieren, denn Johann Jakob Volkmanns renommierte Italienkunde sollte erst 1770/71 erscheinen, »*Historisch=kritische/Nachrichten / von Italien, /welche / eine genaue Beschreibung dieses Landes, /der Sitten und Gebräuche, der Regierungsform / Handlung, Oekonomie, des Zustandes / der Wissenschaften, / und insbesonderheit/der Werke der Kunst/nebst einer Beurtheilung derselben/enthalten ...*«

Als Leopold am Mittwoch, dem 13. Dezember 1769, mit seinem Sohn zu dessen erster Italienreise aufbricht, sind sie also gut präpariert, in manchem vorgewarnt und einiges bereits gewohnt. Doch bei dieser Konzerttournee, auf der die beiden wie auch bei den folgenden beiden Italienexkursionen ohne Mama Mozart und Nannerl unterwegs sind, ist bereits der kulinarische Auftakt symbolisch für die weitere Reise; so funktionierte eben die Gastronomie auf den viel befahrenen Strecken: Der Gast wurde nicht bedient, sondern abgefertigt. Es lässt durchaus an heutige Zustände denken, wo der Tourist dort, wo jeder zwangsläufig landet, keine Qualität erwarten kann – die Gäste sind dem Wirt ohnehin sicher.

Was Leopold seiner Frau berichtet vom ersten Imbiss im Wirtshaus Kaitl, erstaunt also den leidgeprüften Touristen nicht, denn das war direkt an der alten Tiroler Straße gelegen, die von Bad Reichenhall nach Schneizlreuth führte, weswegen die Wirtsleute es offenbar für überflüssig hielten, sich anzustrengen: »*Um 1 uhr sind wir im Kalterl angelanget und haben unter einem ganz grausammen gestank ein eingemachtes Kalbfleisch*

Betörend aus der Ferne, bedrängend aus der Nähe: Die Schönheit Salzburgs, wie sie hier in einer Lithografie von Franz Wolf aus dem Jahr 1830 zu sehen ist, entzückte von jeher die Fremden und entzückt sie bis heute. Doch für die Karriere Mozarts erwies sich die vermeintliche Idylle als zu eng, der Herrscher als zu engstirnig. Und die Abreise nach Italien war jedes Mal ein Aufbruch ins Reich der Hoffnungen.

zum Mittagsmahl genohmen, dazu tranken wir ein paar Trunck gutes Bier, dann der wein war ein Laxiertrankl.« Und derartige Abführmittel waren auf Reisen unerwünscht. Besser ging es Mozart und seinen jeweiligen Begleitern – mal die ganze Familie, mal der Vater und die pianistisch hoch begabte Schwester Nannerl, mal allein der Vater, mal allein die Mutter –, wenn sie in Klöstern oder bei privaten Bekannten unterka-

men. Auch auf dieser ersten Italienreise folgt auf den unappetitlichen Beginn gleich eine versöhnliche Episode. Noch an demselben Reisetag landen sie abends um sieben in Lofer. Umsichtig bestellt Vater Mozart das Abendessen im Voraus, geht mit seinem Sohn dann den dortigen Pfleger besuchen, der »*sehr übl mit uns zufrieden war, daß wir nicht gleich bey ihm abgestiegen, weil wir nun im Wirtshause schon die speisen angefrimmt hatten, so liessen wir solche in die Pfleg bringen, assen dort, schwätzten bis um 10 uhr, wurden alda mit einem schönen zimmer und guten Bethe bedienet*«.

Eine solche Behandlung bleibt auf den vielen Reisen Mozarts ebenso die Ausnahme wie der Tagesbeginn am Anfang dieser Tournee; »*ich tranck morgens Caccalotte*«, berichtet Leopold, wohl wissend, dass seine Frau versteht, was mit diesem Wort gemeint ist, das ans italienische *cacca* erinnert: die *cioccolata*, die Schokolade. »*Wolfg: ass eine gute Suppe*« zum Frühstück, teilt er der besorgten Mutter noch mit, damals das Übliche zur ersten Mahlzeit des Tages, wenn nicht ein Koch, also ein Brei, serviert wurde — angesichts der anstehenden Strapazen eine vernünftige Grundlage, um den Reisetag gut zu überstehen. Denn unterwegs muss gespart werden, wo es nur geht. Leopld ist bemüht, den Daheimgebliebenen klar zu machen, dass seine Entscheidung, mit Wolfgang alleine zu reisen, die einzig mögliche war. »... *du kannst versichert seyn*«, schreibt er seiner Frau am 26. Januar 1770 aus dem nasskalten Mailand, »*daß, ob wir gleich nur 2 Personen sind, dennoch die Reisekösten nicht klein sind: denn wir haben bereits in die 70 duccatten ausgegeben. Es werden aber auch schon (da dieses schreibe) 6 Wochen*

vorbey sein, daß wir Salzb: verlassen haben, und wenn man gleich à pasto [= zum Menü-preis] *Lebet, und über dieses vielmahls, ja meistens nicht zu Hause speiset, so ist doch das Nachtessen, zimmer, Holz etc: alles so theuer, daß man unter 6 duccatten aus keinem WirthsHause kommt, wo man 9 bis 11 täge sich aufhält. Ich danke vielmahl meinem Gott, daß ich euch zu Hause gelassen. Erstens würdet ihr die kälte nicht haben ausstehen können. zweytens hätte es erstaunlich Geld gekostet.*«

Sollte bei Mutter Mozart und Nannerl dennoch Neid aufflackern auf die beiden Italienreisenden, wird der von Leopold rasch gelöscht. Es fragt sich natürlich, warum Leopold Mozart unbedingt in der kältesten Jahreszeit starten musste, wenn die ober-italienische Landschaft wenig Reize bietet und billige Unterkünfte den Ofen schmerz-lich vermissen lassen. Jeder seiner Briefe macht den beiden zu Hause unmissversteh-bar klar: Lustig ist es nicht, was er mit seinem Sohn hinter sich bringt, nicht einmal animierend. Mit Inbrunst schildert Leopold die Entbehrungen. Er sei, jammert er, »*ein geblagter Mann. nichts als anlegen und ausziehen; Einpacken und Auspacken, und noch dazu kein warmes zimmer, verfrieren wie ein Hund, alles was nur berühre ist Eyß. Und wenn du erst die Thüren und Schlösser an den zimmern sehen solltest! lauter gefäng-nisse — !*«

Nach solchen Gefängnisaufenthalten ist es überwältigend, Schönheit zu erleben. Und zum Beispiel den Theatersaal des Antonio Galli-Bibiena der Reale Accademia di scienze, lettere ed arti in Mantua zu betreten, ein Rokoko-Juwel, das uns noch heute

Durchgangsstation und Raststation: In der Nähe von Lofer machten die Mozarts regelmäßig Rast auf der Reise in den Süden. Und Leopold sorgte durch bewusst gepflegte Beziehungen dafür, dass Kost und Logis in kirchlichen und privaten Häusern unentgeltlich waren. Das Tempo der Kutsche gab reichlich Gelegenheit, auf der Fahrt die land-schaftlichen Reize zu genießen.

in genau jene Atmosphäre eintauchen lässt, die wir mit Mozart gerne verbinden. Elegante Logen, vollendete Proportionen, delikate Farben, eine Architektur, wie geschaffen für Mozarts Musik. Wolfgangs Auftritt dort ist triumphal: »*Die Menge der Menschen, — das zuruffen, klatschen, Lermen, und Bravo über Bravo, — kurz, das allgemeine Zuruffen, und die Bewunderung so die Zuhörer zeigten kann ich dir nicht genug beschreiben*«, jubelt Leopold in seinem Brief an die Frau nach Hause. Löst sein Sohn glühende Begeisterung aus, erwärmt das sofort die Herzen der klammen Reisenden. Doch was die Prominenz angeht, ist oft nicht einmal warme Bewunderung zu verspüren. Kalte Arroganz sorgt vielmehr dafür, dass Leopold und Wolfgang auch seelisch frösteln. Der Fürst von Thurn und Taxis lässt das Wunderkind samt Vater fühlen, dass sie nichts wert sind. Verbittert schreibt Leopold seiner Frau am 26. Januar 1770: »*Allein da wir uns in demselben Augenblicke* [als das Fürstenpaar gerade direkt vor den Augen von Wunderkind nebst Vater eingefahren war] *melden liessen, hiess es: der Fürst hätte itzt nothwendige Verrichtungen — und könnte uns nicht sprechen, wir müsten gleichwohl ein anders mahl kommen. Das Gesicht, die zitternde Stimme des Bedienten und seine halbgebrochenen Worte zeigten mir gleich, daß der H: Fürst keine Lust uns zu sehen habe*«.

Nicht alle Adligen aber lassen die Mozarts abblitzen. Leopolds mühsame Vorbereitungen machen sich durchaus bezahlt, denn durch Empfehlungen und Beziehungen werden sie immer wieder kostenlos einquartiert und verköstigt oder bekommen zumindest einen Tipp, wo sie preiswert logieren können.

Mal werden Vater und Sohn zu einem üppigen Abendessen eingeladen, wo sie auf Vorrat essen können. Mal findet sich in einem Kloster oder einem Palazzo eine Wohnung mit genügend Platz, um dort Essen anliefern zu lassen und Gäste zu empfangen, denn die alten und neuen Kontakte müssen gepflegt werden; ohne Beziehungen, das ist dem väterlichen Manager bewusst, ist hier selbst ein Genie aussichtslos. Geradezu komfortabel kommt Leopold und Wolfgang nach dem unwirtlichen Beginn der Reise ihre Unterkunft in Mailand vor, wo sie »*im Kloster der Augustiner di S. Marco wohnen; nicht, daß wir etwa alda frey sind, nein! sondern, daß wir alda bequemm, sicher, und nahe bey Sr: Ex: Graf Firmian wohnen können. wir haben 3 grosse Gastzimmer. In dem ersten zimmer Brennen wir feuer, speisen, und geben audienz: im zweyten schlafe ich, und stehet das Coffre; im dritten schläft der Wolfg: und die andere kleine bagage etc: Wir schlaffen ieder auf 4 guten Materatzen, und alle Nacht wird das Bette eingewärmt; so daß der Wolfg: beym schlaffengehen allzeit in seinem vergnügen ist.* «

Die Klagen über schlechte Betten, die im 21. Jahrhundert gerade bei deutschen Italienreisenden so häufig sind wie die über das angeblich ungenießbar fade Weißbrot, stimmte bereits Leopold an. Gute Matratzen waren eine Seltenheit, und üblich waren Kissen, die er nur als »*speckschwarden*« schmähte.

Die Fahrt durch Italien bedeutet für den schwächlichen Kerl wie für seinen robusteren Vater eine tägliche Herausforderung, und es erscheint unfasslich, was der mitgenommene Dreizehnjährige dennoch leistet. Zwischen Tür und Angel entstehen da

sein erstes Streichquartett (KV 80/73f.), zwei lateinische Motteten, vier neue Sopran-
arien.

Die Ruhe und Sorglosigkeit, die es dafür bräuchte, hat Wolfgang allerdings so gut wie
nie. Zwar heißt es dann, wenn sie bei Bekannten eingeladen werden, in Leopolds
Briefen öfter mal: »*es war eine freudige Tafel!*« – oder er berichtet, dass ein Gastgeber
wie Crivelli in Rom sie »*herrlich tractierte*«. Auch am ersten Weihnachtsfeiertag 1769
kann Mama Mozart, die mit Nannerl einsam vor den brennenden Kerzen sitzt, beruhigt sein, denn der Vater berichtet, sie seien bei Giuseppe Nicolò Cristani in Rove-
reto festlich verköstigt worden. Doch meistens war es wenig freudig und festlich. Was
die beiden erleben auf dem Weg nach Rom von Florenz aus, wo es ihnen beim Grafen
Orsini-Rosenberg recht gut gegangen ist, klingt trostlos: »*von dieser abscheulichen
Reise will ich dir keine lange Beschreibung machen*«, erklärt Leopold seiner Frau.
»*Stelle dir nur ein meistens ungebautes Land vor, und die abscheulichsten Wirtshauser
[sic], Unflath, nichts zu Essen als zum glück da und dort Eyer und Broccoli: und manch-
mahl mochten sie sich ein gewissen daraus machen Eyer am fasttage herzugeben, zum
guten glücke haben wir in Viterbo noch gut zu nacht gespeiset und wohlgeschlafen.*«

Die italienische Kost ist für Vater und Sohn offenbar gewöhnungsbedürftig, auch
wenn sie einiges aus Wien gekannt haben dürften, wo viele italienische Musiker in
ihren Kreisen die heimische Küche populär gemacht hatten. Die Zeit aber heilt nicht
nur Wunden, sie trainiert Zunge, Nase und Verdauungsorgane. Gelassener als zu
Beginn der Reise vermeldet Leopold seiner Frau aus Rom am 2. Mai 1770: »*die welsche
speisen haben wir auch gewohnt*«.

Mag sein, dass es Leopold und seinem Sohn in Italien auf einmal besser schmeckt,
nachdem »*der berühmte Knab*«, wie er von einem deutschen Verehrer im Vatikan
genannt wird, in Rom für eine Sensation gesorgt hat.

Die Gelegenheit dazu hat ihm ein Verbot gegeben, das auf dem »*Miserere*« des
Gregorio Allegri liegt, einer neunstimmigen Komposition aus dem 17. Jahrhundert,
die jedes Jahr in der Karwoche aufgeführt wird und zu einem Mysterium stilisiert
worden ist: Wer immer versucht, die Noten dieses Allegri-Werkes zu kopieren, wird
exkommuniziert. Was der Vatikan mit dieser Strafandrohung bezweckt, ist unklar.
Soll damit der Wert dieses zwar unübersichtlichen, aber nicht weltbewegenden Werks
gesteigert werden, vielleicht weil Allegri ein besonders mustergültiger Gottesdiener
war als Priester, Tenor und Komponist in Diensten von Papst Urban VIII.? Sollte
es zur Attraktion für die Gläubigen werden, zum Anlass, in die Sixtina zu pilgern,
weil nirgendwo sonst dieses »*Miserere*« zu hören ist? Soll das mystisch dunkle, dicht
gewobene Klanggebilde eben dadurch von einem zusätzlichen Geheimnis umflort
werden, dass der Vatikan Exklusivrechte daran beansprucht? Oder hat man vor, damit
einmal zu spekulieren, also an der Vergabe der Aufführungsrechte zu verdienen?

Dem bleichen Kerl mit der Kartoffelnase, der am 11. April frierend neben seinem
Vater in der Sixtina sitzt und jenes Flehen um göttliches Erbarmen anhört, sind

solche Überlegungen fremd. Kaum im Quartier zurück, greift er zu Feder und Notenpapier und notiert das Stück mit allen neun Stimmen aus dem Gedächtnis — fehlerfrei, wie ein Vergleich mit dem Original ergibt.

Das macht Appetit — auch auf weitere Erfolge. Leopold beschließt, nochmals neue Wirkungsstätten für seinen Wundersohn zu erproben. Doch sie wohnen nicht schlecht in Rom, im 2. Stock des Palazzo Scatizzi, einem Seitenflügel des Collegium Clementinum, wo sich die Frau des päpstlichen Kuriers Steffano Uslenghi rührend um die beiden kümmert.

Es wäre schade, diese Unterkunft aufzugeben, von der die Reisenden einen freien Blick auf den Tiber haben und weit hinaus, bis zur Kuppel von St. Peter. Die Uslenghis erleichtern Leopold die Entscheidung zwischen Komfort und Karriere: Die Wohnung wird ihnen freigehalten, während sie ihre Exkursion nach Neapel absolvieren. Und als sie alles andere als erholt von dort zurückkehren, werden sie mit offenen Armen und Schonkost empfangen.

»*Weil wir nun in diesen 27 St: unserer reise nur 2 Stund geschlafen, und nichts als 4 gebrathne Kalte Händl im Wagen mit einem Stück Brod verzehrt, so kannst du dir unsern Hunger, durst und schlaf leicht vorstellen*«, berichtet Leopold seiner Frau am 27. Juni 1770. »*Unsre gute frau Uslenghi hat uns einen guten lindgekochten Reiß gegeben und wir nahmen nichts weiters als ieder ein paar lindgesottne Eyer etc: und da wir in unser zimmer kamen, setzt sich der Wolfg: auf einen sessl nieder und fieng augenblicklich zu schnarchen und so vest zu schlaffen an, daß ich ihn völlig auszog und ins beth legte, ohne daß er nur das mindeste zeichen gab, daß er wach werden könnte …*«

Seine Begabung, sofort in Tiefschlaf zu verfallen, ist die Rettung für den Dreizehnjährigen. Denn während der Vater früher oft noch verlockende Abendeinladungen der Kinder wegen abgelehnt hatte – sie wären, sagt er, »so oft wir wollten, eingeladen: allein es möchte der Gesundheit meiner Kinder schädlich seyn« –, behandelt er seinen Sohn nun fast wie einen Erwachsenen. Und es macht ihn auch sehr erwachsen, dass er seit dem 5. Juli 1770 einen Orden auf der Brust tragen darf: Kardinalstaatssekretär Pallavicini hat ihm die päpstliche Ernennung zum »Ritter vom goldenen Sporn« überreicht. Mit dem goldenen Kreuz an rotem Band auf der Brust, mit Degen und Sporen am Leib wirkt er zwar nicht schöner, aber älter und würdiger. Außerdem erregt es Aufsehen, dass ein Dreizehnjähriger eine derart hohe Auszeichnung bekommen hat – zudem den noch höheren Orden, also die Luxusausgabe; Komponistenkollegen wie Gluck waren erst in fortgeschrittenem Alter damit bedacht worden und nur in der Normalversion.

Jetzt ist es eine Ehre, den Wunderknaben, der nie eine Schule besucht hat, aber bereits blendend Italienisch spricht, zu beherbergen und zu verwöhnen. Der Feldmar-

Ewige Stadt, ewige Musik: In Rom, hier vom rechten Tiberufer beim Monte Mario aus gesehen, offenbarte sich Mozarts Genie in einem legendären Akt: Der Vierzehnjährige schrieb aus dem Gedächtnis das neunstimmige »Miserere« von Allegri fehlerfrei nieder. Eine publikumswirksame Idee von Vater Leopold, um auf die einzigartige Begabung seines äußerlich wenig begnadeten Sohns aufmerksam zu machen.

schall Giovanni Luca Pallavicini-Centurioni findet das wohl auch, denn er verwöhnt die Mozarts tagelang auf dem »Landgut ausser Bologna« [Alla Croce del Biacco], das er gepachtet hat. Gerade jetzt, wenn die Sommerhitze reglos auf den Plätzen und in den Gassen Roms steht, bedeutet das für die erschöpften Reisenden wahre Erholung. Befriedigt kann Leopold feststellen, dass sein Reiseführer von Keyßler nicht übertrieben hat, der behauptet, die Stadt Bologna werde ganz zu Recht »la grassa«, die fette, genannt. »Die Eßwaren finden sich in Menge und sonderbarer Güte«, schwärmt er, rühmt »die bolognesischen Cervellat- wie auch andere geräucherte Würste, (salsicie, mortadelle & c.) Zungen und gesalzenes Fleisch sind durch ganz Europa bekannt.« Er mahnt allerdings zur Vorsicht, weil in viele der Spezialitäten »Knoblauch oder andere dergleichen Kräuter vermischet werden«, doch wer das nicht mag, könne auf die köstlichen Käse ausweichen.

Die Mozarts haben zwar keine Gelegenheit, die Wirtshäuser von Bologna *la grassa* zu testen, aber dafür werden sie kostenlos so verpflegt, dass keine Wünsche offen bleiben. Und mehr noch als die gepriesenen Würste, als die duftende Mortadella, als Salsiccia, Schinken oder Käse genießen sie das frische Obst. Am 11. August 1770 berichtet Leopold seiner Frau begeistert: »*Se: Ex: haben uns in die ersten zimmer (nach Salzb: zu ebenfuß) Logiert, welche im Sommer, wegen der Hitze, die in den obern zimmern ist, die besten zimmer sind, da wir den ganzen tag, und sonderlich in der Nacht nicht die mindeste Hitze empfinden. Ausser unsern zimmer ist die Sala Terrena wo wir speisen und wo alles frisch, khül [sic] und angenehm ist (...) du bist auf die kostbarsten feigen, Mellonen, und Pfersig eingeladen! und ich bin höchst vergnügt, daß ich dir schreiben kann, daß es uns, Gott sey unend: Dank gesagt, gut gehet.*«

Man könnte meinen, die beiden hätte die Angst vor dem Skorbut gepackt, so begierig stürzen sie sich auf die Früchte dort. Mag sein, dass der selbst ernannte Hausarzt Leopold wirklich Sorge hatte, er und sein Sohn könnten an dem erkranken, was heute Vitaminmangel heißt – die Symptome waren damals längst bekannt. Doch höchstwahrscheinlich genossen beide schlicht die frischen, ausgereiften Früchte des Südens als einen Luxus, der ihnen in Salzburg verwehrt blieb. Zehn Tage später jedenfalls schreibt Vater Leopold nach wie vor entzückt: »*wir sind noch auf dem Landgut alla Croce del Biacco (...) Wir befinden uns, Gott Lob, bey feigen, Mellonen und anderen früchten, die wir sehr mässig essen, sehr wohl. Abends, etwa 2 stund vor Tische, essen wir eine gewisse frucht, die niehmals, als in Gemälden, gesehen habe, und die einen Geschmack wie Cuccummern* [= Gurke, von lat. cucumis] *hat, Es ist eine runde grosse frucht mit einer grienen schaale wenn es von einander und in viele stücke verschnitten wird, so sieht es sehr gut aus, denn es ist blassroth, namlich das innere oder der kern. man nennt diese frucht angurie* [= Wassermelone], *auch Cuccummern oder Kirbes* [= Kürbis] *(...) mann isst sie mit Zucker und Zimmet.*«

Die milden Gaben können nicht verhindern, dass Wolfgangs Blick und Zunge scharf bleiben. Seiner Schwester schreibt er am 21. August 1770 von dem paradiesischen Landgut aus: »*wir haben die ehre mit einem gewissen Domenicaner* [= Pietro Zernowitzkky, Geigenlehrer der geigenden Waisenknaben] *umzugehen, welcher für heilig gehalten wird, ich zwar glauebe [sic] es nicht recht, dan er nimmt Zum frühstück oft Eine taßa ciocolata* [= Schokolade], *gleich darauf ein guts glas starcken spanischen wein, und ich habe selbsten die ehre gehabt mit diesen heiligen zu speisen, welcher praf wein und auf die lezt ein ganzes glas voll starcken wein bey der tafel getruncken hat, zwey gutte schnitz melooni, sperschig* [= Pfirsich], *biern* [= Birne], *5 schallen Caffé, ein ganzes deller voll Vögeln* [= gebratene Vögel, wohl wie in Italien lange üblich Singvögel, oder Wachteln], *zwey volle deller von milch* [= Sauermilch] *mit lemonien* [= Zitronen]; *doch dieses könte er mit fleis thun, aber ich glaube nicht, dan dieses wäre zu viel, und aber er nimmt ville sachen zur Jausen auf nachmittag.*«

Wolfgang führt das Leben eines ausgewachsenen Berufskomponisten, nicht freudlos, aber ohne jene Leichtigkeit, die Kindheit und Jugend unvergesslich macht. Am Mittwoch, dem 26. Dezember, sitzt Wolfgang nicht wie andere Kinder seines Alters in einem wohl duftenden Weihnachtszimmer. Er sitzt am Cembalo im Teatro Regio Ducal, dem Königlich-Herzoglichen Theater in Mailand, das einen legendären Ruf in Europa genießt, und dirigiert von dort aus seine eigene Oper »Mitridate, Re di Ponto«. Ein körperlicher wie geistiger Kraftakt – was seinem Vater offenbar nicht auffällt.

»Gott sey gelobt«, atmet Leopold auf, »die erste Aufführung der Opera ist den 26ten mit allgemeinen Beyfall vorsich [sic] gegangen: und zwey sachen, die in Mayland noch niemals geschehen, sind dabey vorgegangen; nämlich, daß (wider alle Gewohnheit der ersten Sera) eine Arie der prima Donna ist wiederhollt worden, da man sonst bei der ersten production niemals fora [= da capo, noch mal von vorne] rufft, und zweytens, daß bey fast allen Arien (...) nach der Arie ein erstaunliches Händeklatschen und Viva il Maestro, viva il Maestrino ruffen erfolget.« Dass bei der Premiere auf weitere Wiederholungen verzichtet worden ist, obwohl das Publikum bereits lautstark Lust darauf bekundet hat, schreibt Leopold den natürlichen Bedürfnissen zu: »... die meisten wollten noch zu hauß etwas Essen, und die opera mit 3 balletten dauert seine 6 Starke stund: man wird aber itzt die Ballett [sic] abkürzen den sie dauern 2 Starke stund.«

An den Maestrino, den kleinen Meister, denkt offenbar keiner. Wie es ein schmächtiger Dreizehnjähriger schafft, sechs Stunden lang zu dirigieren und Cembalo zu spielen, scheint auch den Vater nicht umzutreiben. Gab es hinterdrein noch eine Weihnachtsgans? Oder sank der erschöpfte Star des Abends ungegessen ins Bett? Sein Vater registriert nur stolz den Erfolg von Wolfgangs Werk: »Gott Lob, die opera hat einen solchen zulauf, daß das Theater täglich voll ist«, schreibt er nach Hause. Und geht wohl davon aus, dass sich sein Sohn bereits an einen Tagesrhythmus gewöhnt hat, der alles andere als kindgemäß ist.

»Kaum finde so viel Zeit dir zu schreiben, denn täglich gehen wir in die Opera folglich um halbe 2 oder gar 2 Uhr in der Nacht schlaffen, weil wir nach der Opera auch etwas essen wollen; in der frühe stehen wir also späth auf und der ohnehin itzt sehr kurze Tag wird demnach noch kürzer. Wir hätten so viele Besuche zu machen, daß wir nicht wissen, wie wir zurecht kommen werden.« Für solide Verpflegung sorgt nicht er, das übernehmen alte Bekannte aus Salzburg, die Wolfgang mit seiner Lieblingsspeise verwöhnen – und bei der handelt es sich nicht etwa um Nudeln, denn was das Essen angeht, ist Wolfgang keineswegs italophil geworden, eher heimwehkrank. »Am Donnerstag speisten wir bey der Madame v. Asteburg [= Marianne d'Asti von Asteburg, Tochter des Leopold Troger, Hofbeamter beim Generalgouverneur in Mailand, dessen Schwester in Salzburg lebte] oder ehemals Trogermariandl, die uns mit Leberknödl und Sauerkraut, so sich der Wolfg: ausgebetten, nebstbey aber mit anderen guten speisen darunter ein herrlicher Capaun und Fasan war, aufs prächtigste bewirthet hat.«

Unten:

Oper in Mailand, Essen wie in Salzburg: An Weihnachten wurde geprobt und am zweiten Weihnachtsfeiertag, dem 26. Dezember, wurde Wolfgangs Oper »Mitridate« in Mailand uraufgeführt. Doch sein Wunschmenü mit Leberknödeln und Sauerkraut, wie er es seit Kindheit kannte, tröstete ihn über die vermisste Nestwärme hinweg und stillte das Heimweh.

MITRIDATE
RE DI PONTO,
DRAMMA PER MUSICA
DA RAPPRESENTARSI
NEL REGIO-DUCAL TEATRO
DI MILANO
Nel Carnovale dell' Anno 1771.

Rechts:
Weingenuss als Medizin? In einem Stillleben wie dem von Jean-Baptiste Simeon Chardin (1699–1779) sieht er wirklich aus wie ein reines Lebenselixier. Leopold Mozart fand wie andere Väter seiner Zeit nichts dabei, seinen Kindern das oft schlechte Wasser mit Wein aufzubessern. Er selbst trank ihn lieber unverdünnt und kannte sich gut genug aus, um vieles zu verschmähen. Später riet er Wolfgang ab vom Rotwein. Angeblich weil der ihn zu sehr »erhitzte«, vermutlich aber nur, weil er die Folgen fürchtete, wenn der unternehmungslustige Sohn weinselig die Hemmungen verlor.

Um einen Absturz zu verhindern, was Wohnen und Essen angeht, lässt Leopold mal wieder Hagenauer angehen, der dafür sorgen soll, dass der Wunderkindvater samt Sohn auch in Venedig so komfortabel haust und speist wie in Mailand. Mutter Mozart solle die Hagenauers doch dazu bringen, sich »zu erkundigen, ob ich nicht an einem sichern Ort in Venedig eine privat wohnung haben könnte«. Seine ungenierte Begründung: »dann im Wirtshaus bin kein liebhaber abzusteigen, wenn es nicht seyn muß.« Verständlich angesichts dessen, was wir von den Wirtshäusern wissen, in denen die Mozarts gelandet sind. Zugleich aber macht Leopold, in seinem Selbstbewusstsein unüberhörbar gestärkt durch die Triumphe seines Sohnes in Mailand, seiner Frau und damit dem Hauswirt klar, dass er zwar um dessen Hilfe bittet, er aber derjenige bleibt, der Entscheidungen trifft, Pläne macht und natürlich unverzichtbar ist für den Dreizehnjährigen an seiner Seite. Auf einmal heißt es nicht mehr wir, sondern ich in seinen Briefen. »ich werde mich sicher in Brescia, Verona etc: und allen diesen Orten etwas weniges aufhalten, um im Vorbeygehen die opern zu sehen, und folglich erst

Stadt der Verführungen, Stadt der Verwöhnungen: In Venedig werden Leopold und Wolfgang von Menschen eingeladen, denen als Lohn für ihre Mühen die Anwesenheit des Genies und ein kleines Hauskonzert genügen. Weil Mozart kein Tagebuch führte, wissen wir nicht, ob ihn der Anblick der Rialto-Brücke – oben links in einem Gemälde von Antonio Canaletto – oder des Markusplatzes – oben rechts wiedergegeben von Francesco Guardi – beeindruckt oder verwirrt hat.

im Februario, ja vielleicht erst in den ersten tägen der Woche nach Lichtmeß in Venedig eintreffen.«

Sie treffen am Rosenmontag ein, gerade noch während des berüchtigten Carnevale, und wissen aus ihren Guides, dass sie sich nun in »dem gefährlichsten Orte von ganz Italien« befinden. Doch beruhigenderweise hat der gute Hauswirt in Salzburg funktioniert und organisiert; sofort kommen die beiden müden Gäste bei der begüterten Familie Ceseletti unter, ganz in der Nähe von San Marco, und werden noch an demselben Abend und auch Faschingsdienstag zum Essen eingeladen bei Johannes Wider, einem Kaufmann und Geschäftspartner der Hagenauers. Was in venezianischen Haushalten auf den Tisch kommt, wird für den kindlichen Geschmack von Wolfgang befremdlich gewesen sein: Ob carote in agrodolce oder patea rosta al melograno, Truthahn mit Granatapfel – die süßsauren, auch süßscharfen Gerichte, die kennzeichnend sind für das gewürzverwöhnte Venedig, haben mit dem, was er aus Salzburg, München, Wien oder auch aus anderen Regionen Italiens kennt, wenig gemeinsam. Durchaus kindergeeignet jedoch sind die *fritole* und *galani*, das traditionelle Fettgebackene am Carnevale, zu dem man *Cipro* trinkt, den herbsüßen Zypernwein. Dem sparsamen Vater mundet am besten, dass die Widers es als Geschenk betrachten, die Mozarts unentgeltlich durchfüttern zu dürfen. Spielt Mozart nach dem Essen auf dem Cembalo? Unterrichtet er die Kinder der Widers? Oder ist allein die Aura des jungen Genies Lohn genug für die Familie, die den Kleinen nach Strich und Faden verwöhnt und an seinem Quartier mit der Gondel abholen lässt? Der Vater nimmt die wohl vor allem seinem Sohn geltende Gunst ohne schlechtes Gewissen an. *»Wir speisen heut abermahl bey H: Wider«*, vermeldet Leopold am 1. März 1771 seiner Frau, *»der uns, wenn wir nirgends anders eingeladen sind, für beständig zu tische hat.«* Und der hinterdrein an die Mutter Mozart schreiben wird, er habe nun *»die Ehre gehabt, dero Herrn Liebsten und allerliebsten Herrn Sohn Amadeus seit einem Monath mit meiner Unvermögenheit allhier zu bedienen«.*

Die Rückreise ist wie erwartet unerfreulich; schon Ende Dezember hatte Leopold seiner Frau verkündet, *»daß wir alsdann eine schmutzige und vielleicht auch gefährliche nach Hause reise haben werden, indem durch die gebürge wenn der schnee abgehet es im frühjahr nicht lustig zu reisen ist«.*

Als die beiden am 28. März 1771 nach fünfzehneinhalb Monaten wieder in Salzburg eintreffen, ist Vater Mozart zwar nicht reicher, sein Sohn aber wesentlich berühmter und sein Werk wesentlich umfangreicher geworden: An die 25 Werke hat Wolfgang in Wirtshäusern, Hinterzimmern, Klöstern, privaten Unterkünften und Gasthofkammern geschrieben, ob der Magen krachte oder schnurrte, ob ein Kamin prasselte oder seine Hände, die Feder umklammernd, blau vor Kälte waren, ob es abends noch Kapaun, Kraut und Leberwurst, Broccoli und Ei gab oder gar nichts außer einem Apfel.

Nicht erstaunlich also, dass Leopold Mozarts Ehrgeiz als Vermarkter seines Wundersohns angestachelt ist und stärker als alle Sehnsucht, mit der Familie in Salzburg zur Ruhe zu kommen. Noch in demselben Monat, in dem sie völlig erschöpft in der Getreidegasse gelandet sind, bekommt Mozart von Kaiserin Maria Theresia den Auftrag, zu der Hochzeitsfeier ihres Sohnes Erzherzog Ferdinand und der Prinzessin Maria Beatrice Ricciarda d'Este von Modena, eine *Serenata teatrale*, eine Musik für die *sera*, also den Vorabend der Trauung in Mailand zu komponieren – der Stoff: das barocke Schäferspiel *»Ascanio in Alba«*. Dabei soll nun die Göttin Venus als Maria Theresia verstanden werden, auch wenn sie längst eine beleibte Matrone mit schwerem Doppelkinn geworden ist, und der Bräutigam Ferdinand mit seinem pferdeartig langen Gesicht und der typischen Habsburgerlippe als überirdisch schöner Ascanio, Herrscher der Stadt Alba. Die Braut Ascanios, eine Nymphe namens Sylvia, ist selbstverständlich ebenfalls von olympischer Schönheit, wenngleich die reale so wenig attraktiv ist, dass, wie Leopold berichtet, *»man besorget war daß er an Seiner Braut wenig vergnügen haben werde; indem sie nicht schön ist«*. Der kleine Mozart hat mit solchen symbolischen Verrenkungen keine Probleme, er ist mit vierzehn längst an zeremonielle Verlogenheiten gewöhnt, verfügt über ausreichend Phantasie und konzentriert sich darauf, mit seiner Musik zu überzeugen.

Also bricht er mit seinem Vater schon fünf Monate nach der Rückkehr, am 13. August 1771, zur zweiten Italienreise auf. Wieder beginnt die Reise mit einem Schnellimbiss beim unvermeidbaren Wirtshaus *Kaitl* an der alten Tiroler Straße – eine Art ideal gelegener Autobahnraststätte ohne Konkurrenz: »*der erste tag unserer Abreise war ein artiges Mischmasch, im Kalterl assen wir stehenden fusses ein paar Stückl Dällerfleisch* [= Tellerfleisch, also gekochtes Rindfleisch] *unter der Zeit als der Postillion den Pferden ein wenig Heu gab, und tranken ein mass recht guten Merzen=biers* [= im März gebrautes Bier] *dazu.«* Offenbar hat sich Leopolds Bier-Unverträglichkeit aus Kostengründen gelegt, und dass sein Sohn mit fünfzehn bereits ebenfalls am helllichten Tag sein Bier runterschüttet, noch zudem das starke Märzen, scheint weder den Vater noch die Mutter zu beunruhigen.

Der Appetit von beiden ist anscheinend kräftig und der Durst ebenfalls.

»*In Waidring assen wir eine Suppe und tranken ein gar nicht übles St: Johanser=bier dazu. In St: Johanns assen wir zu nacht und den 14. speisten wir auf der Post zu Kundl und nachts in Innsprugg ...«* Der »Gasthof Post« in Kundl, sechs Kilometer östlich von Wörgl gelegen, hat wohl vor allem den Vorteil, dass es dort nichts kostet, denn er gehört einem Herrn Aidenpichler, der die Mozarts aus nostalgischen Motiven freigehalten haben dürfte: früher war er Oberkellner in St. Peter gewesen, für Leopold wie für jeden Hofmusiker eine Art Kantine.

Die ersten Reisemonate haben es die beiden noch relativ angenehm, in Mailand betätigen sich die üblichen Freunde wieder als Gastgeber. Doch es bleibt dem Teenager wenig Freizeit für den Genuss. Denn die Arbeit am »*Ascanio in Alba*« gerät sehr viel umfangreicher als vermutet: Erwartet wird eine ausgewachsene Oper, die der Fünfzehnjährige in Rekordzeit komponieren, einstudieren und dirigieren soll. Auch sein Vater merkt, dass es ein Ding der Unmöglichkeit ist, was sein Sohn da zu bewältigen hat. »*Die Serenada, welche eigentlich mehr eine azione teatrale von zwey Theilen ist, wird Wolfgang mit der Hülfe Gottes in zwölf Tagen völlig fertig haben*«, seufzt er.

Mozart wird sich wohl eher auf sich und sein Genie als auf Hilfe von oben verlassen haben. In nur dreiundzwanzig Tagen schreibt er das ganze Opus mit sieben Chören und allen Zwischenballetten, während sein Vater es sich in den »*3 Königen*«, laut Leopolds eigener Einschätzung »*das ansehnlichste Wirtshaus*« in Mailand, mit einer adretten Bekannten aus London gutgehen lässt. Der Vater genießt und berichtet, sein Sohn schafft nur eine kurze Nachschrift zum langen Report Leopolds, denn es »*thun mir so die finger von* [sic] *schreiben wehe*«.

Bleibt zu hoffen, dass er die Gabel wieder halten konnte, falls er beim »*Banchetto delle spose*« am 16. Oktober an irgendeinem der langen Tische im Freien saß und sich den safrangelben, rindermarkgesättigten »*Risotto milanese*« oder andere Mailänder Spezialitäten schmecken ließ: Maria Theresia hatte ihrem Sohn befohlen, sich vor Ort beliebt zu machen, indem er 500 Geldgeschenke von je 150 Lire an die Bräute aus der Stadt Mailand verteilte. Und diesen Brautpaaren auch noch ein öffentliches Bankett auf dem breiten Corso della Porta Orientale zu geben, damit jeder sehen konnte, wie spendabel und volksfreundlich der neue Herrscher sei. Eine riesige Tafel in drei Teilen wurde mit roten und weißen Tischtüchern gedeckt, um unübersehbar zu machen, dass hier die Österreicher und nicht die Italiener Gastgeber waren. Die Tore und die Bäume am Corso waren auf Kosten der sonst so sparsamen Kaiserin mit Stoffblumen und Girlanden verziert worden. Es ist schon Herbst, aber für Leopold Mozart riecht es hier nach Frühling, nach Aufbruch, nach Zukunftshoffnung; er ist ziemlich sicher, in Mailand für seinen Sohn, der hier erst im Jahr zuvor mit seinem »*Mitridate*« geglänzt hat, eine feste Stelle als Hofkomponist zu ergattern, wenn nun auch noch der »*Ascanio*« gut ankommen sollte.

Jedem anderen Fünzehnjährigen verdirbt so viel väterlicher Ehrgeiz womöglich den Appetit. Eislaufmütter müssen auch damit leben, dass ihre Töchter magersüchtig werden oder auf andere Art neurotisch. Doch trotz der harten Arbeit hier fühlt sich Wolfgang wohl, er bleibt vergnügt und bei Schaffenslaune. Nicht einmal die kurzen Nächte und die Arbeit in Klausur schlagen sich ihm auf den Magen. Unverhohlen verkündet er seiner Mutter und seiner Schwester, die sich darüber kaum gefreut haben dürften: »*ich hab keinen [sic] lust mehr auf salzburg.*« Obwohl er mitbekommt, dass die Justiz in Mailand nicht zimperlich ist: »*ich habe auf den domplatz*«, vermeldet er knapp seiner Schwester Nannerl, »*4 kerl hencken sehen. Sie hencken hier wie zu lion.*« Er hat also schon, als er 1766 in Lyon war und erst zehn Jahre alt, eine öffentliche Hinrichtung gesehen. Und auch das Unglück, von dem die ausgedehnten Hochzeitsfeierlichkeiten überschattet werden, scheint Wolfgang wie Leopold nicht die Freude an ihrem Mailänder Aufenthalt verderben zu können. Mit Inbrunst beschreibt Leopold, wie viele Schädelbrüche, gebrochene Beine und Arme, Rückgrate und Rippen es gegeben hat, als bei einer »*Cuccagna (das ist eine Preisgeebung vieler Esswaaren und Wein etc:)*« ein Balkon eingebrochen war. Wohl vor allem, um den beiden Daheimgebliebenen zu verdeutlichen, dass ihr Leben in Mailand kein Zuckerschlecken sei, vielmehr brandgefährlich. Sogar zwei Tote müsse man registrieren, vermeldet er seiner Tochter, »*die so sehr nach Mayland seufzet*«.

Auf der Weiterreise helfen den Mozarts wieder die alten Salzburger Kontakte, allzu hohe Spesen und vor allem Wirtshäuser zu vermeiden. Ignaz Joseph Graf Spaur, Domherr in Salzburg und seit 1763 auch in Brixen, ist ein großer Bewunderer Wolfgangs, und sein Onkel ist günstigerweise in Brixen Fürstbischof. An dessen Hof werden die Mozarts mit Südtiroler Feinkost durchgefüttert und mit großen Weinen aus dem geist-

lichen Keller verwöhnt; zum Dessert spielt Wolfgang auf. Die fromme Gastfreundschaft ist nicht ganz ohne Hintergedanken: der offenbar noch fortbildungsbedürftige
Brixener Domorganist Karl Konstanz wird kurz darauf nach Salzburg geschickt, um
von dem minderjährigen Kollegen Wolfgang Mozart etwas mehr Schliff zu bekommen.

Am Sonntag, dem 15. Dezember, empfangen Mutter Mozart, Nannerl und vermutlich auch die Hagenauers die beiden Italienheimkehrer mit Salzburger Tafelfreuden.
Wir wissen nicht, ob Wolfgangs Lieblingsessen aufgetischt wurde, ob es Leberknödel mit
Kraut gab und hinterdrein Topfenstrudel. Nur eines ist gewiss: Diesmal vergällt ein
bitterer Geschmack die süßen Glücksgefühle der Mozartfamilie, denn am Montag
danach stirbt Fürsterzbischof Siegmund Christoph Graf Schrattenbach. Ein Mann, der
es selbstverständlich gefunden hatte, dem jungen Genie und seinem Vater jede Chance,
jede Vergünstigung, jede Förderung und vor allem jede Freiheit zu gewähren. Mit einer
beigepackten Drohung wird Leopolds Antrag auf die mit Schrattenbach vereinbarte
Besoldungsfortzahlung zwar »*bewilliget. Jedoch ohne Consequenz für das Künftige, und andere*

abreisende Hof-Musicos «. Mit den anderen Hof-Musicos ist wohl Wolfgang gemeint.

Der Ton ist scharf, die Botschaft unmissverstehbar: So bequem wie bisher werdet
ihr, gute Mozarts, es künftig nicht mehr haben. Bezahlte Hofmusiker haben dort zu
musizieren, wo sie bezahlt werden.

Wittert Leopold, wittert Wolfgang, was nun auf sie zukommen wird? Ahnen die beiden, dass unter dem Nachfolger Schrattenbachs, Hieronymus Graf Colloredo, ein
anderer Wind wehen wird am fürsterzbischöflichen Hof? Zu dessen Amtsantritt komponiert Mozart zwar brav eine wunderbare Kantate auf einen verstaubten Text, »*Il
Sogno di Scipione*«, und der neue Machthaber bekundet immerhin Interesse, den
Wunderjüngling zu halten, indem er ihn zum – besoldeten – Konzertmeister der Hofkapelle ernennt. Dennoch wirkt der Aufbruch zur dritten und letzten Italienreise
wie eine Flucht, wie ein neuer, verzweifelter Versuch von Leopold Mozart, der Enge
Salzburgs ein für alle Mal zu entkommen und seinem Sohn einen international angesehenen Posten an einem der Höfe Italiens zu verschaffen.

Der Preis für dieses Vorhaben ist hoch, auch wenn die Reise insgesamt nur vier Monate und zweieinhalb Wochen dauert. Denn die finanziellen Mittel sind knapper denn je. Durch verheerende Regengüsse genötigt, »in dem traurigen Botzen« zu übernachten, das für Leopolds Geschmack »ein Sauloch« ist, schreibt sein Sohn »eben für die lange Weile ein quatro«. Wenn ereignislose Aufenthalte zur Erschaffung eines Streichquartetts führen, wird Leopold Mozart wohl öfter Langeweile aufs Programm setzen. Als Arbeit scheint Mozart das Komponieren in einem ungeheizten Gasthofzimmer nicht zu empfinden, denn seiner Schwester teilt er mit: »Nun sind wir schon zu botzen. schon? erst! mich hungert, mich durst, mich schläffert, ich bin faul, ich bin aber gesund.«

In Mailand kommen die beiden gut unter – ganz nah bei den Fleischtöpfen der Signora d'Asti, alias Trogermariandl. »Wir haben«, berichtet Leopold zufrieden, »eine weit bessere Wohnung, als wir sonst hatten, schöner, bequemmer, näher noch am theater und folglich etwa 50 schritte von der Mdme: d'Aste entfernt ...«

Doch offenbar hat Mozart nicht genügend Zeit, beim Trogermariandl seine Leibspeise, Kraut und Leberknödel, zu genießen. Er steht unter unvorstellbarem Arbeitsdruck: Am 4. November sind sie in Mailand angekommen, und am 26. Dezember, am Stephanstag, soll seine neue Mailänder Auftragsarbeit, die Oper »Lucio Silla«, uraufgeführt werden. Also wird Mozart, damit er brav Gold spinnt, von sämtlichen Lustbarkeiten weggesperrt, gegessen wird im eigenen Quartier und so spartanisch, dass der Hunger den Sohn aus dem Bett und an den Schreibtisch treibt. Die beiden leben von eisernen Vorräten und dem üblichen Quantum Alkohol: »die feigen, die H: Joseph [= Ignaz Joseph Hagenauer, Sohn von Lorenz und dessen wichtigster Mitarbeiter in der Salzburger Spezereiwarenhandlung] bey der Abreise dem Wolfg: gegeben, waren so wundersamm wie das Brod und die fische im Evangelio, dann gestern assen wir noch davon zur abendmalzeit, die täglich und nichts als trauben und Brod und einem glaß wein bestehet«, schreibt Leopold seiner darüber wohl kaum entzückten Gattin. Und eine Woche später hört der Leser aus seinem Brief den Magen knurren: »sonst haben [wir] guten appetit, und wenn ich Esse bin ich der gesündeste Mensch. wir Essen aber täglich nur einmahl und zwar nachmittag um 2 uhr. Nachts nehmen wir einen Apfel, ein Stück brod und ein gläsl wein.«

Ausgehen, und sei es nur bis zum Trogermariandl hinüber, ist gestrichen. Am 5. Dezember, drei Wochen vor der Uraufführung, sind von den 23 Nummern der Oper erst 9 vollendet. »Nun hab ich noch 14 stuk zu machen, dann bin ich fertig«, schreibt Mozart unten an den Brief seines Vaters hin. Doch sogar ihn, dessen Notenschrift dahinfliegt wie ein Windhund, grazil, schwerelos und schnell, bedrängt die Last allmählich, denn er redet kraus daher: »Ich kan ohnmöglich viell schreiben, dan ich weiß nichts, und zweitens weiß ich nicht waß ich schreibe, indem ich nun immer die gedancken bey meiner opera habe, und gefahr lauffe, dir, anstatt worte eine ganze Aria herzuschreiben«, erklärt er der Schwester.

Nimmt Leopold einmal eine Abendeinladung an, muss sein Sohn dafür bezahlen, indem er mit vollem Bauch ans Klavier gedrängt wird und noch kurz vor Mitternacht eigene Werke vorspielen soll — nach einem zehnstündigen Arbeitstag, voll gepfropft mit Komponieren, Einzelproben, Chor- und Orchesterproben.

Zu diesem Stress kommt noch der hinzu, dass ein neuer Tenor für die Titelrolle des Lucio Silla gefunden werden muss, weil der vorgesehene Signore Cordoni wegen Krankheit ausfällt. Am 24. Dezember gibt es für Mozart kein Mittagessen, sondern die vier- bis fünfstündige Generalprobe im *Teatro Regio Ducal*. Abends endlich wird er belohnt mit einem »*andächtigen Soupée*« bei der Familie des Haushofmeisters Fernando Germani. Am 26. schließlich darf Mozart sich, bevor es ernst wird, mittags beim Trogermariandl mit Salzburger Kraftstoff stärken. Und Leopold vermeldet zufrieden, »*die Opera ist glückl: abgelauffen, obwohl den ersten abend verschiedene sehr vertriessliche Umstände sich eräugnet. der erste Umstand war, daß die opera gemeiniglich eine Stund nach Gebettleuten anfangen soll, dieses mahl solche 3 Stund nach gebettleuten, folg: erst gegen 8 uhr deutscher uhr angefangen und bis 2 uhr nach Mitternacht geendiget war. Der Erzherzog ward kurz vor bettleuten erst vom Mittagessen aufgestanden, und hatte dann noch 5 Briefe oder Neujahrswünsche mit eigener Hand an Se: May: den Kayser, Kayserin, zu schreiben, und NB [= nota bene] er schreibt sehr langsamm ...*« Die Ironie und Verbitterung Leopolds sind unüberhörbar — deutlicher konnte er in einer Zeit, wo die Briefpost, vor allem die von auswärts, von der fürsterzbischöflichen Zensur gefilzt wurde, kaum sein: Bloß weil der Erzherzog, vermutlich nach einer durchzechten Nacht, zu spät aus dem Bett gestiegen ist, erst zu dinieren gedachte, als andere schon einen Arbeitstag hinter sich hatten und dann auch noch mühsam seine Bedankungsbriefe gekritzelt hat, müssen sich alle Zuschauer, Solisten, Orchestermitglieder, Tänzer und natürlich der Komponist und Dirigent Mozart, die seit sechs Uhr abends startbereit sind, die Beine in den Bauch stehen. »*Die beängstigten Singenden Personen*«, schimpft Leopold, »*musten in ihrer Angst, das Orchester und das ganze Publicum in ungedult und auch der Hitze viele stehenden fusses 3 Stunde auf den Anfang der opera warten.*«

Jeder behandelnde Arzt bekäme spätestens hier Bedenken, wie lange der junge Mozart — er ist sechzehn, schmächtig, blass und völlig untrainiert — das durchhalten können wird. Frühmorgens heraus, nach Mitternacht ins Bett, und dazwischen keinerlei Erholung. Auch das späte Essen und Trinken wird der Gesundheit des jungen Mozart nicht zuträglich gewesen sein. Doch er jammert nicht. Am 16. Januar 1773 wird »*Lucio Silla*« zum 17. Mal gespielt, am Tag darauf wird in Mailand zum ersten Mal Mozarts »*Exultate Jubilate*« aufgeführt, danach geht es weiter mit täglichen Aufführungen der Oper am Teatro Regio Ducal. Als am 23. Januar der »*Lucio Silla*« zum 26. Mal über die Bühne geht, ist der Zuschauerandrang noch immer unverändert groß. Das Publikum ist begeistert von diesem Drama, das alle Regeln der Beherrschung vergisst. Rückhaltlos brechen die Emotionen sich Bahn und setzen sich hinweg über alle Traditionen und Konventionen. Aber der erzherzogliche Langschläfer ist wohl in der Erkenntnis von Genie so langsam wie im Briefeschreiben; er lässt die Mozarts ohne einen neuen Opernauftrag abziehen.

Kein Galamenü, kein Kapaun und kein Fasan im Speckmantel bei lieben Gastgebern auf dem Rückweg kann Leopold und seinen Sohn über die bittere Wahrheit hinwegtrösten: Sie kehren heim als Gescheiterte. Denn auch Leopolds letzte Hoffnung, der Großherzog von Toskana könnte in einer Art Futterneid versuchen, dem Mailänder jenen zarten jungen Bissen wegzuschnappen, ist geplatzt: Der Herr in Florenz hat offenbar mehr Geschmack an seinen gebratenen Tauben als daran, Mozarts Musik zu hören. Dennoch erklärt Leopold kurz vor der Abreise aus Mailand: »es kommt mir schwer Italien zu verlassen.« Ist es die Begeisterungsfähigkeit des italienischen Publikums, die ihn dort hält? Ist es die Atmosphäre, die Küche, die Mentalität?

Leopold wird italienischen Boden nie mehr betreten.

Am 13. März 1773 treffen die beiden wieder in Salzburg ein. Mozart ist nun ein Italienkenner. Er kann in bestem Italienisch über die toskanische und die venezianische Küche reden, er weiß, wie die Weine des Piemont und des Veneto schmecken, er kennt die Amalfitana und die Maremma, die Städte und die einsamen Landstriche, hat den Vesuv gesehen, die Überreste von Pompeij und das Kapitol, den Dom zu San Marco in Venedig und den Petersdom im Vatikan.

Ob er Italien noch immer liebt?

Er weiß nun eines: Dort will man ihn nicht. Eine Wunde, die nie verheilen wird.

Und die den guten Nachgeschmack der italienischen Erfolge, köstlich wie die Feigen der Romagna, verdirbt. Die Zeit der süßen Früchte, der Verwöhnungen ist vorbei. Nur zwei kurze Reisen noch wird Mozart zusammen mit dem Vater unternehmen. Zuerst fahren sie im Juli und August 1773 für einige Wochen nach Wien. Noch einmal wird Wolfgang behandelt wie ein groß gewordenes Wunderkind, wird gehätschelt von den Verehrern, die ihn kennen, seit er fünf ist, und er wird üppig bewirtet. Vor allem bei Dr. Franz Anton Mesmer, dem Prominentenarzt und Magnetiseur, in dessen Auftrag er mit zwölf »Bastien und Bastienne« geschrieben hatte. Doch keiner kann es übersehen: Aus dem leicht zu vermarktenden Wunderknaben ist ein Kerl geworden, dem die Natur zum Ausgleich für das Genie äußere Schönheit verweigert hat. Kaum einer erkennt ihn wieder.

Mozart ist schon fast neunzehn, als er noch einmal an der Seite des Vaters verreist: Im Dezember 1774 fahren beide für ein halbes Jahr zusammen nach München, wo traditionell zum Karneval, wie es damals noch heißt, eine neue Oper aufgeführt wird – in diesem Fall Wolfgangs »La finta giardiniera«. Das Geld für den Gasthof Zum Goldenen Hirschen, in dem sie sich früher einquartiert hatten, sparen sich die beiden. »Unsere Wohnung ist zwar klein, aber bequemm genug«, schreibt Leopold seiner Frau. Und sie ist kostenlos: Der Kanonikus Johann Nepomuk von Pernat, ein Freund Leopolds, hat bei sich zu Hause Platz für die Gäste freigeräumt.

Von kulinarischen Exzessen wird Wolfgang auf unangenehme Weise abgehalten: »gestern Blieb der Wolfg: zu Hauß weil er Zähnwehe hatte, und heute wird er auch zu Hause bleiben, dann er ist nun geschwollen«, schreibt er am 17. Dezember 1774 seiner Frau.

Die Folge — Leopold findet das wahrscheinlich gar nicht so schlecht: »*er konnte zwei täge nur Suppen brühe essen.*« Doch es ist Karneval, und da ist in München Askese schwer durchzuhalten. Vater Mozart wird also seinen Sohn scharf beobachtet haben.

Die Uraufführung im Salvatortheater am 13. Januar wird jedenfalls ein Erfolg.

»*Gottlob! Meine opera ist gestern als den 13ten in scena gangen; und so gut ausgefallen, daß ich der Mama den lärmen ohnmöglich beschreiben kan. Erstens war das ganze theater so gestrozt voll, daß vielle leüte wieder zurück haben müssen. Nach jeder Aria war alzeit ein erschröckliches getös mit glatschen, und viva Mestro schreyen.*«

»*ich würde München gewis Ehre machen*«, erklärt Wolfgang selbstbewusst. Doch leider teilt der Intendant für Hofmusik und -theater diese Meinung nicht. Graf Seeau hat für den unansehnlichen jungen Mann weder Augen noch Ohren. Obwohl er es war, der »*La finta giardiniera*« in Auftrag gegeben hat, denkt er nicht daran, dem Komponisten eine feste Stelle bei Hof anzubieten. Und auch Christian Friedrich Daniel Schubart, Organist, Musiklehrer, Schriftsteller und Komponist, der durchaus Mozarts Genie erkennt, setzt nach einem der albernen Klavierwettspiele Mozart nur auf Rang zwei. Ignaz von Beecke, 23 Jahre älter als Mozart und Hofintendant beim Fürsten Oettingen-Wallerstein, besiegt in Schubarts Ohren den jungen Konkurrenten wirklich spielend. Mozart sei zwar technisch allem gewachsen, habe sonst aber wenig zu bieten. »*Beecke übertrifft ihn weit. Geflügelte Geschwindigkeit, Anmuth, schmelzende Süßigkeit und ein ganz eigenthümlicher, selbstgebildeter Geschmack sind die Keulen, die diesem Herkules wohl niemand aus den Händen winden wird*«, schwärmt er.

Der wenig herkulische Mozart dürfte den Kummer über diese angebliche Niederlage mühelos hinuntergespült haben, denn das Pianistenduell fand statt bei einem seiner Verehrer: im Tanzsaal des Gasthofs »Zum Schwarzen Adler« in der Kaufingerstraße, dessen Besitzer, der Weinwirt Franz Joseph Albert, Mozart sehr gewogen war und ihn sicher auch mit flüssigem Trost versorgte. Noch schaut Vater Mozart scharf auf den Lebenswandel, die Ernährung und das Alkoholquantum seines Sohnes. Doch es ist das letzte Mal, dass er Gelegenheit dazu hat.

Von nun an haben Mozarts Reisen ein anderes Aroma: Er verkostet die Freiheit. Und sie schmeckt ihm ausgezeichnet.

Gemüsesuppen & -gerichte

Von goldenen Uhren, Tabatieren oder Edelstein-Knöpfen kann keiner abbeißen. Mozart waren verzehrbare Geschenke meistens sehr viel mehr willkommen. So schrieb er 1790 aus Prag an einen nicht mehr zu ermittelnden Baron, der ihn offenbar mit Wein (Madeira?) bedacht hat: »*Und was soll ich denn sagen von Ihrem Präsent, mein allerbester Herr Baron? Das kam, wie ein Stern in dunkler Nacht, oder wie eine Blume im Winter, oder wie ein Glas Madeira bey verdorbnem Magen ... Hier, bester Freund und Gönner, ist das Blatt bald voll, die Flasche Ihres Weins, die heute reichen muss, bald leer ...*«

Erdäpfeltorte

mit Trüffeln und Madeira-Jus, Luxusversion

Für ca. 8–12 Personen
als Vorspeise
ca. 400 g Blätterteig
Mehl zum Ausrollen
Butter für die Form

Für die Fülle:
1 kg Erdäpfel (Kartoffeln)
1/2 l Obers (Sahne)
1/10 l Trüffel-Jus aus der Dose
1 Eidotter
Blätter von 1 Bund
Petersilie, fein gehackt
Salz. Pfeffer, Muskatnuss
30 g Perigord-Trüffel
in Scheiben
100 g Parmesan,
frisch gerieben
Blätter von 1 Bund
Petersilie, fein gehackt

2 Eidotter
1/2 TL Sonnenblumenöl
1 Prise Salz

Für den Madeira-Jus:
3 dl dunkle Gemüsebrühe
(sie wird durch etwas
Tomatenpüree dunkler)
ca. 2 dl Madeira
60 g Butter
Salz, Pfeffer, Tabasco-Sauce

Die Hälfte des kalten Blätterteigs 2 mm dünn ausrollen, sodass er 5 cm mehr Durchmesser hat als die Springform. Diese ausbuttern und mit dem Teigboden auslegen, sodass der Rand hoch steht; mehrmals mit der Gabel einstechen.

Die Kartoffeln schälen und in hauchfeine Scheiben schneiden. Mit Küchenkrepp trocknen. Den Backofen auf 250 °C vorheizen.

Das Obers leicht salzen, mit dem Trüffel-Jus mischen, in eine Kasserolle geben und auf kleiner Flamme die Erdäpfel darin leise kochen lassen. Eidotter, gehackte Petersilie, Salz, Pfeffer und geriebene Muskatnuss zugeben und nochmals vermischen.

Eine erste Schicht Erdäpfelmasse auf den Teigboden geben, die Trüffelscheiben darauf legen, die zweite Schicht Erdäpfelmasse darauf geben. Mit Parmesan und gehackter Petersilie bestreuen.

Die andere Hälfte des Blätterteigs ausrollen.

Die 2 Eidotter, Sonnenblumenöl und Salz verrühren, den Blätterteigrand in der Form damit bestreichen, den Teigdeckel aufsetzen, Reste wegschneiden und den Deckel oben mit dem restlichen Eidotter bepinseln.

Auf der untersten Schiene in den Backofen schieben und 15 Minuten bei 250 °C backen, dann die Hitze auf 90 °C herunterschalten und nochmals 30 Minuten backen.

Währenddessen die Gemüsebrühe mit dem Madeira einkochen lassen, sodass die Flüssigkeit um ein Drittel reduziert ist, die Butter unterschlagen, pfeffern, salzen und mit ein paar Spritzern Tabasco würzen.

Die Erdäpfeltorte warm aufschneiden, je ein Stück auf einen vorgewärmten Teller legen und den Jus rundherum gießen.

Erdäpfeltorte mit Madeira-Jus, einfache Version

Die Trüffeln werden durch die doppelte Menge Champignonscheiben ersetzt, die mit Zwiebeln in Butter geschmort worden sind; wird etwas Trüffelbutter zugegeben, ist das Aroma raffinierter.

Mousse von Gelben Rüben und Birnen

500 g Birnen, geschält,
entkernt und geviertelt
50 g Zucker
3 EL Weißwein
etwas abgeriebene
Schale von einer
unbehandelten Zitrone
150 g Gelbe Rüben
(= Karotten),
fein gerieben
ca. 3 Eiklar (75–80 g)
150 g Zucker
5 Blatt Gelatine
250 g Naturjoghurt
1 EL Kerbel,
grob gehackt

Die Birnen mit 50 g Zucker, Weißwein und der geriebenen Zitronenschale aufkochen und pürieren. Die in kaltem Wasser eingeweichten Gelatineblätter ausdrücken und in das lauwarme Birnenmark einrühren, bis sich die Gelatine ganz auflöst. Abkühlen lassen.

Eiklar zu sehr steifem Schnee schlagen.

Die 150 g Zucker mit 2 EL Wasser in eine kleine Kasserolle geben, in ca. 1 1/2 Minuten zu einem Ballen kochen und noch heiß ganz allmählich unter den Eischnee schlagen. Weiterschlagen, bis sich der Zucker ganz aufgelöst hat und die Masse abgekühlt ist.

Joghurt, Karotten und Kerbel in einer Schüssel miteinander vermischen. Das abgekühlte Birnenmark und den Eischnee sorgfältig damit vermengen, in mit kaltem Wasser ausgespülte Portionsschalen füllen und für 4 Stunden in den Kühlschrank stellen.

Manches, was Leopold an seinen Sohn schrieb, hört sich an, als habe sich der mit einer Gastritis oder zumindest mit psychosomatisch bedingten Magenproblemen herumschlagen müssen. So mahnte er in einem Brief an Mozart, der in München gastierte, am 4. Dezember 1780: »*Die Lindgesottnen Gelben rueben sind auch zum Mittag= und Nachtessen unvergleichlich, auch die süssen rueben starkversotten oder, nach der Kuchlsprache, die gedünnsten gelben und süssen rueben sind vortrefflich …* «

Broccoli mit gestockten Eiern

Die nicht zu weich gekochten Kartoffeln schälen und in Scheiben schneiden.

In einer großen Pfanne Olivenöl erhitzen, Zwiebeln darin andünsten, dann den Knoblauch mitschmoren, schließlich die Broccoliröschen zugeben. Die abgerebelten Thymianblättchen darüber streuen, pfeffern, salzen und das Ganze gar dünsten, aber nicht zu weich.

Die Tomaten überbrühen, abschrecken, enthäuten und in Scheiben schneiden.

In einer Schüssel die Eier mit der Schneerute (Schneebesen) aufschlagen, den geriebenen Parmesan und die Petersilie darunterrühren, salzen und pfeffern.

Eine Gratinform ausbuttern. Kartoffelscheiben und Broccoliröschen einlegen, die Tomatenscheiben darauf verteilen, sodass die Oberfläche gleichmäßig hoch ist und der Broccoli nicht heraussteht. Mit der Eimasse übergießen und ca. 5 Minuten golden backen.

Dazu passt Blattsalat.

Obwohl Eier und Broccoli nicht eben als teure Delikatessen galten, war Leopold, zumal der gesundheitsbewusst aß, froh, wenn ihm in Italien ein Gericht wie dieses serviert wurde anstatt halb verdorbener Fleischgerichte auf den Poststationen. Das Gemüse war ihm und seinem Sohn nicht vertraut, aber der an Karfiol, also Blumenkohl, erinnernde Geschmack durchaus.

6 Kartoffeln, in der
Schale gekocht
Salz
etwas Olivenöl
2 Zwiebeln, geschält
und fein gehackt
3 Knoblauchzehen,
geschält und im Mörser
fein zerrieben
1 kg Broccoli, in kleine
Röschen aufgeteilt
abgerebelte Blättchen
von 6 Zweigen Kuttelkraut
(= Thymian)
4 große Tomaten
4 große Eier
200 g Parmesan,
frisch gerieben
Blätter von 1 Bund
Petersilie, gehackt
etwas Butter

Broccoli-Karfiol-Auflauf

mit Eiern auf grüner Samtsauce (Vorspeise)

300 g Karfiol-(Blumenkohl)
Röschen (netto)
1/2 TL Salz
300 g Broccoliröschen
(netto)
1/2 TL Salz

3 Eier
2 dl Obers (Sahne)
etwas Karfiol-Kochwasser
etwas Broccoli-Kochwasser
Muskatnuss
100 g Parmesan
Currypulver
Salz, Pfeffer
Butter

Für die Samtsauce:
150 g Blattspinat
50 g Butter
50 Mehl
Gemüsefond
2 EL Obers (Sahne)
Salz
Pfeffer
Muskatnuss

Zur Dekoration:
50 g Pinienkerne
etwas Butterschmalz

Die Karfiolröschen und die Broccoliröschen getrennt voneinander in kochendes Salzwasser geben und 10–15 Minuten garen (der Karfiol braucht etwas länger).

Den Backofen auf 200 °C vorheizen.

Das Kochwasser von Karfiol und Broccoli auf jeweils 2 EL reduzieren.

Die Eier, das Obers, Kochwasser von Broccoli und Karfiol und Parmesan miteinander verrühren, Muskat darüber reiben, mit Curry, Salz und Pfeffer würzen.

4 kleine Auflaufförmchen (Timbale-Förmchen) ausbuttern, zuerst in jedes Broccoliröschen betten, sachte andrücken, darauf dann die Karfiolröschen legen, ebenfalls vorsichtig andrücken; die Förmchen müssen satt gefüllt sein. Das Gemüse mit dem Eier-Obers begießen und die Förmchen sorgfältig mit Alufolie verschließen. Die Förmchen in eine Reine stellen und so viel heißes Wasser hineingießen, dass sie drei Viertel hoch darin stehen. Das Gitter auf die unterste Schiene des Backofens schieben, die Reine darauf stellen. Nach 30 Minuten die Hitze auf 150 °C zurückschalten und nochmals 50 Minuten garen.

Währenddessen die Samtsauce vorbereiten. Den gewaschenen Blattspinat dämpfen, ausdrücken und gründlich pürieren. Die Butter schmelzen lassen, das Mehl in die heiße Butter einrühren, zusammen dämpfen, ohne dass das Mehl Farbe annimmt. Die Kasserolle vom Herd nehmen, die Mehlbutter abkühlen lassen, dann mit dem Gemüsefond ablöschen, gut verrühren und unter Rühren nochmals aufkochen. Pürierten Spinat und Obers zugeben. Salzen, pfeffern und Muskatnuss darüber reiben, alles nochmals gut verquirlen.

Die Pinienkerne in etwas Butterschmalz anrösten. Je einen Auflauf auf die vorgewärmten Teller stürzen, mit Sauce umgießen und diese mit den gerösteten Pinienkernen umgeben.

Gratinierte Erbsen

und andere Frühlingsgemüse (leichte Hauptspeise)

500 g grüner Spargel, von den harten Enden befreit und in mundgerechte Stücke geschnitten
2 EL Butter
500 g junge Karotten, geschabt oder geschält und in mundgerechte Stücke geschnitten
250 g ausgepalte junge Erbsen
250 g Erbsenschoten (Zuckerschoten)
250 g Bärlauchblätter, gewaschen und entstielt
1 EL Butter
1 Zwiebel, geschält und fein gehackt
1/8 l Weißwein
12 Pfefferkörner
4 Lorbeerblätter
1/4 l Gemüsefond
2–3 Eidotter
150 g Butter, zimmerwarm
Salz, Pfeffer

Die Spargelstücke so lange in Salzwasser garen, dass sie noch Biss haben. 2 EL Butter in einer Kasserolle erhitzen, zuerst die Karotten, dann die Erbsen und Erbsenschoten darin anschwitzen, etwas Wasser angießen und das Gemüse ebenfalls bissfest dünsten.

Die Bärlauchblätter in ca. 1 EL Butter und einem Schluck Wasser andünsten.

Die gehackte Zwiebel in einem weiteren Topf andünsten, mit dem Weißwein löschen, Pfefferkörner und Lorbeerblätter zugeben und auf ein Drittel einkochen. Den Gemüsefond zugeben und wieder auf ein Drittel einkochen. Durch ein Sieb abgießen und die Eidotter einrühren, im Wasserbad schaumig schlagen, dann portionsweise die zimmerwarme Butter unterrühren, salzen und pfeffern.

Den Backofen mit starker Oberhitze (200–250 °C) vorheizen.

Vier große tiefe Teller mit den trockengetupften Bärlauchblättern auslegen. Das Gemüse schön darauf verteilen, mit dem Eischaum übergießen, in den Backofen stellen und golden werden lassen.

Erbsensuppe
mit Pfefferminze

Die Erbsen und 3 gehackte Pfefferminzblättchen in der Gemüsebrühe 10 Minuten ohne Deckel vor dem Siedepunkt ziehen lassen. Alles pürieren, salzen, pfeffern, zuckern. Die übrigen Erbsen kurz garen, die übrigen Pfefferminzblättchen in feine Streifen schneiden.

Das Obers sehr steif schlagen, die Suppe wieder auf eine Temperatur kurz vor dem Siedepunkt bringen, das Schlagobers mit dem Schneebesen locker unterziehen. Die Suppe in vier vorgewärmte Teller verteilen, die Erbsen hineingeben und die Pfefferminzblättchen darüber streuen.

200 g frische grüne
ausgepalte Erbsen,
gekocht und püriert
1 l Gemüsebrühe
Blätter von 1–2 Zweigen
Pfefferminze
Salz, Pfeffer, 1 Prise Zucker
1/4 l Obers (Sahne)
50 g ausgepalte Erbsen
für die Einlage

Kohlrabisuppe
mit Graubrotwürferln

Die Kohlrabi von den Blättern befreien, schälen, vierteln und in Salzwasser gar kochen. Durchpürieren. In einer Kasserolle das Butterschmalz erhitzen. Darin die gehackten Zwiebeln andünsten, mit Weißwein löschen. Die Gemüsebrühe und die pürierten Kohlrabi zugeben, miteinander verrühren und erhitzen.

Einige Kohlrabiblätter in feine Streifen schneiden, in etwas Butter weich werden lassen. Die Graubrotwürfel im Butterschmalz knusprig rösten.

Das Obers mit den Eidottern verquirlen, in die heiße, aber nicht kochende Kohlrabisuppe geben, mit Salz und Pfeffer abschmecken. In vier vorgewärmte Teller verteilen, die Kohlrabiblätterstreifen und die Graubrotwürfel darin verteilen.

2 Kohlrabi mit Blättern
Butterschmalz
2 kleine Zwiebeln,
geschält und gehackt
1/8 l Weißwein
1/4 l Gemüsebrühe
1 EL Butter
Graubrot, in Würfel geschnitten
Butterschmalz
1/4 l Obers (Sahne)
2 Eidotter
Salz, Pfeffer

Bis an sein Lebensende hatte Leopold Mozart jene Sparsamkeit, der sich sein Sohn verweigerte, nicht verlassen. Am 12. Oktober 1786 schrieb er an Nannerl: »Mich wundert nicht, daß der kohl und die Kolraby schlecht geworden, da er so lang schon gekauft war, und so lang liegen musste, bis ihn iemand hinaus=gehollt.«

Linsenpüree-Suppe

300 g Linsen, gewaschen und am Vorabend in 1 l Wasser eingeweicht
2 Karotten, geschabt oder geschält und in Stücke geschnitten
1/2 Sellerieknolle, geschält und in Stücke geschnitten
1 große oder 2 kleinere Kartoffeln, geschält und in Stücke geschnitten
3 Lorbeerblätter
abgerebelte Thymianblättchen (zur Not 1 TL getrockneter Thymian)
einige Blätter Majoran, gehackt (zur Not 1 TL getrockneter Majoran)
1/2 l Fleischbrühe
Butterschmalz
100 g Räucherspeck
1 große Zwiebel, geschält und fein gehackt
2 Knoblauchzehen, geschält und im Mörser fein zerrieben
1/8 – 1/4 l Sauerrahm
Salz, Pfeffer

Die Linsen im Einweichwasser aufsetzen, Karotten, Sellerie, Kartoffeln, Lorbeerblätter und Kräuter zugeben, die Fleischbrühe angießen und alles zusammen 1 Stunde kochen. Die Lorbeerblätter entnehmen, alles andere gut durchpassieren.

Butterschmalz erhitzen, den Räucherspeck darin knusprig braten, die Zwiebeln zugeben und mitrösten, erst ganz zum Schluss den Knoblauch. Die pürierte Linsensuppe unter Rühren nochmals aufkochen, Speck, Zwiebel und Knoblauch zugeben, nach Geschmack mit mehr oder weniger Sauerrahm verfeinern und mit Salz und Pfeffer würzen.

Nicht die Beschaffung, sondern die Verpackung und der sachgemäße Transport von Nahrungsmitteln war zu Mozarts Zeit ein Problem. Da wird seitenweise über irgendwelche leeren und vollen Schachteln diskutiert, in denen die oft sehr preiswerten Lebensmittel transportiert werden konnten. Am 6. Oktober 1785 schrieb Leopold nachmittags an Nannerl: »*Mit den Erbsen, linsen, und Fisoln* [= grünen Bohnen] *weis der liebe Gott was zu thun ist. dieser Lumpensack fasst alles dieses Zeug nicht. und ists nicht zum todlachen, da du schreibst ich solls vorhero in Papier einmachen: 10 Massl Erbsen, ein ganzes Schaflvoll* [= wie 1 Eimer, also ca. 56 Liter] *in Papier einmachen? – (…) wenn dus siehst, wirst selbst darüber lachen. – der Himmel gebe mir einen guten Gedanken ein, denn Polster und kissenzieher* [= Kissenbezüge] *kann ich doch nicht nehmen und zu grunde richten.*«

Dill-Fisolen

Schnittbohnen mit Dill

Die Fisolen in mundgerechte Stücke schneiden, Salzwasser mit Natron versetzen und zum Kochen bringen, die Bohnen darin nur so lange garen, dass sie noch etwas Biss haben. Fisolen abgießen. Die Butter schmelzen, das Mehl einrühren, anschwitzen, die Rindssuppe angießen und alles mit dem Schneebesen glatt rühren. Kurz durchkochen.

Sauren und süßen Rahm und Weißwein beigeben, dann die Fisolenstücke einlegen und mit Salz, Pfeffer und Dill abschmecken.

400 g Fisolen (=Bohnen), geputzt, von den Fäden und Enden befreit
Salz, Natron
30 g Butter
30 g Mehl
1/4 l Rindssuppe
1/4 l Sauerrahm
1 EL süßer Rahm
1 EL trockener Weißwein
Salz, weißer Pfeffer
Dillblätter von 1 Bund, gehackt

Paradeiser-Fisolen

Bohnengemüse mit Tomaten (Hauptspeise oder Beilage)

Die Fisolen wie oben vorbereiten, kochen und abgießen.

Die Paradeiser überbrühen, die Haut abziehen, Stielansätze entfernen, das Tomatenfleisch würfeln. Die Butter in einem Topf erhitzen, die Räucherspeckwürfel darin anbraten, dann Zwiebeln und Knoblauch zugeben und mitbraten. Sind die Zwiebeln golden, Paradeiserstücke zugeben, pfeffern, bei Bedarf nachsalzen (falls der Knoblauch nur durch die Presse gedrückt wurde). 10 Minuten dünsten. Nun die Fisolenstücke zugeben, erhitzen.

Das Gemüse schmeckt besonders gut zu einfachen Röstkartoffeln.

500 g Fisolen (=Bohnen)
Salz, Natron
500 g Paradeiser (= Tomaten)
30 g Butter
50 g Räucherspeck, fein gewürfelt
2 Zwiebeln, geschält und fein gehackt
2 Knoblauchzehen, geschält und im Mörser mit Salz zerrieben
Pfeffer

-3-

Salzburger Intermezzo

...rget your true and faithfull friend

Wolfgang Amadè Mozart

Mandelmilch zum Billardspiel

Salzburg duftet. Morgens anders als mittags, sonntags anders als freitags, im Frühling anders als vor Weihnachten. Für den Großstädter heute, der andernorts tagtäglich dieselbe Mischung aus Gyros, Hamburger, Fertigpizza, Abgasen und künstlich aromatisierten Backwaren aus den Großbäckereien einatmet, ein ungewohntes Erlebnis. Auch wenn das Parfumgemisch im Sommer, wenn die Festspielgäste einbrechen, sich über den Heuduft legt, der in die Stadt weht und sich mit dem Geruch der Rösser und Rossbollen vermischt, riecht es an vielen Stellen in Salzburg nicht anders als zur Mozartzeit.

Auf der Schranne, dem Viktualienmarkt vor der Kollegienkirche, steigen die Aromen von geräucherten Würsten und frisch geriebenem Kren in die Nase, von Bauernspeck und von sauerkrautgefüllten Paprikaschoten; in der Bäckerei von St. Peter werden die schweren, säuerlich duftenden Roggenbrotlaibe eingepackt, im Café Tomaselli riecht es nach Kaffee, Strudel, Kolatschen und Mohntorte, bei den Konditoren gibt es Gugelhupf, Kastanienroulade, Marillen- oder Zwetschgenfleck. Noch werden in den Salzburger Haushalten Apfelküchel, Hasenöhrl, Hollerküchel und Zwetschgenkrapfen gebacken — nichts, was nicht schon in Wolfgangs Kindheit üblich gewesen wäre. Draußen bei den Augustinern in Mülln schmeckt das klostereigene, frisch gezapfte Bier noch immer besonders gut, ob zum Gselchten mit Erdäpfelsalat oder zum Hendl aus der Hand. Und auch wenn es andere Wirte sind, die heute einen Tafelspitz mit Kren, eine Beiried mit Schnittlauchsauce, ein saftiges Ripperl oder ein Züngerl servieren — Mozart auf Zeitreise geriete kulinarisch bestimmt nicht in Verwirrung, sondern in eine vertraute Welt. Zwar sind damals beliebte Gerichte wie die Hirnsuppe mit Morcheln oder das Bries mit in Fett herausgebackener Petersilie aus gesundheitlichen Gründen von der Speisekarte verschwunden und Froschschenkel wie Schildkrötensuppe — damals mit Muscheln serviert — aus tierschützerischen, doch die Salzburger Küche ist, was sie war: deftig, aber nicht wuchtig, natürlich, aber nie fantasielos, pikant, aber gaumenschmeichelnd.

Rechts:
Salzburger Kontraste: Herb die Feste Hohensalzburg, die auf einem Felsenkegel errichtete Burg mit ihren abweisenden Bastionen und Türmen, herb auch Mozarts Abschied aus salzburgischen Diensten.

Oben: Süß hingegen Mozarts Nachruhm, auch in Gestalt der Mozartkugel, die der Konditor Paul Fürst 1890 erfand und die sich bis heute als einzige »Original Salzburger Mozartkugel« nennen darf. Bei Fürst erklärt man bescheiden, sie sei nicht mehr und nicht weniger als eine hochwertige Praline.

Dass die Mozarts auf Reisen oft entsetzt waren über das, was ihnen außerhalb der Heimat vorgesetzt wurde, wo es keine Mehlspeisen gab, keine fangfrischen Fische, dafür stinkendes Trinkwasser, fettes Hammelfleisch und schlechte Pastetenbäcker, lässt zu Recht vermuten: In Salzburg waren sie kulinarisch einigermaßen verwöhnt. Obwohl sie keinerlei Aufwand mit teuren Zutaten betrieben haben. Nicht nur den wildreichen Wäldern, den kristallklaren Seen und Bächen des Salzkammerguts war es zu verdanken und den Bauern dort, die ihre Enten, Hühner und Gänse mit Mostbirnen und Körnern aufpäppelten, dass in Salzburg derart gut gegessen wurde. Auch die ansonsten sehr oft unbeliebten Fürstbischöfe waren an Salzburgs Kochkultur beteiligt. Sie hatten das Geld und die Zeit, selbst Fastenkost kulinarisch aufzubessern mit Austern, gebackenen Muscheln und Karpfenpastete, mit Aalsuppe, Flusskrebsen und Räucherlachs in Rahmsauce.

1719 bereits, siebenunddreißig Jahre vor Mozarts Geburt, hatte der »Hoch=Fürstlich=Salzburgische Stadt= und Landschafft=Koch« Conrad Hagger ein »Neues Salzburgisches Koch-Buch« herausgebracht, das durchaus auch für gutbürgerliche Haushalte gedacht war. Wem beim Gedanken an spätbarocke Küche bereits der Magen durchbricht, der wird bei der Lektüre erleichtert feststellen, dass er sich geirrt hat, vielleicht abgesehen von der Schmalzsuppe mit Brezen. Auch wenn gebackene Hammelhoden, Schnecken mit Grünkohl oder mit Schweins- und Rinderlunge gefüllte Kalbsohren unserem Zeitgeschmack etwas fremd erscheinen: Vieles, was Hagger beschreibt, ist für Liebhaber der bodenständigen Küche ein Genuss und im Grunde ohne genaues Rezept zuzubereiten: Karpfen, Saiblinge, Reinanken und Forellen werden gerne blau im Wurzelsud gegart, das eher trockene Wildgeflügel von Fasan bis Rebhuhn wird im Speckmantel gebraten, die Gans und die Ente werden mit Lust und Fantasie gefüllt. Vieles ist schnell gekocht, ob das eine

Fleischbrühe mit Räucherwurst und weißen Rüben ist oder ein im heißen Fett herausgebackener Karfiol, also Blumenkohl. Verblüffend sind manche Kombinationen, die durchaus in die heutige hohe Küche passen, wie eine leichte Erbsensuppe mit Kerbel, ein Fisch à l'Orange, die Hühnersuppe mit Spargeln oder die Lachsvögel, also Rouladen aus Lachs, in geschmorten Weintrauben.

Wer sich wundert, wie harsch Leopold Mozart über die englischen Pastetenbäcker urteilt, versteht das eher, wirft er einen Blick auf die bei Hagger vorgeführte Pastetenkultur der Salzburger: Da gibt es Rezepte für Genueser Pasteten, für Krebs- und Krevettenpasteten, Aal- und Karpfenpasteten, Lamm- und Federwildpasteten.

Die Salzburger Küche des 18. Jahrhunderts war jedenfalls von den Billiggerichten bis zum Festtagsessen eine Gaumenfreude. Und Mozarts Mutter, im Pflegerhaus von St. Gilgen am Wolfgangsee aufgewachsen, in das später ihre Tochter Nannerl einheiraten sollte, war mit all den Spezialitäten des Salzkammerguts von Kindheit an vertraut. Es hat sicher gut gerochen bei den Mozarts zu Hause, zumal der Hauswirt Hagenauer für die nötigen Gewürze und auch für Spezereien wie Kapern und Sardellen, unverzichtbar in der Salzburger Küche, gesorgt haben dürfte. Viel Platz, um Gäste zu bewirten, war allerdings nicht in der Getreidegasse, auch wenn die spärliche und elegante Einrichtung des Museums das heute suggeriert. Geplant war ein Umzug schon lange, wie verschiedene Briefe von Leopold belegen. Aber erst 1773 ist es so weit.

Die Eltern Mozart spüren selbst, dass sie nicht mehr in so beengten Verhältnissen leben können mit ihren ausgewachsenen Kindern. Zwar hat Wolfgang mit siebzehn noch immer keinen Bartwuchs, aber aus dem Kindersopran ist ein Tenor geworden, sein Körper ist der eines jungen Mannes, nicht athletisch, aber sexuell ausgereift. Und Nannerl, eine blühende Zweiundzwanzigjährige mit vollen Brüsten, bei ihrem Bruder im Zimmer schlafen zu lassen, ist pikant. Also ziehen sie um, verlassen das Haus der

Hagenauers in der Getreidegasse und beziehen eine Wohnung im so genannten Tanz-meisterhaus am Hannibalplatz, der später Makartplatz heißen soll: groß, elegant, hell, der richtige Platz für Gesellschaften, Hauskonzerte und fürs Kegelspielen. Und das Beste in den Augen von Wolfgang und Nannerl: Nicht nur im Garten, auch im gro-ßen Musikzimmer ist Platz zum Bölzelschießen auf die mit witzigen, deftigen, manch-mal auch obszönen Bildern und Sprüchen bemalten Scheiben. Es wäre auch mühelos ein Billardtisch unterzubringen, aber obwohl die Fürstbischöfe in ihrer Residenz fünf solche grün betuchten Tische herumstehen haben und eifrig nutzen, hält Leopold das wohl für unseriös, verschwenderisch oder gefährlich – schließlich wird, allen Verbo-ten zum Trotz, fast immer um Geld gespielt. So muss Wolfgang eben seine Kugeln im »Café Staiger« stoßen, das heute »Tomaselli« heißt, denn zu seiner Beruhigung hat der Kaffeeschenker Anton Staiger im letzten Jahr, im März 1772, die offizielle Lizenz bekommen, »ein Billiard zur öffentlichen Unterhaltung und Benützung aufzustellen«. Der Nachteil an dieser verlockenden Lokalität liegt leider auf der Zunge: Diesem Kaf-feehaus sind die Gäste sicher, vor allem die in Salzburg zahlreichen spielsüchtigen, also hält man es für überflüssig, sich in der Küche über Gebühr zu bemühen. Aus der Ferne zieht Mozart in einem galligen Brief her über Anton Staiger (den Inhaber des ersten Kaffeehauses in Salzburg), den er latinisiert »Ascenditor« nennt: »weiters auch der heilige Ascenditor, Patron des brenn=supen Còffé [= Kaffee, der nach Einbrennsuppe schmeckte], der schimmlichten Limonade, der Mandl=milch ohne mandeln, und insonder-

Freiraum für Feste, Spielraum für die Fantasie: Der große Saal, der im Tanz-meisterhaus früher zu Tanzstunden genutzt wurde, diente Leopold Mozart als Schauraum der Klaviere und Flügel, die er in Provision verkaufte, als Kon-zertsaal für private Zwecke und als Spielplatz intimer Gesellschaften wie den regelmäßigen feucht-fröhlichen Treffen der Bölzenschützenkompanie. Heute ist dieser Raum im so genannten Mozart-Wohnhaus am Makartplatz Teil des Museums.

heitlich des *Erd=beer gefrornen* voll *eys=brocken*, weil er selbst ein grosser kenner und künstler in gefrornen sachen war.«

Klüger also, entweder Tarock zu spielen beim »Stieglbräu«, wo die Kost einfach, aber gut und preiswert ist und man außerdem Kegel schieben kann, wie uns Nannerls Tagebucheinträge verraten. Oder aber zu Hause zum Bölzelschießen selbst gemachte Mandelmilch und Limonade zu kredenzen, die aus frischem Zitronensaft, Zitronenschalen und Zucker zubereitet wird. Auf das *»Erd=beer gefrorne«* freilich werden die Staiger-Verweigerer verzichten müssen, denn die mit Salz herunterkühlenden Eismaschinen finden sich in Privathaushalten selten. Doch wer zu Gast bei den Mozarts sein will, kommt nicht wegen der Delikatessen, sondern wegen Wolfgang. Und bringt ihm zuliebe vor allem Lust am Spielen und am Blödeln mit; ernste und enthaltsame Besucher schmecken ihm so wenig wie Moralpredigten. Seinem Vater entgeht das selbstverständlich nicht. Und auch wenn er keineswegs ein Asket ist: Wolfgangs Neigung zum Sinnlichen macht ihn zunehmend nervös.

Am liebsten würde er sein junges Genie unter eine Käseglocke stellen. Er weiß aber, dass Wolfgang unter Verschluss nicht gedeiht, dass er die Luft einer so gar nicht moralisch keimfreien Welt braucht, egal ob sie parfümiert oder verraucht ist, nach Luxus, Exkrementen oder Begehrlichkeiten riecht. Er braucht sie, um weiter zu wachsen. Das hat Leopold genauso erkannt wie Schubart bei der Begegnung in München: *»Wenn Mozart nicht eine im Gewächshaus getriebene Pflanze ist, so muß er einer der größten Komponisten werden, die jemals gelebt haben.«*

Flusskrebse & Fischgerichte

»Neues Salzburgisches [sic] Koch-Buch« nannte Conrad Hagger sein Standardwerk, das 1719 erstmals erschien. Der »Hoch=Fürstlich=Salzburgische Stadt= und Landschafft=Koch« widmet darin den Krustentieren besondere Aufmerksamkeit: Es gibt Rezepte für gefüllte und gesottene Krebse, für Flusskrebs- und Krevetten-Pasteten, für Krebssemmeln und eine so genannte Krebsserviette, einen Knödel, bei dem die Masse aus hausgemachter Krebsbutter, Mandeln, Eiern, Rosinen, Sauerrahm und Semmelbröseln in ein gebuttertes Tuch eingebunden, in kochender Milch gegart und dann, in Viertel geteilt, an einer Traubensauce serviert wird. Hier werden die heute so teuren Tiere weniger zurükkhaltend behandelt.

Marinierte Flusskrebse

auf Wiesensalaten (Vorspeise)

600 g Flusskrebsfleisch

Für die Marinade:
Blätter von 1 Bund Petersilie
1 Knoblauchzehe
Olivenöl extra vergine
Saft von 1/2 Zitrone
Pfeffer, Salz

ca. 500 g Wiesensalate
(z. B. Sauerampfer,
Löwenzahn, Kapuzinerkresse,
Brunnenkresse, Feldsalat,
Senfblüten,
Portulaksalat, junge
Brennnessel, Rucola),
gewaschen und geputzt

Für das Dressing:
1–2 EL Traubenkernöl
1–2 EL Walnussöl
etwas Balsamessig
Salz, Pfeffer

Für die Dekoration:
6 Wachteleier

Das Flusskrebsfleisch überbrausen, trockentupfen und in eine flache Schüssel legen.

Die Petersilienblätter fein hacken, die Knoblauchzehe im Mörser fein zerreiben. Olivenöl und Zitronensaft dazugeben und mit Salz und Pfeffer abschmecken.

Aus den Zutaten eine Marinade mixen, gut miteinander verquirlen und die Flusskrebse damit übergießen.

Das Dressing für die Salate zubereiten, je eine starke Hand voll der geputzten Salatmischung auf den Teller geben, mit dem Dressing benetzen, die marinierten Flusskrebse darauf anrichten. Mit je drei hart gekochten, geschälten und halbierten Wachteleihälften dekorieren.

Korrekt wie immer bedankt sich Leopold bei Nannerl am 4. November 1785 für die letzte Lebensmittellieferung: »Ich danke für die 4 Fische und Krepsen ...«. Flusskrebse, heute eine teure Delikatesse, waren früher eine ganz normale und bezahlbare Köstlichkeit. Sie lebend ins kochende Wasser zu werfen kostet die meisten Menschen einige Überwindung. Sensible Gourmets kaufen also am besten ausgelöstes Flusskrebsfleisch für diese leichte Vorspeise.

Geselchte Fische
mit Rote-Rüben-Kren (Vorspeise oder Jause)

Pro Person 2 Filets von geselchter (= geräucherter) Renke oder Forelle

2–3 gekochte und geschälte Rote Rüben in feinen Scheiben
1 Apfel, geschält, entkernt und fein gewürfelt
1 TL Kümmel
2 TL frisch (!) geriebener Kren (= Meerrettich)
1/4 Tasse milder Weißweinessig
1 EL Zucker
etwas Pfeffer, Salz

Rote Rüben, Apfel, Kümmel und Kren in einer tiefen Schüssel miteinander vermengen.

In einer kleinen Kasserolle den Essig mit Zucker, Pfeffer und Salz unter ständigem Rühren erwärmen, bis sich der Zucker vollständig aufgelöst hat. 5 Minuten bei schwacher Hitze köcheln, dann diese Marinade über die Rote-Rüben-Mischung gießen. Abkühlen lassen. Die Schüssel mit Plastikfolie sehr gut verschließen und mindestens 12 Stunden im Kühlschrank stehen lassen. Währenddessen ab und zu umrühren.

Dazu: ein kräftiges Bauernbrot mit Schnittlauchbutter.

Frischen Fisch vom Wolfgangsee nach Salzburg zu transportieren bedeutete in Zeiten, die keine Kühlwagen kannten, während der warmen Monate ein Risiko. Bei Räucherfisch war die Gefahr, dass die Ware unterwegs verderben könnte, geringer. Leopold Mozart schreibt seiner Tochter Nannerl am 20. Oktober 1785: »Ich danke euch für die Fische: ich habe die geselchten Fische recht gern.« Auch heute sind die geräucherten Fische aus den Seen des Salzkammerguts eine Köstlichkeit. Gut schmeckt dazu ein Rote-Rüben-Kren.

Rieslingcremesuppe

mit Hechtnockerln

Zuerst die Nockerln vorbereiten. Das Hechtfilet nochmals genau auf Gräten untersuchen, indem man mit den Fingern über das Fleisch streicht; verbliebene Gräten mit einer Pinzette entfernen. Das Hechtfleisch in Stücke schneiden und ins Tiefkühlfach legen. Ist es sehr kalt und ganz leicht angefroren, entnehmen, salzen, pfeffern, Muskatnuss darüber reiben und das Ganze faschieren (mit einem Pürierstab, aber am besten im Cutter oder in der Küchenmaschine). Das Obers steif schlagen und teelöffelweise unter das Hechtmus rühren. Die Masse möglichst durch ein Sieb drücken. Die Basilikumblätter hacken, daruntermischen und alles nochmals sehr kalt stellen.

Rindssuppe und Riesling mit der Zimtstange und den Nelken aufkochen, eventuell nachsalzen. Eidotter und Obers miteinander verrühren. Die Suppe vom Feuer nehmen, das Eidotter-Obers in die heiße Brühe einrühren (die aber nicht kochen darf, sonst flockt der Dotter aus). Salzen, pfeffern und mit Muskatnuss abschmecken. Die Suppe auf kleiner Flamme warm stellen.

Salzwasser zum Kochen bringen. Mit kleinen Löffeln Nockerln aus der Hechtmasse stechen und ins siedende Wasser geben. Ca. 5 Minuten in sanft köchelndem Wasser garen. Entnehmen, abtropfen lassen und in vorgewärmte Suppenteller verteilen. Die Suppe bei Bedarf nochmals heiß werden lassen (keinesfalls kochen), mit dem Schneebesen schaumig schlagen und über die Nockerln gießen.

Leopold Mozart, der mit seiner Frau und den beiden Kindern auf dem Weg nach England ist, schreibt an seinen Hausherrn Hagenauer am 20. August 1763 aus Frankfurt: »*Liebster Herr Hagenauer! nun sehe ich den Unterschied unter den Rheinweinen. Es ist kein Wein in der Welt, von dem es mehr Gattungen gibt.*«

Im Rheingau wurde und wird der Rheinwein natürlich auch zum Kochen verwendet, zum Beispiel für eine Rieslingsuppe. Für die Österreicher ist es selbstverständlich, sie mit einem heimischen Riesling aus der Wachau zuzubereiten.

Für die Hechtnockerl:
200 g Hechtfilet
(vom Fischhändler
präparieren lassen)
Salz, Pfeffer
Muskatnuss
1/4 l Obers (Sahne)
Basilikumblätter

1/2 l Rindssuppe
(möglichst eine doppelte)
1/4 l Riesling
1 Zimtstange
4 Nelken
4 Eidotter
1/4 l Obers (Sahne)
Salz, Pfeffer
geriebene Muskatnuss

Stockfisch

auf Rahmsauerkraut (Hauptspeise)

Den Stockfisch ein bis zwei Tage in 1 1/4 l kaltem Wasser einweichen, dabei das Wasser 2 bis 3 Mal täglich wechseln.

Bei der Vorbereitung des Essens mit dem Sauerkraut beginnen. Die Zwiebel schälen und fein hacken. Den Apfel ebenfalls schälen, entkernen und fein würfeln. Gänseschmalz in einen Topf geben, Apfelstückchen und die gehackte Zwiebel darin andünsten, ohne dass sie braun werden. 300 g von dem abgebrausten Sauerkraut hinzufügen, 1/8 l Wasser und Wein angießen, den Gewürzbeutel hineingeben und bei schwacher Hitze 25 Minuten köcheln lassen. Den Gewürzbeutel entnehmen. Die Kartoffel schälen, reiben und ins Kraut geben, das restliche Sauerkraut ebenfalls, kurz aufkochen lassen, Crème fraîche und den Zucker zugeben, salzen.

Den gewässerten Stockfisch mit den Zwiebelscheiben, dem Wein, den Lorbeerblättern, den Nelken und dem Estragonessig ins Wasser geben und zum Kochen bringen. Ist er weich (er sollte aber noch fest in der Konsistenz sein), aus dem Sud heben, abtropfen lassen. Den Fisch in schöne Stücke schneiden, mit den Semmelbröseln, den Mandeln, der fein gehackten Petersilie und Butterflocken bestreuen.

Die Paprika in Olivenöl in der Pfanne heiß anbraten, bis sich die Haut löst. Etwas abkühlen lassen, die Haut abziehen und das Fruchtfleisch pürieren. Die gehackte Schalotte mit Noilly Prat, Weißwein, Fischfond und dem Lorbeerblatt in einen kleinen Topf geben und einkochen. Lorbeerblatt entnehmen, Sahne zugeben, einkochen lassen.

Den Stockfisch unter dem Grill 5 Minuten überkrusten. Währenddessen das Sauerkraut nochmals erwärmen und die Sauce fertig stellen: Paprikapüree und Butter in die Sauce geben, alles durchmixen. Mit Salz, Pfeffer und Zitronensaft abschmecken, das Schlagobers unterheben. Die Sauce auf vorgewärmte Teller verteilen, die Fischstücke darauf setzen, das Rahmsauerkraut daneben anrichten.

250 g Stockfisch
1 Zwiebel
1/8 l trockener Weißwein
3 Lorbeerblätter, 3 Nelken
1 EL Estragonessig
80 g Semmelbrösel
30 g Mandeln, gehackt
Blätter von 1 Bund Petersilie
50 g Butter
Für das Rahmsauerkraut:
400 g Sauerkraut
1 Apfel, 1 Zwiebel
50 g Gänseschmalz
1/4 l trockener Riesling
1 Kartoffel
150 g Crème fraîche
25 g Zucker, 1 Prise Salz
Für den Gewürzbeutel:
8 Pfefferkörner, 1 Lorbeerblatt
1/4 TL Kümmel
1 Nelke, 4 Wacholderbeeren
Für die Paprikasauce:
2 rote Paprikaschoten
1 EL Olivenöl
1 Schalotte
2 EL Noilly Prat
1/8 l trockener Weißwein
1/8 l Fischfond, 1 Lorbeerblatt
1/8 l Obers (Sahne)
40 g Butter
Salz, Pfeffer, Saft von 1/2 Zitrone
1 EL Schlagobers

Lachsschnitzel
in Butter gebraten auf Gurkenrahm (Vorspeise)

4–5 Gärtnergurken
(die sind kleiner,
weniger wässrig als die
üblichen Salatgurken und
deutlich aromatischer)
1/8 l Joghurt, 3,5 % Fett
1/8 l Sauerrahm
Saft von 1/2 Zitrone
Salz, Pfeffer
Blättchen von
1 Bund Dill, gehackt
500 g Lachsfilet
3 EL Butter
3 Dillzweiglein zum
Dekorieren

Die Gurken schälen, der Länge nach halbieren und mit einem Teelöffel die Kerne herauskratzen. Eine der kleinen Gurken in Würfel schneiden, den Rest mit Joghurt, Sauerrahm, Zitronensaft, Salz und Pfeffer pürieren. Die Gurkenwürfel und den fein gehackten Dill darunterrühren und mindestens 2 Stunden in den Kühlschrank stellen.

Das Lachsfilet in vier gleich große Schnitzel aufteilen, salzen, pfeffern und in der heißen Butter von beiden Seiten anbraten, aber nicht durchbraten; das Filet soll innen noch rosa sein.

Den Gurkenrahm auf Tellern verteilen, die Lachsschnitzel darauf setzen und mit etwas Dill garnieren.

Leopold hatte seinem Hauswirt, dem »Spezereyen«-Händler Lorenz Hagenauer, offenbar eine genaue Berichterstattung versprochen, was die kulinarische Seite der Reise anging, die im Jahr 1763 die ganze vierköpfige Mozartfamilie unternahm. So meldet Vater Mozart aus Koblenz am 26. September 1763: »Ich bekam demnach das beste zimmer, eine Suppe, einen guten Rhein Salmen [= Salm/Lachs] und Butter. wein hatte ich genug selbst bey mir, sonst hätten wir schlechten Wein trinken müssen. S.e Exc: H: Baron v. Dalberg, chef der Maynzischen Ritterschaft, bey dem wir den Tag unserer Abreise Mittags gespeiset haben, hatte mir 6. Boutellien des besten Hochheimer Rhein weins in das Schiff geschicket, die uns sehr wohl zustatten kamen.«

Brachsenfilets
in Erdäpfelkruste mit Senfmousseline

Zuerst die Senfmousseline vorbereiten:

Eidotter, Obstessig, Riesling und Fischfond miteinander verrühren und in ein Wasserbad stellen. Die Sauce im Wasserbad unter dauerndem Rühren erwärmen; ist sie heiß, stückchenweise die Butter unterschlagen, dann das geschlagene Obers unterheben, Senf zugeben und mit Salz, Pfeffer und Zitronensaft abschmecken.

Nun die Erdäpfel schälen, reiben, den Saft gut ausdrücken, Ei und Eidotter zugeben, salzen, pfeffern und Muskat darüber reiben.

Die Brachsen- (oder Goldbrassen-)Filets salzen und pfeffern und im Mehl wenden. Das überschüssige Mehl abklopfen, dann die gekochten Erdäpfel mit Ei, Eidotter und Salz zu einem Püree verarbeiten und rings um jedes Filet gleichmäßig andrücken. Reichlich Butterschmalz erhitzen und die Filets darin schwimmend von beiden Seiten herausbacken. Kurz auf Küchenkrepp abtropfen lassen. Die Filets auf vier vorgewärmte Teller betten, daneben die Senfmousseline gießen.

anches in Leopolds Briefen ist heute bereits unverständlich — weil es die entsprechenden Produkte gar nicht mehr oder nur noch selten gibt. Leopold schreibt zum Beispiel an Nannerl am 8. Dezember 1786: »Der both brachte den Brief, aber keine Brachse, die im Brief steht. nur, damit du es weist, denn ich darf, so lange die Kräutersuppe nehme, keine Fastenspeisen essen, die Doctores hatten mirs ausdrücklich verbotten.« Die Süßwasser-Brachse (nicht zu verwechseln mit der Atlantischen oder Pazifischen Brachsenmakrele) galt früher als wohl schmeckender Billigfisch, heute wird die Brachse, da sie selten geworden ist, als Delikatesse geschätzt. Wer keine Brachsenfilets bekommt, kann ersatzweise Goldbrassenfilets verwenden.

Für die Senfmousseline:
3–4 Eidotter
etwas Obstessig
4–5 EL Riesling
5 EL Fischfond
100 g eiskalte Butter
1/8 l Schlagobers
3 EL guten milden Senf
1 EL guten scharfen Senf
Salz, Pfeffer, Muskatnuss
Saft von 1/2 Zitrone

Für die Fischfilets:
4 Brachsen- oder
Goldbrassenfilets
von je ca. 120 g
Salz, Pfeffer
Weizenmehl
4 mittelgroße Erdäpfel
1 Ei
1 Eidotter
Butterschmalz

Steckerlfisch

frisch geräucherte Makrelen (Jause)

4 Makrelen,
ausgenommen und
gut gewaschen
Salz, Pfeffer
8 Lorbeerblätter
4 EL Sonnenblumenöl
Saft von 1 frischen Zitrone

Die Holzkohlenglut vorbereiten.

Die Makrelen innen und außen salzen, pfeffern, in die Bauchhöhle je 2 Lorbeerblätter stecken und je einen Fisch auf einen angespitzten Stecken aus weichem Holz spießen. Mit etwas Öl beträufeln. Ein paar frische Holzstücke auf die Glut legen, damit sich Rauch entwickelt. Die Fische unter häufigem Drehen der Stecken in etwa 20 Minuten braun und knusprig werden lassen. Zwischendurch mit etwas Öl und Zitronensaft beträufeln. Mit frischem Bauernbrot essen.

Wer die Makrele nur als billigen Räucherfisch aus dem Supermarkt kennt, verkennt diesen Fisch als fett und unfein. In Bayern und Österreich ist die Makrele auch als Steckerlfisch bekannt, der auf Volksfesten angeboten wird. Früher brieten sich die Donau- und Isarfischer den billigen Weißfisch über dem offenen Feuer am Steckerl, also am Holzspieß. Wie köstlich die Makrele schmeckt, erfährt, wer sie sich selber frisch zubereitet. Ob im Garten auf dem Holzkohlengrill, im heimischen Räucherkasten frisch geräuchert oder ganz nostalgisch bei einem Picknick über der natürlichen Glut. Wichtig ist, dass sie heiß gegessen wird.

Forellenfilets
auf Gartenkräutern mit Sellerie

Filets von 4 Forellen
200 g Butter
1 große Sellerieknolle
oder 2 kleinere Knollen,
geschält und in feine
Scheiben geschnitten
etwas Gemüsebrühe
1 unbehandelte Zitrone
Blätter von 1 Bund
glatter Petersilie, gehackt
Blättchen von 1 Bund
Kerbel, gehackt
Blätter von 1 Bund
Basilikum, gehackt
1 Bund Schnittlauch,
fein geschnitten
3 Knoblauchzehen,
geschält und im Mörser
fein zerrieben
Salz

Die Filets auf verbliebene Gräten abtasten und diese gegebenenfalls mit der Pinzette entfernen.

In einer Pfanne ca. 2 EL Butter erhitzen, die Selleriescheiben hineinlegen, anschwitzen, etwas Gemüsebrühe angießen und in ca. 5 Minuten weich dünsten.

Die Zitrone dünn (ohne das bitter schmeckende Weiße) schälen, die Schale in hauchfeine Streifen schneiden und für ein paar Minuten in kochendes Wasser legen.

In einer flachen, großen Kasserolle die Hälfte der verbliebenen Butter erhitzen, Kräuter, Knoblauch und Zitronenschale darin anschwitzen, ca. 1/8 l Gemüsebrühe angießen und einmal aufkochen lassen. Die Forellenfilets salzen, auf die Kräuter betten und den Deckel auf die Kasserolle setzen. 3–5 Minuten bei schwacher Hitze ziehen lassen.

Die Selleriescheiben entnehmen und wie für ein Carpaccio auf den vier vorgewärmten Tellern anrichten.

Die Fischfilets aus dem Kräutersud heben und warm stellen; den Kräutersud einkochen, die restliche Butter unterschlagen, salzen, pfeffern und über die Selleriescheiben gießen. Die Filets darauf setzen.

War es uneingestandenes Heimweh nach dem so verhassten Salzburg? Oder war es wirklich nur Lust auf diese Spezialität? Es verblüfft, wenn ein Genie wie Mozart gleich zwei Mal brieflich kundtut, wie es ihn gelüstet. »*könnte ich nicht schwarzreuter bekommen?*«, fragt Mozart am 31. August 1782 begehrlich bei seinem Vater in Salzburg an. Und damit Leopold es nicht vergisst, erinnert er ihn am 11. September noch mal daran: »*— wenn sie mir auch schwarzreuter zuwege bringen können, so machen sie mir in der that sehr viel vergnügen.*« Schwarzreiter sind eine Forellenart (Salmo salvenilis), die in den Seen des Salzkammerguts und im Königssee bei Berchtesgaden vorkommen. Doch ebensogut lässt sich für dieses Rezept jede Bachforelle verwenden (keine Regenbogenforelle).

Hausen=(Stör)schnitzel

mit Kerbelschaum

Zuerst nochmals überprüfen, ob im Filet keinerlei Gräten mehr stecken; verbliebene mit einer Pinzette entfernen. Die Filets in 4 oder 8 Schnitzel aufteilen – also je 1 oder 2 pro Person; die Menge reicht aber auch für sechs Personen aus.

Die Hälfte des Fischfonds zur Seite stellen.

In einer Kasserolle die gehackte Zwiebel in dem Butterschmalz glasig dünsten, mit 1/4 l Fischfond und dem Riesling löschen, Pfefferkörner und Lorbeerblätter zugeben und den Fond so stark einkochen, bis er dickflüssig ist. Erkalten lassen.

Den restlichen Fischfond mit 1 EL Butter aufkochen und auf die Hälfte reduzieren. Dann die Hausen (oder Stör)schnitzel auf beiden Seiten salzen, in den Fond einlegen und bei mittlerer Hitze ziehen lassen (nicht kochen) und einmal wenden.

Aus dem anderen, erkalteten Teil des Fonds die Lorbeerblätter und Pfefferkörner entfernen, die Eidotter zugeben und das Ganze im Wasserbad aufschlagen, dabei zuerst stückchenweise die nicht zu kalte Butter zugeben, dann den fein gehackten Kerbel. Salzen, pfeffern und etwas Zitronensaft zugeben.

Die Störschnitzel auf vorgewärmte Teller legen, den Kerbelschaum daneben anrichten.

Dazu passen junge Kartoffeln, Zuckerschoten oder junge Erbsen.

Zutaten:

1,8 kg Störfilet
1/2 l Fischfond
1 kleine Zwiebel, geschält und fein gehackt
1 EL Butterschmalz
1/4 l trockener Riesling
6 Pfefferkörner
3 Lorbeerblätter
5 EL Butter
2–3 Eidotter
2 Bund Kerbel
Salz, Pfeffer
Saft von 1/2 Zitrone

ozart am 8. und 9. Oktober 1791 aus Wien an Constanze nach Baden: »– izt habe ich eben ein kostbares Stück Hausen zu leib genommen, welches mir D: Primus (welcher mein getreuer kammerdiener ist) gebracht hat ...« Primus, der ihm die Delikatesse bringt, war eigentlich Oberkellner. Bei dem kostbaren Hausen (lat. Huso huso) handelt es sich um einen störartigen Süßwasserfisch, der heute nur noch im Schwarzen und im Kaspischen Meer vorkommt und als Lieferant des Beluga-Kaviars geschätzt wird. Damals schwamm der Hausen auch noch in der Donau. Am besten nimmt man stattdessen einen Stör, der zum Preis anderer Edelfische bei guten Fischhändlern zu bekommen ist.

-4-

Vaters Vorschriften von München bis Paris

Bloß kein Wein, sondern Gerstenschleim

Das Risiko ist groß. Und dass ein Mann wie Leopold es eingeht, lässt hochrechnen, wie groß die Hoffnung sein muss, das Risiko möge sich auszahlen: Sein Sohn kündigt. Mit Einverständnis des Vaters. Nachdem der neue Salzburger Fürsterzbischof nicht daran denkt, dem berühmten Jungkomponisten bezahlten Urlaub zu Fortbildungs- und Werbezwecken zu geben, beantragt Mozart im August 1777 aus dem Dienst Colloredos entlassen zu werden. Die einzige Sicherheit, die er außer ein paar geschenkten diamantbesetzten Uhren und Tabakdosen aus Edelmetall besitzt, gibt er hiermit auf. Doch offenbar ist Wolfgang genauso sicher wie sein Vater, dass auf dieser Reise seine Wünsche in Erfüllung gehen und ihm in München, Mannheim oder aber in Paris eine Stelle angeboten — noch besser: aufgedrängt — wird, die sie beide für angemessen halten — und die jeder, der Mozarts Genie erahnt, selbstverständlich fände.

Ausgerechnet auf dieser Reise, die wichtiger ist als alle früheren für Wolfgangs und damit auch sein eigenes Auskommen, begleitet Leopold seinen Sohn nicht. Er wenigstens muss seinen bezahlten Dienst tun beim Fürsterzbischof in Salzburg. Die Mutter fährt mit Wolfgang, doch auch der Vater ist ständig präsent: mit Ermahnungen und Vorwürfen. Und seine Sorge um den göttlich begabten, aber menschlich begehrlichen Sohn, sein Drang, den Einundzwanzigjährigen noch immer an der Leine zu führen, wird gerade dann deutlich, wenn es ums Essen und Trinken geht. Seiner Frau traut er anscheinend nicht zu, dass sie auf den Junior einen mäßigenden Einfluss nehmen kann, denn auf der gesamten Reise, die am 23. September 1777 beginnt und Mitte Januar 1779 endet, also immerhin fast sechzehn Monate dauern wird, behelligt er Wolfgang mit Diätvorschriften und anderen Ernährungsmaßregeln. Und mit Vorschlägen, wo und wie er beim Essen und vor allem beim Trinken sparen solle, denn die Angst ums finanzielle Überleben sitzt Leopold im Nacken — er hat Kredite aufgenommen, um die Reise überhaupt finanzieren zu können. Allerdings ist ihm so klar wie seinem Sohn, dass dessen Arbeit in Salzburg dreist unterbezahlt worden war — als habe man nach Alter, nicht nach Begabung und Leistung honoriert.

In München sind Mozarts Freunde und Verehrer auch nur so lange erstaunt, dass er die sichere Stelle beim Fürsterzbischof hingeschmissen hat, bis Mozart sie aufklärt, mit

Stilvoll: »Inn-Salzach-Stil« nennt sich jener typische Häusertyp mit dem flachen Dach, der in Salzburg und Burghausen ebenso zu Hause ist wie in Wasserburg, das auf dem Reiseweg Richtung München liegt. Station machten Mozarts aber lieber gratis im nahen Kloster Seeon.

welchem Hungerlohn er dort abgefunden worden ist. Franz Joseph Albert, der großzügige Weinwirt vom Gasthof »Zum Schwarzen Adler«, und seine Frau sind zuerst fassungslos; »sie haben absolument nicht glauben wollen, daß ich 12 f. 30 kr: [= 12 Gulden, 13 Kreuzer] seeligen angedenckens, gehabt habe!« – im Jahr waren das ganze 150 Gulden.

Doch was bei dem Vater wie üblich die Warnleuchten aufflackern lässt, ist Wolfgangs schamlos gute Laune und sein guter Appetit. Bereits aus München schreibt sein Sohn am 26. September 1777: »Ich bin immer in meinen schönsten Humor. mir ist so feder leicht ums herz seit dem ich von dieser Chicane weg bin! – – ich bin auch schon fetter.«

Sofort kommt die Abmahnung aus Salzburg. »Nur bitte ich dich mein lieber Wolfgang keinen Exceß zu machen, du bist an die gute Ordnung von Jugend auf gewohnt, und dich vor hizigem Gedränk zu hütten, dann du weist, daß du gleich erhitzet bist, und die Kälte dir lieber als die Wärme ist; Ein klarer Beweis, daß dein Geblüth zur Hitze geneigt gleich in Wallung kommt. Die starken Weine, und vieles Weintrincken ist dir also schädlich.«

Damit dem Buben klar ist, welche teuren Folgen das Trinken haben kann, hängt der Vater noch eine Anekdote aus Salzburg an. Nachdem Mozarts Nachtmusik und eines seiner Violinkonzerte gespielt worden war, »hiess es, da die Musik so sehr belobt wurde und ein erstaunlicher Lermen und Geklatsch war, das ist die Composition eines guten freundes der nicht mehr hier ist, dann schrie alles: Schade daß wir ihn verlohren haben! Das war beym Eizenberger [= Eizenbergerhof in der Salzburger Judengasse, den der Gastwirt Müllbacher führte] im Saal. Auf die letzte wurde alles besoffen; sie trugen einander auf den

Achseln in Procession herum, und stossten an den in der Mitte hängenden Luster oder großen Hängleuchter, zerbrachen die mittere Schaale und andere Stücke, so das man das zer-
brochene wieder muß von Venedig ergenzen lassen, folglich ein Stück nach Venedig schicken.« In den Zeiten vor der Haftpflichtversicherung ein finanzielles Desaster, wenn
man so schlecht bei Kasse ist wie die Mozarts. Wir sehen den gereckten Zeigefinger des
Vaters, wir sehen seine gerunzelte Stirn – und hören Mozart lachen.

Leopold vermutet zu Recht, dass seine Frau den vergötterten Sohn nicht zurecht-
weist, denn die lässt es sich selber besser gehen, als er für gut hält; »gestern«, vermeldet Wolfgang, »war ich mit der Mama gleich nach dem Essen bei den 2 frl: von Freysinger
[= Juliana und Josepha Freysinger, Töchter des Hofrats Franziskus Erasmus Freysinger]
auf einen koffé. die mama tranck aber keinen koffé, sondern 2 Bouteilles tyroller=wein.«

Wie soll eine Mutter nach dem Genuss von zwei Flaschen Wein noch kontrollieren,
was ihr Sohn treibt, dessen Vergnügungssucht sich in Abwesenheit des Vaters unge-
hemmt Bahn bricht?

Am 13. Oktober 1777 folgt die nächste Mahnung: »Erstlich wist ihr [= Mutter Mozart
und Wolfgang], daß wir sehr sparsamm leben: und diese Leute [= die Familie des
Hofkriegsrats Hamm Edler von Sonnenfels] sind gewohnt gut zu fressen.«

Am 15. Oktober heißt es schon wieder: »Aufs Geld einnehmen muß
alle Bemühung gehen, und aller Bedacht aufs wenig ausgeben, so viel
es möglich ist; sonst kann man nicht mit Ehre reisen; ja sonst bleibt
man gar sitzen, und setzt sich in Schulden.«

Was sein Sohn in Augsburg mit Maria Anna Thekla
Mozart, dem so genannten Bäsle, treibt, wagt der Vater sich
lieber nicht auszudenken, denn er weiß wohl, dass die
kleine Cousine nicht von Prüderie gepeinigt wird – später
bekommt sie ein uneheliches Kind von einem Geistlichen.
Pflichtschuldig gibt sich Mozart dort noch artig und berichtet, wie angewidert er sei von den verwahrlosten Etablissements. Einer seiner Bewunderer, schreibt er, »führte
mich hernach gleich in ein Cofféhaus. – wo ich, wie ich hinein
trat, glaubte, ich müste wieder zurückfallen, für [= vor] gestanck
und Rauch von taback. Ich muste halt in gottes Namen eine stunde
aushalten.« Offenbar raucht der Bub noch nicht, immerhin etwas.

Doch in Mannheim gerät er in jene gute Stimmung, die seinen
Vater zuverlässig in Alarmzustand versetzt. »Ich johannes Chrisostomus
Amadeus Wolfgangus sigismundus Mozart giebe mich schuldig, daß ich vorgestern, und
gestern (auch schon öfters) erst bey der nacht um 12 uhr nach haus gekommen bin; und daß
ich von 10 uhr an bis zur benennten stund beym Canabich (...) nicht schweer, sondern ganz
leichtweg gereimmet habe; und zwar lauter Sauereyen, nemmlich, vom Dreck, scheissen, und
arschlecken, und zwar mit gedancken, worten und — — aber nicht mit wercken.«

Nicht die derbe Sprache – derer bedient sich sogar die brave Mama Mozart – beunruhigt den Vater, sondern ebendiese Stimmung seines Sohnes, dieses Überschäumen, diese unverhohlene Lust am Exzess. Und das Gedicht, das Mozart in einem Brief an seinen Vater vom 31. Oktober 1777 an Rosalie Joly mitschickt, eine Uraltfreundin der Mozarts, vor allem von Nannerl, mag den Vater wegen seines Überschwangs beunruhigen, auch wenn sich Wolfgang kulinarisch gesittet äußert. Denn Leopold vermutet wohl, dass das Sallerl seinem Sohn die erotische Grundausbildung nicht versagen würde.

»Ich sag dir tausend danck mein liebste Sallerl,
und trincke dir zur ehr ein ganzes schallerl,
Coffé und dann auch thée und limonadi,
und tuncke ein, ein stangerl vom Pomadi …«

Dann aber trifft Wolfgang mitten ins Schwarze der väterlichen Sorge: Er hat sich unüberhörbar verliebt. Und zwar ausgerechnet in eine Tochter aus dem Hause Weber, das Leopold Mozart für einen Hort der Verlogenheit, Versoffenheit und der sittlichen Verkommenheit hält, sein Sohn jedoch für den Inbegriff lebensfroher Boheme. Nicht dass Mozart seine jäh entflammte Leidenschaft für Aloysia, die zweitälteste von vier Töchtern, offen zugäbe, so dumm ist er nicht. Doch sie dringt durch jedes seiner Worte. Leopold ist hellhörig; er weiß, was es zu bedeuten hat, wenn sein Sohn mit ihr das Honorar für ein Konzert teilt, bei dem sie singt, obwohl sie keinerlei Ausbildung als Sängerin hat – eigentlich hätte Mozart allein abkassieren können. Er wittert auch sofort Wolfgangs gefährliche Gefühle hinter dem Plan, eine Konzerttournee mit dieser noch völlig namenlosen Sopranistin Aloysia Weber zu unternehmen – ein Plan, den Leopold unverblümt zum Schwachsinn erklärt, der nur einem vernebelten Gehirn entsteigen könne. Nun mutiert Vater Mozart endgültig zum Inquisitor und Moralprediger. Auch seine dauernden Ermahnungen, Diät zu halten und Geld zu sparen, sind im Grunde nichts anderes als indirekte Ermahnungen zur sexuellen Enthaltsamkeit. Münzen werden in der Symbolkunde nicht zufällig mit dem männlichen Samen assoziiert – wie sonst hätte Jupiter seine begehrte Danae mit einem Goldsegen schwängern können?

Fast jeder Brief von Leopold an seinen Sohn wirkt nun wie ein postalisch zugestelltes Präservativ. Ein Ganzkörper-Kondom, das ihn vor allen schädlichen Einflüssen hüten soll.

Am 5. Februar 1778 erklärt Vater Mozart: *»wir bitten den Wolfg: auf seine gesundheit obacht zu geben, und bey seiner zu Hause gewohnten diäte zu bleiben; sonst heist in Paris gleich Aderlassen, alles hitzige ist ohne hin sein feind.«*

Und am 25./26. Februar mahnt er schon wieder: *»Mein Lieber Wolfg: du bist jung, bekümmerst dich wenig, da du vorher dich um gar nichts zu sorgen hattest, schlagst alles Nachdenken, was ernsthaft ist, aus dem Sinne, hast das Salzb: Kreuz, an dem ich hänge,*

AMADEO WOLFGANGO MOZART ACCAD.FILARMON:DI
I VERONA

schon vergessen, hörst nichts als Lobe und schmeicheley, und dadurch wirst du nach und nach unempfindlich unserm Zustande nachzudenken, und die Mittel aufzusuchen, die etwas zu unserer Erleuchterung beytragen könnten. Kurz, du denkst niemals auf die Folgen. «

Mit solchen Vorwürfen erpresst er den Sohn, endlich die Webersche Lasterhöhle zu verlassen und nach Paris aufzubrechen. Und schon werden neue Maßregeln mitgeliefert, wie die Reise dorthin sparsam und enthaltsam zu gestalten sei. »Nun müst ihr euch verzehren [= verköstigen]. man braucht 4 Täge, daß ist man schläft 3 mahl über Nacht, den 4ten Tag kommt man an. Vielleicht späth, [je] nachdem [wie] das Wetter ist. ich rechne also 8 Mahlzeiten, die Mahlzeit zu 2 f — 16 f. « Vorsichtshalber rechnet er selbst zusammen: »104 f. «

Ob die Mahlzeit etwas taugt oder nicht, ist ihm gleichgültig. Askese kann dem Genie, das offenbar seine Männlichkeit entdeckt hat, nur gut tun.

Als Mozart und seine Mutter endlich in Paris angekommen sind, hagelt es neue Direktiven: Sie sollten bei »Mr: Mayer«, dem Pariser Agenten des Augsburger Kaufmanns Felix Arbauer, anfragen, ob er sie bei sich unterbringen könnte. »kann er nicht? — so fahrt ihr die etlichen Schritte weiter ins Wirthshauß. Sollte er dann wenn er ein zimmer für euch hat, euch zu theuer halten, so kommt es nur auf ein Monat an, indem ohnehin monatlich accordiert wird. — hat er nun keins — basta, so geht ihr zum silbern Löwen, und dann wird euch H: Mayer wohl an die Hand gehen, eins zu bekommen. Graf Wolfegg sagte mir er habe beym silbern Löwen um einen Livre, das ist 20 Sols, gegessen und habe allzeit brod und eine gewisse Portion wein dabey gehabt. « Dass diese Zahlen aus dem Jahr 1763 stammen, also 14 Jahre alt sind, kümmert den Rechner wenig, es geht ja nicht um die Realität, es geht ums Prinzip. Und darum, dem Sohn bewusst zu machen, welch solider, sparsamer Denker sein Vater war und ist — ein Vorbild, das Wolfgang anscheinend ignoriert. »Ich habe unsere Pariser Rechnung, da wir im Hôtel de Beauvais rüe St: Antoine waren, nachgeschlagen, und gefunden daß wir alle 4 sammt dem bedienten zur Mahlzeit nur für 2 Livres und 8 Sols Essen haben bringen lassen; folglich für Mittag und Nacht 4 Livres und 16 Sols bezahlt haben. [nähere Rechnungen folgen]. Graf Wolfegg sagt es seyen auch Traiteurs in der Nähe. «

Die Weisheiten und Erfahrungen des Grafen Wolfegg werden Wolfgang samt Mutter geradezu eingebläut. »auch sagt er, daß ihr vielleicht mit der Frau Mayer könntet übereins kommen, mit ihnen über Tische zu gehen: alleine ich habe einen Anstand, weil man sich zu sehr bindet und auch zu zahlen, wenn man nicht zu hause speiset, und weil diese Leute ihre gewisse Stunde zum speisen haben, das bey euch eben nicht alzeit, oder vielmehr selten wird seyn können. Ich glaube ihr sollt euch anfangs für wenig geld zu essen bringen lassen; man kan allzeit steigen. Ich versuchte es anfangs mit einem Livre oder 20 Sols. Man muß mit solchen Leuten nicht zu gut seyn, sie thun alles, wenn man sagt, wenn ihr nicht wollt, so sind Traiteur genug in Paris, wir gehen zu einem andern. Graf Wolfegg sagt, man muß sich nicht so leicht finden lassen. wer das Maul nicht aufmacht, muß den Beutl aufmachen; man sucht die fremden zu scheren. «

Mutter Mozart hält sich an die Sparvorschriften ihres Ehemanns, wird davon aber depressiv und schließlich krank. Trostlos hört sich an, was Anna Maria am 5. April 1778 an den Mahner in Salzburg schreibt: »*was meine lebens arth betrifft ist solche nicht gar angenehm, ich size den ganzen tag allein in zimmer wie in arest, welches noch darzue so dunckel ist und in ein kleines höffel geth das man den ganzen tag die Sohn [sic] nicht sehen kan, und nicht einmahl weis was es vor ein wetter ist, mit hartter miehe kan ich bey einen einfahlenten liechten etwas weniges stricken, und für dises zimmer müssen wier das Monat 30 liver bezahlen, der eingang und die stiegen ist so öng das es ohnmöglich wehre ein Clavier hin auf zu bringen. der wolfgang mues also ausser haus bey Monsieur le gro Componieren weill dorth ein Clavier ist, ich sehe ihme also den ganzen tag nicht, und werde das reden vollig vergessen.*«*

Ihren Gatten rührt das nicht. Für ein Genie muss man eben auch als Mutter seine Opfer bringen. Was Anna Maria in ihrer Einsamkeit trösten und aufheitern könnte, wäre gutes Essen. Doch superb sind an dem, was sie in ihrem düsteren Zimmer zu sich

nimmt, nur die Preise. Und noch mehr Geld auszugeben hat Leopold verboten — es sei denn, sie wollten ihn, wie er es ausdrückt, am Kreuz hängen sehen. Immerhin macht Frau Mozart keinen Hehl daraus, dass ihr das Sparprogamm an die Substanz geht. Was sie als ihre tägliche Kost beschreibt, klingt nicht so, als hielte sie sich an der Seite eines berühmten Sohnes mitten in Paris auf, sondern als fristete eine bedeutungslose alte Frau ein Dasein in irgendeinem Elendsviertel: »*meine kost von trater [= Traîteur] ist auch Superb für 15 Sol zu mitag bekomme ich 3 speisen, erstlich eine Supen mit Krutter [= Kräuter] die ich nicht mag, 2ten ein bröckel schlechtes fleisch 3ten etwas von einen kalbsfus in einer schmuzigen brihe, oder eine stein harte leber, auf die nacht aber lassen wür kein essen kommen, sondern die frau Mayerin kaufft uns ein paar Pfund kalbfleisch, und last es bey den becken*

[= Bäcker] *Prathen, da haben mir es das erstemahl warmer, und hernach kalter so lang es klegt, wie es in engeland der gebrauch ist, keine supen aber haben wür abends niemals, die fast däge seind gar nicht zu beschreiben und nicht aus zu stehn, es ist hier alles um die helfte theuerer als es vor 12 Jahren wahr wie wür das leste mahl hier gewesen sein. heunt [= heute] als den 10ten habe ich den ganzen tag eingebacket, dan wür ziehen in ein andres quadier, wo wür nur derffen das Monat ein louidor [sic] bezahlen, und haben 2 Zimmer, auf die gassen hinaus …*«

Erbärmliche Kost für die Mutter des Genies: Anna Maria Mozart hauste in Paris in einem dunklen Zimmer und stillte ihren Hunger mit Ungenießbarem, während ihr Sohn versuchte, mit Konzerten Geld zu verdienen und eine Stelle zu ergattern. Für frisches Obst wäre sie dankbar gewesen, doch sie musste sich mit trüber Brühe zufrieden geben.

Auch wenn Wolfgang meint, die Mama habe »*zu dunkel geschrieben*« — sie ist bedenklich niedergeschlagen, appetitlos und lebensmüde geworden durch die Folgen der von Leopold diktierten Sparmaßnahmen. Der verspürt deswegen kein schlechtes Gewissen, er versucht vielmehr, seinem Sohn eines einzujagen: »*du weist ich stehe hier bey iederman in Credit* — , *so bald ich diesen verliere, ist auch meine Ehre hin: — die freund-schaft und das Wohlwollen der Kaufleute dauert aber nur so lange, als man mit der Bezah-lung richtig zuhält — bleibt diese zu lange aus, so ist die freundschaft der Welt verlohren! — und der >erzbischof<? — — sollte wohl dieser das vergnügen haben zu hören, daß unsere Sachen schlecht stünden, und darüber lachen — darüber spotten können? — — ich würde in solchem falle des gähen Todes hinfallen.* «

Aber zu Hause bei Leopold und Nannerl geht es weniger streng zu, auch bei der Hundeerziehung; »*der Pimmperl ist ganz wohl auf, wenn er auf dem Tisch stehet, so krazt er ganz Subtil mit einer prazen an die Semmerl, daß man ihm eine geben soll und an das Messer, daß man ihm soll abschneiden. und wenn 4, 5, tobackieren [= Tabatieren] auf dem*

disch liegen, so kraez er an die, wo der spannische toback darinne ist, daß man einen nehmen, und dann ihm soll die finger ablecken lassen.«

Das Leben in Salzburg scheint wesentlich amüsanter zu sein als das der Anna Maria Mozart in Paris — ein ereignisloses, ein-sames Dahinvegetieren. Wird Wolfgang eingeladen, ist sie wohl selten dabei. Sie hätte jeden Grund, das Lamento ihres Gatten zu überhören. Trotzdem sieht sie sich bemüßigt, ihrem Mann Rechenschaft abzulegen und verteidigt sich nach dessen Methode: Alles sei hier »*überaus theuer ein Pfund gutter butter kostet 30 bis 40 Sols der schlechte der nicht zu geniesen ist 24 Sols. das Pfund Rindfleisch 10 Sols das Kalbfleisch 12 bis 14 Sols, ein lemmers Piegel [= eine Lammkeule] 3 livers, ein Junges hiendl 3 livers, der wein theuer und schlecht aller von den würthen ver-dorben, es ist noch theurer als es in Engeland gewesen, wie wür dorth wahren (…) alles ist noch einmahl so theuer als es vorhero gewesen ist*«.

Das schreibt Anna Maria Mozart ihrem Mann am 29. Mai 1778. Vier Wochen später ist sie tot.

Wolfgang ist derart fassungslos, dass er dem Vater den Tod der Mutter zuerst verschweigt und den alten Freund Abbé Bullinger bittet, dem Vater nur beizubringen, die Mama sei sterbenskrank. Leopold reagiert wie immer mit Vor-würfen, Wolfgang habe nicht auf die Diät geachtet und habe sich nicht um die ärztli-che Betreuung der Mutter gekümmert, die an Bluthochdruck litt: »*Sie wird wohl fleisch gespeiset haben (…) — da sie einige Täge nach der Aderlaß unbäßlich geworden, so muß sie sich schon seit dem 16 oder 17 Junii krank befinden. ihr habt [mit dem Aderlassen] doch zu lange gewartet.«* Und kaum erhält Leopold die endgültige Nachricht vom Tod seiner Frau, macht er seinen Sohn mitverantwortlich daran, dass sie Anna Maria verloren haben, und bezichtigt ihn indirekt, er wisse auch die väterliche Liebe nicht zu schätzen: *»denke nach was du für eine dich zärtlich liebende Mutter hattest — itzt wirst du ihre Sorgen erst einsehen — so wie du bey reifen Jahren nach meinem Todt mich immer lieben wirst.«* Der eigentlich Schuldige an Anna Marias jähem, frühem Ende dürfte wohl Vater Mozart selbst gewesen sein, denn die Todesursache war Bauchtyphus gewesen, den sie sich wahrscheinlich durch verunreinigte Billigkost geholt hat. Und nun geschieht etwas Unerwartetes: Wolfgang, der bis dahin in den Briefen an seinen Vater immer gekuscht, immer klein beigegeben hat und Folgsamkeit bis hin zur Unterwürfigkeit signalisierte, stellt sich nun auf die Hinterbeine. Wie sein Vater bedient er sich ökonomischer Argumente, um menschliche Einwände zu transportieren. Redet übers Essen und Logieren, um zu sagen: Ich bin Deiner Besserwisserei müde, du bist schuld daran, dass mich mein Leben hier so teuer zu stehen kommt.

Ausgerechnet über Friedrich Melchior von Grimm zieht er her, angesehener Enzyklopädist und Sekretär des in Paris residierenden Grafen Friese, den der Vater ihm dringend empfohlen hatte, weil er doch damals im Jahr 1763 zu den Mozarts so nett gewesen sei: *»bilden sie sich nur nicht ein, daß dieser — der nemliche ist, der er war.«* Und er macht Leopold klar, dass Grimm sogar daran schuld sei, dass er viele Einladungen, die ihm Geld sparten, nicht annehmen kann: *»wenn nicht die Mad.me d'Epinay* [= die berühmte Salondame Louise-Florence-Pétronille Tardieu d'Esclavelles, Marquise d'Epinay, seit 1755 Geliebte von Grimm] *wäre, wäre ich nicht im hause; und auf diese that darf er nicht so stolz seyn — denn ich hätte 4 häuser wo ich logirn könnte — und die Tafel hätte; der gut Mann hat halt nicht gewust, daß wenn ich hier geblieben wäre, ich auf das künftige Monath ausgezogen wäre; und in ein haus gekommen wäre, wo es nicht so einfältig und dumm zugeht wie bey ihm — und wo man es nicht immer einem Menschen unter die Nase rupft, wenn man ihm eine gefälligkeit erweist. (…) das Essen habe ich auch bei der Mad: d'Epinai«,* schreibt er dem Vater wütend am 11. September 1778. Dieser Grimm, erklärt Wolfgang, sei kein Wohltäter oder Mäzen, sondern ein Schmarotzer. Und er selber sei ein Muster der Genügsamkeit: *»sie dürfen nicht glauben, daß er* [= Grimm] *ihr etwas zahlt, dannich koste ihr nicht Nagl=groß — sie haben die Nemliche Tafel ob ich da bin oder nicht; — denn sie wissen Niemal wenn ich zum Essen komme, mithin können sie auf mich nicht antragen; und auf die Nacht Esse ich früchten [sic] und trinck ein glas wein …«*

Zu Gast bei Mozart ist in dieser Zeit mit Sicherheit niemand; es wäre äußerst unklug und schädlich für sein Ansehen, irgendwen in diese schäbige Unterkunft zu bitten, um das frugale Mahl mit ihm zu teilen.

Doch Wolfgang ist ebenso klar wie seinem Vater: Das Unternehmen Paris ist gescheitert. Mit zweiundzwanzig hat das große Genie noch immer kein sicheres Auskommen. Leopold muss nun eine Aufgabe übernehmen, wie sie ihm, dem stolzen Vater eines Wunderwesens, in tiefer Seele zuwider ist: In devotem Ton bemüht er sich für Wolf-

gang um Wiedereinstellung beim Erzbischof. Aber er hat mittlerweile eingesehen, dass sein Sohn hochfahrend, auch anmaßend sein kann und sich seiner immensen Begabung durchaus bewusst ist. Unmissverstehbar hatte Wolfgang dem Abbé Bullinger, Mitfinanzier der Reise und engem Vertrauten der Mozartfamilie, geschrieben: »*sie wissen, bester freünd, wie mir Salzburg verhasst ist!*« Wolfgang ist sicher, dass er in Salzburg ein tristes Dasein führen würde, worauf er wenig Lust verspürt; »*es soll sich alles so schicken, daß wir gut leben können; — gut leben, und vergnügt leben, ist zweyerley, — und das lezte würde ich (ohne hexerey) nicht können*«. Ohne Vergnügen leben will er jedoch nicht. Mozarts Schlussfolgerung kann also nur sein: »*daß Salzburg kein ort für mein Talent ist!*«

Sein Vater weiß, dass er dem Sohn die Stelle in Salzburg, diesen Kniefall, plausibel machen muss. Dass er nun im Namen des Sohnes wieder an genau der Tür anklopft, die der Junior persönlich zugeknallt hat, muss auch der als Demütigung empfinden und das Risiko, dass er deswegen die Aktion platzen lässt, ist groß. Deswegen stellt Leopold es so dar, als sei Wolfgangs Bewerbung nicht Eingeständnis des Versagens, sondern hehres Bekenntnis der Vaterliebe. »*Meine Hauptzufriedenheut bestehet darinne, daß durch deinen und meinen verbesserten Gehalt wir in sichere Umstände versetzt worden unsere* ›*schulden*‹ *zu bezahlen, und bequemm leben zu können. du kommst mit Ehre zurück,* ›*weil*‹ *iederman weis,* ›*das man dich gesucht*‹ *hat, und die ganze Statt rühmt deinen Entschluss, daß du, da dein Vatter seine Frau verloren, zu seiner Hilfe und in seinem Alter nötigen Unterstützung zurück kehrest.*«

Mit allen Mitteln versucht er, Wolfgang die Heimkehr schmackhaft zu machen: »*wir zehlen die täge dich zu umarmen. das Mensch die tresel der Narr* [= Theres Päncklin, Dienstmagd bei den Mozarts, 18 Jahre älter als Wolfgang] *hat abermahl 6 Capaunen gekauft* ...«

Doch die Kapaune, die Wolfgang so sehr liebt, werden »abermahl« ohne ihn gegessen, denn er lässt sich Zeit, aufreizend viel Zeit, mit der Rückreise nach Salzburg. Sein Widerstand gegen Salzburg, den Erzbischof und auch gegen den Vater äußert sich in immer neuen Verzögerungen. Am 24. Oktober 1778 hatte Leopold mit den Masthendln gelockt, erst Mitte Januar 1779 wird Wolfgang endlich die Tür zum Tanzmeisterhaus öffnen – und drei Monate lang hält sich das beste Geflügel nicht.

Unterwegs strengt der Sohn sich wieder brav an, dem Vater seinen Willen zur Sparsamkeit zu bekunden, gerade was das Essen angeht. So meldet er aus Nancy, wohin er mit einem deutschen Kaufmann reist: »*wir speisten nicht mit der Compagnie, sondern in unserer kammer, und schlaften auch so.*«

Doch dann landet er in München und bleibt dort hängen – die Webers sind an die Isar gezogen, denn Aloysia hat eine Stelle als Sängerin am Kurfürstlichen Hof bekommen und für Vater Fridolin wurde ebenfalls ein Posten gefunden. Leopold schwant das Schlimmste. Mit Recht. Die Sorge um den Sohn kleidet er, der eigenem Bekunden nach schlecht dran ist, in die üblichen Diätvorschriften. »*Die Hauptsache ist die dieta. wenig essen. Suppen so viel du willst: aber kein Rindfleisch. Ein wenig gut zusamm=gesottnes lindes Kalbfleisch oder Lammfleisch. — am besten gut versottnes Lüngerl. recht zum*

Bedrückendes Salzburg: Dunkel, dräuend, sogar trostlos kann Salzburg wirken, wie hier die Ansicht der nächtlichen Steingasse zeigt. Und Mozart muss seine Heimatstadt umso deprimierender empfunden haben, als er hier aushalten musste, anstatt wie geplant und erhofft eine Karriere in Paris, London, Mannheim oder München zu machen.

Rezepte, Vorschriften, Verbote und Diätanweisungen: in Leopold Mozarts Briefen an seinen Sohn äußert sich in indirekter Form die Sorge des Vaters, aber auch seine Neigung, das ungestüme Genie aus der Ferne zu kontrollieren und zu dirigieren. Mozart wird sich statt des anempfohlenen Gerstenwassers lieber ein frisch gezapftes Bier einverleibt und die gesunden Äpfel in Form eines schönen Obstbrands genossen haben. Längst war die Unterwürfigkeit dem Vater gegenüber nur noch gespielt.

Schleim versottnen Reiß. gerstenschleim; aber nicht den zucker, sondern den Schleim von der zusammengesottnen, und durch ein reines Tuch gedrückten gersten. Dieß erhält die Brust bei Kräften, da es solche anfeichtet. «

Bei einem Mann im Liebeswahn finden solche Krankenkostrezepte so viel Aufmerksamkeit wie die Weisheiten entsagungsvoller Eremiten. Wir können also davon ausgehen, dass der Rest von Leopolds Brief ungelesen blieb; erhalten ist er dennoch. Und gibt uns zumindest Aufschluss über die damaligen Vorstellungen wirkungsvoller Diät.

»Nun kommt auch das Gerstenwasser zum trincken, welches die Erhitzung auf der Brust mildert, die Brust anfeichtet, das Blut flüssig erhält, versüsset und die nothwendige natürliche gute feüchtigkeit beferdert [sic] etc: Mann nimmt 6 Loth Braugersten, das ist von der Gersten, wie es die Bier=bräuer brauchen, dazu thut man ein kleines Loth süsses Holz [= Süßholz], lässt alles in 3 Kandl Wasser sieden, das ist nach Münchner Maas (in 2 Maaß wasser) — aber man lasse es nur so lang sieden bis die Gersten aufspringt oder zerspringt, dann setze man es vom Feuer, sonst wird's Trüeb. und werffe ein wenig Aneis darein, und

lasse es Kalt werden und sich setzen, alsdann giesse mans langsamm zum trincken in ein anderes Geschirr, damit der Satz am boden bleibt. Will man zu dem süssen Holz auch ein Loth von kleingeschnittner Altheawurzl (Eiwischwurzl) thun und mit sieden, so ists vortreflich für die Brust. Beym Trincken legt man einen Schnitz Limoni-Blatl [= Zitronenmelisse] hinein. (…) Nur keinen Wein, und nicht kalt trinken. Die Lindgesottnen Gelben rueben sind auch zum Mittag= und Nachtessen unvergleichlich, auch die süssen rueben starkversot-

ten oder, nach der Kuchlsprache, die gedünnsten gelben und süssen rueben sind vortrefflich, dann zu zeiten ein paar gebrattne meschanznger Äpfel [= Maschansker Äpfel, österr. Bezeichnung für Borsdorfer Renetten] *etc: unter Tags zum Anfeuchten, die man ja nur auf den ofen legen kann oder in einen Rohr ...* «

Was Mozart auf den Magen schlägt und auf die Stimmung, ist aber nicht mit gesottenen Gelben Rüben und Äpfeln aus dem Rohr zu beheben. Er durchleidet Liebesqualen, die bitter schmecken: Aloysia erhört ihn nicht. Und als er Aloysia schließlich einen Antrag macht, der abgeschmettert wird, hilft auch kein Gerstenschleim, das zu verdauen. Mozart muss spüren, dass die Angebetete ihm nur so lange um den zögerlich sprießenden Bart ging, als er ihr nutzen konnte und behilflich sein, mit Singen Geld zu verdienen. Nun aber braucht sie ihn nicht mehr, den kleinen, blassen Mann, und lässt ihn das unverblümt wissen.

Als Verlierer kehrt Mozart heim in das Haus am Hannibalplatz, ein hoch verschuldeter junger Mann, der bei den Frauen nicht ankommt, ein Genie, das diejenigen nicht erkennen, die dafür zahlen könnten, ein unattraktiver, oft anmaßender Tonsetzer, mit dem kein Staat zu machen ist.

Sein neues Gehalt als Hoforganist erlaubt immerhin etwas mehr Vergnügungen als das alte: Er bekommt eine dreimal so hohe Summe zugebilligt, 450 Gulden im Jahr. Gnädig oder gar dankbar stimmt ihn das dem Fürsterzbischof gegenüber dennoch nicht. Der kann es Mozart im Grunde nicht recht machen, weil er nun einmal an dem Ort sitzt, der Wolfgang für seine Karriere absolut ungeeignet scheint. Die Konsequenzen lassen nicht lange auf sich warten.

Fleisch & Wild

Wild war zu Mozarts Zeit auch Luxus, denn der normale Bürger besaß
kein Jagdrecht. »— *obwohl sie itzt immer auf dem Jagen* [= der Jagd] *waren,
so konnte doch aus dem Ziergaden* [= Zehrgaden, das Salzburger Nahrungs-
mittelmagazin, das dem Zehrgadner, dem Oberstküchenmeister und
durch ihn dem Obersthofmarschall unterstand] *und vom Zwirchmeister*
[der das Wild zerwirkt, also zerlegt] *kein Wildbrett bekommen* «, beschwert
sich Leopold Mozart am 11. November 1785 bei seiner Tochter: Sie sorgt
für Abhilfe. Denn die Wälder am Wolfgangsee sind reich an Rehen und
Hirschen. Leopold bedankt sich am 8. Dezember: »*Heute nach Tische
kam H: Verwalter von Strobl und brachte mir das Wildprett, dafür ich euch
recht sehr danke.*«

Wiener Backhendl

2 junge Hendl
von 1–1,5 kg,
ausgenommen,
küchenfertig
Salz
gesiebtes Mehl
1 Ei
Semmelbrösel
Öl oder Butterschmalz
(schmeckt besser)
zum Ausbacken
1 Bund Petersilie
2 unbehandelte Zitronen

Die Hähnchen jeweils in vier Teile schneiden, den Hals abschneiden und das Rückgrat entfernen (kann ausgekocht werden für einen Fond).

Die Haut von allen Teilen abziehen; an den 4 Keulen das Fleisch an der Innenseite zum Knochen hin einschneiden, damit sie besser durchbacken.

Die Teile zuerst im Mehl wenden, dann im verschlagenen Ei, dann in den Semmelbröseln panieren.

In ausreichend Fett schwimmend golden backen, auf Küchenkrepp etwas abtropfen lassen und auf eine große vorgewärmte Platte legen. Die fein gehackte Petersilie im heißen Fett knusprig backen und darüber streuen. Mit Zitronenvierteln garnieren.

Dazu passt Erdäpfel-Gurken-Salat.

Hendln, zu deutsch Hähnchen, waren zur Mozart-Zeit ein europäisches Grundnahrungsmittel. Ob in Frankreich, Italien, Belgien, Böhmen oder England: Die Mozarts freuten sich, wenn es irgendwo die vertrauten Hendln gab. Auch unterwegs waren sie als Proviant äußerst beliebt: Man aß sie in der Kutsche kalt aus der Hand. Ein Hendl-Haxerl oder -Flügerl abzunagen lenkte außerdem für eine Weile von den Unannehmlichkeiten der Reise ab. Kulinarische Beschäftigungstherapie. Leopold, der in Italien mit Wolfgang unterwegs war, schrieb an seine Frau, als er wieder aus Neapel nach Rom zurückgekehrt war, am 27. Juni 1770: »*Weil wir nun in diesen 27 St: unserer Reise nur 2 Stund geschlafen, und nichts al 4 gebrathne Kalte Händl im Wagen mit einem Stück Brod verzehrt, so kannst du dir unsern Hunger, durst und schlaf leicht vorstellen.*« Bis an sein Lebensende war das Hendl fester Bestandteil von Leopold Mozarts Speiseplan, auch deswegen, weil Nannerl ihm wohl gute Qualität vom hauseigenen Geflügelhof in St. Gilgen lieferte; so schrieb er an seine Tochter am 18. November 1785: »*Danke für das Händl, und wenns so gut ist, wie die Ente, so werde die Nannerl* [= Stieftochter der großen Nannerl], *die ich grüsse, als Hochf: Henndl und EntenFütterin ins hochf: Hennenhauß recommandieren* [= empfehlen].«

Neben dem gebratenen Hendl, das als Reiseproviant herhalten musste, ist das Wiener Backhendl ein Klassiker der österreichischen Küche.

Marinierte Entenbrust

mit Vogerlsalat (in kleiner Menge auch als Vorspeise geeignet)

Das Schmalz erhitzen, die Brüste darin von beiden Seiten braten; sie sollen außen schön knusprig sein, innen muss das Fleisch aber ganz rosa bleiben. Pfeffern und salzen. Ruhen lassen.

Für die Marinade Himbeer- und Balsamessig nach Geschmack mischen, leicht zuckern und mit dem Sonnenblumenöl verquirlen.

Die Brüste in feine Scheiben schneiden, mit der Himbeermarinade übergießen und ziehen lassen, während der Salat vorbereitet wird.

Ein Dressing aus dem Walnussöl, Pfeffer und Salz machen, nach Bedarf einen Spritzer Balsamessig zugeben. Die Walnüsse in etwas Öl anrösten.

Den Vogerlsalat in kleinen Portionen auf die Teller dekorieren, mit dem Dressing übergießen, die Walnüsse darauf betten. Nun die Entenbrustscheiben fächerförmig daneben anrichten und mit frischen Himbeeren dekorieren.

Hendl war der Alltag, Ente war der Sonntag oder Sondertag. Leopold bedankte sich bei Nannerl am 11. November 1785: »*Nun kommt der Both! — Ich danke für die Ente, — ich kaufte mir letzthin auch eine, — was will man denn sonst zur Abwechslung essen?*«

Etwas Enten- oder Gänseschmalz
2 Entenbrüste
Pfeffer, Salz
Himbeeressig, Balsamessig
etwas Zucker
1 EL Sonnenblumenöl

Für den Salat:
400 g Vogerlsalat
(= Feldsalat),
gewaschen und geputzt
2 EL Walnussöl
Pfeffer, Salz
etwas Balsamessig
1 EL Walnüsse
1 Schale frische
Himbeeren (125 g)

Ente mit Majoranfülle

Für 6 Personen:
800 g mehlige Kartoffeln
Salz
3 Eidotter
3 Knoblauchzehen,
geschält und
im Mörser zerrieben
Pfeffer
geriebene Muskatnuss
4 EL Weißbrotbrösel
1 EL Entenschmalz
(zur Not Gänseschmalz)
1 große Zwiebel, geschält
und fein geschnitten
Blättchen von
1 Bund Majoran
1 EL abgerebelte
Thymianblättchen
2 Enten von ca. 2,2 kg,
küchenfertig
3 EL Butterschmalz
3 EL Sonnenblumenöl
etwas Bier zum Begießen

Am Vortag schon die Kartoffelfülle vorbereiten: Die gründlich gewaschenen Kartoffeln in stark gesalzenem Wasser ca. 15 Minuten kochen (sie müssen innen noch roh sein).

Die Kartoffeln schälen und grob reiben. Mit den Eidottern, dem zerriebenen Knoblauch, Salz, Pfeffer, Muskatnuss und Bröseln gut verrühren.

Das Enten- oder Gänseschmalz erhitzen, die fein geschnittenen Zwiebeln darin andünsten. Die Majoranblätter hacken, die Thymianblättchen abrebeln, zu den Zwiebeln geben und mitdünsten. Alles in die Kartoffelmasse geben und verrühren. Kalt stellen für den nächsten Tag.

Das Rohr auf 180 °C vorheizen.

Die Flügerln und den Hals von den Enten abschneiden (es lässt sich daraus eine schöne Entenconsommé kochen). Die Enten innen salzen und pfeffern, die Kartoffelmasse einfüllen und mit einem kleinen Spieß verschließen.

Butterschmalz und Sonnenblumenöl in einer sehr großen oder zwei großen Pfannen erhitzen und die Enten darin auf beiden Brustseiten gut anbraten. Auf den Rücken in eine Fettpfanne setzen und ins vorgeheizte Backrohr schieben. Ca. 1 3/4 Stunden braten, dabei immer wieder mit dem austretenden Fett übergießen. Zwischendrin mit etwas Bier. Die Enten sind fertig, wenn sich die Schenkelknochen leicht drehen lassen.

Entnehmen, mit der Geflügelschere am Rücken aufschneiden, die Fülle herausheben, in die Mitte einer großen vorgewärmten Platte geben und in Scheiben schneiden. Die Ente in ihre Teile tranchieren, diese rund um die Fülle anrichten und mit Saft begießen.

Dazu passt klassisches Rotkraut.

Fasanen-Ragout

Flügel und Haxerln (= Keulen) von den Fasanen abtrennen, das übrige Fleisch ablösen wie Filets (also ohne Knochenteile) und in große Würfel schneiden. Das Fleisch salzen. In einer großen Pfanne Butterschmalz oder Öl erhitzen, Speckwürfel darin anrösten, dann die Fasanenteile und das Wurzelwerk zugeben und mitrösten; ein Viertel des Geflügelfonds oder Fasanenfonds angießen, Pfeffer, Wacholder und Thymian zugeben. Zugedeckt ca. 30 Minuten dünsten lassen und nach und nach den restlichen Fond zugießen. Das Fleisch entnehmen, in einem großen Topf die durchgesiebte Sauce mit dem in Obers angerührten Mehl binden, einmal aufkochen lassen, die Fasanenteile darin nochmals 5 Minuten anwärmen. Auf vier vorgewärmte Teller verteilen.

Dazu passen Semmelknödel oder Salzkartoffeln.

2 Fasane, küchenfertig
3–4 EL Butterschmalz
oder Sonnenblumenöl
150 g Selchspeck
(= geräucherter Speck)
1 Karotte, geschabt oder
geschält, in Stücken
1 Petersilienwurzel,
in Stücken
1/4 Sellerieknolle,
geschält, in Stücken
1 kleine Zwiebel,
geschält und grob zerteilt
1/2 l Geflügelfond
oder besser Fasanenfond
10 Pfefferkörner
6 Wacholderbeeren
3 Zweige Kuttelkraut
(= Thymian)
1/8 l Obers (Sahne)
2 EL Mehl

Der Fasan ist das einzige Gericht, das in Mozarts Opern genannt wird: im »*Don Giovanni*«, II. Akt, XIII. Szene. Der skrupellose Weiberheld weiß nicht, aber er ahnt es vielleicht, dass er seine Henkersmahlzeit einnimmt, als er sich allein an die Tafel setzt, zu der er zynisch die Statue des von ihm erstochenen Komturs eingeladen hat. Leporello, seinem Diener, ist die Situation aber vor allem deswegen unsympathisch, weil sein Herr ihm nichts abzugeben gedenkt von seinem köstlichen Fasan. »*Ah, che barbaro appetito! Che bocconi da gigante!*«, lässt Mozart ihn schimpfen. »*Welch barbarischer Appetit! Welch riesige Bissen!*« Don Giovanni bekommt es mit, wie Leporello das Wasser im Mund zusammenläuft, aber es macht ihm Spaß, den Diener zu quälen. »*Versa il vino!*«, befiehlt er, »*Schenk mir Wein ein!*« und rühmt den Tropfen: »*Eccellente marzimino!*« Wahrscheinlich hat Mozart diesen granatroten fruchtigen Rotwein durch Lorenzo da Ponte kennen gelernt, möglicherweise auch auf seinen Reisen. Leporello hat es aber weniger auf den Wein als aufs Gefügel abgesehen. »*Questo pezzo di fagiano piano piano vo' inghiottir*«, verrät er dem Publikum. »*Dieses Stück Fasan will ich ganz leise zu mir nehmen.*«

Offenbar wurde der Fasan also nicht im Ganzen aufgetragen, sondern bereits tranchiert, vielleicht auch ausgelöst.

Fasan im Speckmantel

mit Maroni-Rotkraut

24 Maroni
(= Esskastanien)
2 junge Fasane,
küchenfertig, gewaschen
und getrocknet
Pfeffer, Salz
400 g durchwachsener Speck
3–4 EL Butterschmalz
oder Sonnenblumenöl
zum Anbraten
etwas Wildfond

Für das Maroni-Rotkraut:
2 kleine Köpfe oder
1 großer Kopf Rotkraut,
gewaschen
2 EL Zucker
2 EL Butter
4–6 EL Rotwein oder
Portwein
Wasser nach Bedarf
1 EL Sherryessig
etwas Balsamessig (ca. 2 TL)
Saft von 1/2 Orange
Nussöl
Salz, Pfeffer
1/8–1/4 l Sauerrahm

Das Rohr auf 200 °C vorheizen, die Maroni etwas einschneiden und auf einem mit Wasser bespritzten Blech hineinschieben. So lange braten, bis sie sich leicht aus der Schale lösen lassen. Entnehmen, das Rohr aber heiß lassen.

Die Fasane in je 4 Teile schneiden; das Rückgrat und den Hals wegschneiden. Pfeffern und leicht salzen (weil der Speck nochmals Salzgeschmack bringt), dann so gründlich in Speck einwickeln, dass die Scheiben einander überlappen, denn der Speck schnurrt beim Braten zusammen. In heißem Fett anbraten, etwas Wildfond angießen. Ins vorgeheizte Rohr stellen und ca. 30 Minuten braten; dabei immer wieder mit dem austretenden Saft oder Wildfond übergießen. Werden die Teile zu dunkel, mit Alufolie abdecken.

Währenddessen das Maroni-Rotkraut vorbereiten.

Das Rotkraut in feine Streifen schneiden, waschen und trocknen. 1 EL Zucker und 1 EL Butter in einer Kasserolle golden karamellisieren, mit Rotwein oder Portwein ablöschen, das Rotkraut zugeben, mit Wasser, Sherryessig, Balsamessig und Orangensaft aufgießen. Währenddessen in einer Pfanne nochmals 1 EL Zucker in 1 EL Butter karamellisieren, die geschälten Maroni darin schwenken. Etwas Wasser angießen und 5 Minuten dünsten. Ist das Rotkraut bissfest, mit etwas Haselnussöl, Salz und Pfeffer abschmecken, die Maroni daruntermischen.

Die Fasanenteile entnehmen, auf vorgewärmten Tellern anrichten, den ausgetretenen Saft in eine Kasserolle gießen, das Fett dabei abschöpfen, kurz erhitzen (nicht kochen) und mit Sauerrahm verfeinern. Die Sauce neben die Fasanenteile gießen (nicht darüber), das Maroni-Rotkraut danebem anrichten.

Gefüllter Kapaun

Das Schmalz in einer kleinen Kasserolle erhitzen, die Zwiebeln darin anschwitzen, die Geflügellebern zugeben und mitbraten, mit der Milch aufgießen.

Alles zusammen über die Semmelwürfel geben, gut vermischen und ruhen lassen. Ist die Masse abgekühlt, das Ei, den Eidotter und die Kräuter zugeben, mit Salz und Pfeffer abschmecken.

Das Backrohr auf 160 °C vorheizen.

Die Poularde oder den Kapaun innen und außen gut mit Salz einreiben, die Fülle in die Bauchhöhle geben und diese zunähen oder zustecken.

Die Poularde oder den Kapaun in der Mitte des Ofens 1 Stunde braten, dann die Temperatur auf 130 °C reduzieren und nochmals 1–1 1/2 Stunden braten. Währenddessen immer wieder mit dem heraustretenden Saft übergießen, bei Bedarf etwas Bier hinzunehmen.

Dazu schmeckt Blattsalat.

Der Kapaun galt zur Mozart-Zeit als besonderes Festessen, und Mozarts Vorliebe für Kapaun und Fasan ist aktenkundig. Er schreibt am 9. Oktober an Constanze, die in Baden auf Kur ist: »(...) ich habe mir mein halbes kapaunel, so mir freund Primus nachgebracht hat, herrlich schmecken lassen.« Auch am Martinstag, wo die Martinsgans als das übliche Festessen galt und gilt, scheinen einige früher den Kapaun vorgezogen zu haben — weil er billiger war oder weil er leichter war? Leopold berichtet jedenfalls seiner Tochter Nannerl am 18. November 1786: »Der Wolfg: [= ein Stiefsohn von Nannerl] war bey mir zum gratulirn, und war so vergnügt, daß er mir nicht genug davon erzehlen konnte. Sie [er ist beim Magister Abele in Salzburg untergebracht] hatten auch einen erstaunlichen Martinischmaus mit Torten, Pastetten, Wildbret, Kappaunen, und Wein etc.«

Was man unter einem Kapaun versteht, ist heute vielen unbekannt: Es handelt sich dabei um den kastrierten, gemästeten Hahn. Das Pendant dazu ist die Poularde, ein noch nicht geschlechtsreifes Huhn. Für dieses Rezept empfiehlt sich eine große Mastpoularde, auch eine Maispoularde.

Für die Fülle:
etwas Geflügelschmalz oder Butterschmalz
1 kleine Zwiebel, geschält und fein gehackt
1 Tasse Geflügellebern, fein gehackt oder gerieben
1/8 l Milch
3 Semmeln, entrindet und in kleine Würfel geschnitten
1 Ei, 1 Eidotter
insgesamt 1 Tasse gehackter Kräuter, und zwar Petersilie, Liebstöckel und Majoran
Salz, Pfeffer

1 Poularde oder 1 Kapaun von mindestens 1 1/2–2 kg, ausgenommen, gewaschen und getrocknet
Salz
etwas Bier nach Belieben

Rehmedaillons

mit Erdäpfel-Eierschwammerl-Rösti

Für die Rösti:
500 g Erdäpfel
Salz
3 Eidotter
1–2 EL Erdäpfelmehl
(Stärkemehl)
300 g Eierschwammerl
(Pfifferlinge)
1 kleine Zwiebel
Butterschmalz
1 Bund Petersilie

8 Rehmedaillons vom
Rücken von je ca. 60–70 g
12 Scheiben
durchwachsener Speck
Salz, Pfeffer
Butterschmalz
1/8 l Rehfond
ca. 100 g Butter

Die Erdäpfel schälen, auf einer Röstireibe reiben, salzen, Eidotter und Erdäpfelmehl daruntermischen. Die in Stifte geschnittenen Eierschwammerl und die fein gehackte Zwiebel daruntermengen.

Die Rehmedaillons pfeffern, wenig salzen, mit den Speckscheiben umwickeln und im heißen Fett kurz von beiden Seiten braten; sie müssen innen ganz rosa bleiben. Das Fett abgießen, den Bratensatz mit Fond ablöschen, aufkochen lassen und mit kalter, stückchenweise zugegebener Butter aufschlagen. Die Rehmedaillons darin warm halten.

Butterschmalz erhitzen, die Rösti darin golden backen, die fein gehackte Petersilie darüber streuen. Auf vorgewärmten Tellern die Rösti anrichten, daneben je 2 Medaillons mit etwas Sauce.

Wer zu Mozarts Zeiten in Salzburg an Wild kommen wollte, musste seine Beziehungen zum Zwirchmeister pflegen, dem Fachmann, der für das Zerwirken, also das Zerlegen des Tiers zuständig war. Damals wie heute war es ein Festessen, auf der Tafel der Salzburger Fürsterzbischöfe aber durchaus an der Tagesordnung. In sein »Neues Salzburgisches Kochbuch« von 1719 setzte Conrad Hagger Rezepte für gefüllte Rehbrust, Rehschulter, Rehrouladen, Damwildschnitzel, gewürzt mit Ingwer, Koriander, Fenchel und Muskat oder auch für Rotwildbraten in polnischer Apfelsauce mit Zimt, Pfeffer und Safran gewürzt.

Apfelschmalz

Die Äpfel und Zwiebeln – Mengen nach Geschmack – in etwas Schmalz anbraten, das restliche Schmalz dazugeben. Pfeffern, salzen und unter gelegentlichem Umrühren fest werden lassen (darauf achten, dass sich die Einlagen nicht nach unten absetzen, sondern gleichmäßig verteilt sind). In Einweckgläser füllen und kalt stellen. Dazu schmeckt dunkles Bauernbrot, am besten Roggenbrot.

Säuerliche Äpfel, geschält und in feinblättrige Scheibchen geschnitten
wenig Zwiebeln, fein gehackt
frisches Enten- oder Gänseschmalz
Pfeffer, Salz

Was für die italienische Küche das Olivenöl, ist für die österreichische von jeher das Schmalz: Enten- und Gänseschmalz, aber auch Schmalz vom Schwein und Rind oder das vielseitige Butterschmalz. Dass es Schmalz in sehr unterschiedlichen Qualitäten gab, entging Leopold Mozart natürlich nicht.

Leopold an Nannerl am 8. Dezember 1786: »*Die Anstalten mit den kerzen mussten itzt so abgeändert werden, daß unten bey den fleischbänken* [auf dem Gries, am linken Salzach-ufer gelegen] *2 Hütten gemacht worden, wo zwey Seifensieder zugleich verkauffen, damit die Leute eher etwas bekommen könen, und nicht halbe Täge hinstehen müssen um hin zu kommen, und sich um 1 oder 2 Pfund kerzen dringen* [= drängeln] *und durchrauffen müssen, So giengs beym Schmalz noch ärger auf der Wag* [= Haupt-Waage auf dem Wagplatz] *zu, wo das Pfund um 15 Xr verkauft wurde, und ein junges mädl fast todt gedruckt worden, daß mans nach Hause tragen musste. — wenn du mir ein kleines Stöckchen Schmalz schicken willst, ists mir Lieb, — etwas hab ich auch von Wag bekommen. Schreibe nur, was es kostet.*«

Gerstensuppe
mit Rindfleisch (Hauptspeise)

100 g Rollgerste
200 g Räucherspeck
am Stück
200 g Suppenfleisch
(vom Rind) am Stück
1 TL Salz
1 1/2 l Wasser
1 Zwiebel,
in feinen Scheiben
2 Karotten, geschabt oder
geschält, in feinen Scheiben
1/3 Knollensellerie,
geschält, in Würfeln
1 Kartoffel, geschält,
in feinen Scheiben
1 Stange Lauch, in Scheiben
Pfeffer

Die Gerste abbrausen und gut abtropfen lassen.

Den Räucherspeck in kleine Würfel schneiden und in einem großen Topf glasig werden lassen. Die Gerste zum Speck geben, anrösten lassen. Suppenfleisch, Salz und Wasser zugeben, zum Kochen bringen. Ist das Suppenfleisch gar – nach ca. 1 1/2 Stunden –, entnehmen. Zwiebel, Karotten, Sellerie und Kartoffeln zugeben, nach 15 Minuten den Lauch hinzufügen. Alles zusammen weitere 15 Minuten kochen. Pfeffern, bei Bedarf nachsalzen. Das Suppenfleisch würfeln, wieder in die Suppe geben, kurz darin heiß werden lassen. In eine vorgewärmte Terrine gießen.

Der kränkelnde Leopold schreibt seiner Nannerl am 16. März 1787: »*übrigens sind alle meine Suppen, gerstenschleim, Reiß, Haberkern*[= Haferflocken-]*suppen etc: etwas Rindfleisch, Lämmeres und feines kalbfleisch, sonst würden mir die Winde* [= Blähungen] *ums Leben bringen.*« Luxus treibt er keinen, und das lässt er die Tochter wissen. Er esse, berichtet er regelmäßig, mittags meistens einfach: »*... Kraut, zu Zeiten mit einer Leberwurst, etwa ein Lüngerl (...), oder Kälberfüße oder eingemachtes, — wovon ich vom letztern sonderht: mir das meiste auf die Nacht aufbehalte, wo mir dan die Tresel von der Suppe theils von meinen Rindfleisch, theils vom Wirth, ein Reiss oder Gerste, die mir selbst gekaufft habe, siedet ...*«

Bierfleisch

Die Rindfleischwürfel im Butterschmalz ringsum scharf anbraten, den Räucherspeck zugeben und anrösten, schließlich die gehackten Zwiebeln zugeben. Sind sie goldbraun, die halbe Flasche dunkles Bier angießen. Salzen, pfeffern, Wacholderbeeren, Kümmel, Korianderkörner, Lorbeerblätter, Thymian und Butter zugeben und die zerteilte Scheibe Bauernbrot; ca. 45 Minuten köcheln lassen. Das Fleisch entnehmen, die Sauce durch ein Sieb gießen, sodass die Gewürze entfernt sind. Das Fleisch wieder in die Sauce zurückgeben, die Karotten hinzufügen und das restliche Bier angießen. Sind die Karotten weich, das Bierfleisch in eine vorgewärmte Terrine geben. Dazu passen Semmelknödel, Erdäpfel oder Nudeln.

In Mozarts Opern ist nie vom Bier die Rede, nur vom Wein. Selbst als Gefangener bemitleidet Belmontes Diener Pedrillo in der »*Entführung aus dem Serail*« den Haremsaufseher Osmin, dass Mohammed ihm den Wein verboten habe. Mozart selbst hätte sich mit Bier getröstet, was nach süddeutscher und österreichischer Ansicht ja kein Getränk, sondern ein Grundnahrungsmittel darstellt. Mozart liebte sein tägliches Bier.

800 g mageres Rind- oder Schweinefleisch
30 g Butterschmalz
200 g Räucherspeck, fein gewürfelt
4 Zwiebeln, geschält und gehackt
1 Flasche dunkles Bier
Salz, Pfeffer
6 Wacholderbeeren
1 TL Kümmel
1 TL Korianderkörner
3 Lorbeerblätter
Blättchen von 1 Bund Thymian, abgerebelt
20 g Butter
1 Scheibe dunkles Bauernbrot
2 Karotten, geschabt oder geschält und gewürfelt

Carbonadeln

(Schweinskoteletts) mit Estragonsauce und Specklinsen

Für die Specklinsen:
300 g Linsen, gut gewaschen
etwas Butterschmalz
200 g Räucherspeck,
fein gehackt
2 Zwiebeln, geschält
und gehackt
3 Knoblauchzehen,
geschält und im Mörser
fein zerrieben
2 EL guter Weißweinessig
1/2 l Fleischbrühe
3 Lorbeerblätter
5 Wacholderbeeren
Salz, Pfeffer
2 EL Butter

4 Schweinskoteletts
Pfeffer, Salz
Mehl
etwas Butter- oder
Schweineschmalz

Für die Sauce:
1/8 l Weißwein
1/4 l Obers (Sahne)
1 Eidotter
Blättchen von
1 Bund Estragon
Salz, weißer Pfeffer,
gemahlen

Die gewaschenen Linsen ca. 2 Stunden in ausreichend Wasser einweichen.

In dem erhitzten Butterschmalz den Speck anrösten, zuerst die Zwiebeln zugeben und anschwitzen, dann den Knoblauch. Die abgetropften Linsen zugeben, schwenken, mit Essig löschen. Die Fleischbrühe angießen. Lorbeerblätter und Wacholderbeeren hinzufügen, salzen und pfeffern und zugedeckt ca. 1 1/2 Stunden köcheln lassen.

Die Schweinskoteletts salzen, pfeffern, in Mehl wenden und im heißen Butter- oder Schweineschmalz ca. 5–10 Minuten (je nach Dicke) von beiden Seiten anbraten. Entnehmen, warm stellen, den Bratensatz mit Weißwein löschen, Obers mit 1 Eidotter vermischen und unter die heiße, nicht kochende Flüssigkeit rühren, die gehackten Estragonblättchen zugeben, verrühren, mit Salz und weißem Pfeffer abschmecken. Die Linsen abgießen, mit etwas Butter verfeinern, auf vier vorgewärmten Tellern verteilen, je ein Schweinskotelett danebensetzen und mit der Estragonsauce begießen.

War Constanze nicht da, fühlte sich ihr Mann oft einsam und hilflos. Umso mehr genoss er es, sich in seinem Stammbeisl »Zur Goldenen Schlange« verwöhnen zu lassen. So erzählt Mozart in einem Brief vom 7. Oktober 1791 aus Wien an seine Frau, die in Baden kurt: »um halb 6 uhr gieng ich beim Stubenthor hinaus – und machte meinen favorit Spaziergang über die Glacis ins Theater – was sehe ich? – was rieche ich? – – Don Primus [= angeblich Spitzname von Joseph Deiner, Oberkellner im Gasthaus »Zur goldenen Schlange«] ist es mit den Carbonadeln [= Schweinskoteletts]! – che gusto! – izt esse ich [auf] deine Gesundheit –«. Die Carbonadeln hatten ihren Namen wohl von der Holzkohle (carbona), auf der sie gegrillt wurden – auch die Spaghetti »carbonara« heißen so, weil die Köhler sie mit ihrem hauseigenen, im Holzkohlenrauch geräucherten Speck zubereitet haben. In Österreich wurden früher wie in Bayern allerdings auch die simplen Frikadellen »Carbonadeln« genannt. Und, wie das Kochbuch der Anna Maria Stainer aus dem Jahr 1789 belegt: Es gab auch Kalbscarbonadeln, Kalbskoteletts.

Rindfleischeintopf

2 l Rindsuppe
Rindszunge, gepökelt
und geräuchert
Tafelspitz
Beiried (Roastbeef)
Hüferscherzel (Schwanzrolle)
Beinfleisch (Querrippe)
Rindfleischwurst

Die gegarten Fleischteile und Würste in der Rindssuppe auftragen. Dazu Röstkartoffeln und geriebenen Kren (= Meerrettich) reichen.

Der Kren zum Rindfleisch war zu Mozarts Zeiten so unverzichtbar wie heute. Seinen Namen hat er vom tschechischen *krn* oder auch vom slowenischen und serbokroatischen *hren*. Seinen Kren dazugeben bedeutet dasselbe, wie wenn wir hier unseren Senf dazugeben. Dass man dem Kren einiges zutraut und ihn für wertvoll hält, verrät der Ausdruck »Mandl mit Kren« für einen Kerl, der Geld hat.

Um in den Genuss des Aromas zu kommen, muss der Kren unbedingt frisch gerieben werden, auch wenn es ein paar Tränen kosten sollte. Dass diese Zutat selbst aus heißen Debrezinern eine Delikatesse macht, erlebt jeder, der es auf der Salzburger Schranne, dem Wochenmarkt vor der Kollegienkirche, probiert.

Lammstrudel

mit Minze (Vorspeise)

Das Olivenöl erhitzen und die Zwiebeln darin anschwitzen. Das Lammfleisch zugeben und so lange braten, bis die Flüssigkeit ganz verdampft ist. Mit Weißwein ablöschen und nochmals garen, bis die Masse trocken wirkt.

Das Backrohr auf 180 °C vorheizen.

Lammfleisch vom Feuer nehmen, in eine Schüssel geben und abkühlen lassen. Das Ei und den Eidotter darunterarbeiten, salzen, pfeffern mit Knoblauch und den gehackten Minzeblättern würzen, alles sehr gründlich vermischen. Die 2 Strudelblätter auf ein Tuch legen, das untere Teigblatt mit zerlassener Butter bestreichen, das obere überlappend darauf legen, die Lammfüllung ca. 1 cm dick gleichmäßig aufstreichen, dabei rings einen Rand von ca. 4 cm freilassen. Den Strudelteig unten und an den Seiten sorgsam einfalten. Dann mithilfe des Tuchs aufrollen. Auf ein gefettetes Blech setzen. Den Strudel nochmals mit Butter bestreichen und im vorgeheizten Ofen 20–25 Minuten backen. Aufschneiden und lauwarm servieren.

Wer heute über englische Küche im Ganzen lästert, stellt erstaunt fest, wie differenziert Leopold Mozart Vorteile und Nachteile der englischen Gerichte seinem Freund Hagenauer schildert. So schreibt er ihm aus London am 28. Mai 1764: »*Die Speisen sind ungemein nahrhaft, Substantios und kräftig; das Rindfleisch, Kalbfleisch und Lammfleisch besser und schöner als man es in der Welt finden kann. Man sieht in den Feldern das schönste vieh, und Lämmer die fast so gross als ein Kalb sind, deren Wolle dick und lang ist (…) Alleine eben diese Speissen sind zu kräftig …*«

Leopold an Nannerl am 10. März 1785: »*das Lämmerne und die flaschen sind richtig überbracht worden …*«

In diesem Rezept vereinen sich die England-Erfahrungen der Mozarts mit der Küchentradition ihrer österreichischen Heimat.

3 EL Olivenöl
1 große Zwiebel, geschält und gehackt
300 g Lammschulter, faschiert (macht auf Vorbestellung der Metzger)
etwas Weißwein
1 Ei, 1 Eidotter
Salz, Pfeffer
3 Knoblauchzehen, geschält und im Mörser zerrieben
Blätter von 1 kleinen Bund Minze
2 Blätter Strudelteig (Fertigprodukt)
3 EL Butter

Gesottenes Lämmernes
in Majoransauce

Das Fleisch mit den Pastinakenscheiben, den Karottenscheiben und der grob gewürfelten Sellerieknolle 2 1/2 Stunden in Salzwasser köcheln lassen; das Gemüse entnehmen, in ein Sieb legen, etwas abkühlen lassen. Das Fleisch auf eine vorgewärmte Platte legen und mit Folie zudecken. Das Gemüse über der Brühe ausdrücken, so gut es geht, dann die offen kochende Brühe kräftig reduzieren. Währenddessen eine Einbrenne vorbereiten: Die Butter in einer Kasserolle schmelzen, das Mehl einrühren, anbräunen, Sardellen, die Hälfte der gehackten Petersilie, die gehackten Majoranblättchen und den Zitronensaft zufügen, gut verrühren; die kondensierte Brühe unter ständigem Rühren angießen, bis die Sauce sahnig wirkt.

Nun das Fleisch mit den Gemüsestreifen von Pastinaken, Karotten, Sellerie und Kartoffeln in einen Schmortopf geben, mit der Sauce übergießen und 10 Minuten bei mittlerer Hitze schmoren: Die Gemüsestreifen sollen noch Biss haben. Das Fleisch auf eine vorgewärmte Platte geben, mit Sauce und Gemüse dekorieren und mit dem Rest der gehackten Petersilie bestreuen.

Lämmernes«, schreibt Leopold am 16. März 1787 seiner Tochter, »bekomme seinem im Alter empfindlich gewordenen Gedärm am besten. Und zwar gesotten.« Wie gut das schmecken kann, beweist dieses traditionelle Gericht.

1 kg Lammschulter oder -keule, ausgelöst (ohne Knochen), gerollt und gebunden
3 Pastinaken, geschält, 1 in dicke Scheiben, 2 in feine Streifen geschnitten
4 Karotten, geschabt oder geschält, 2 in dicke Scheiben, 2 in feine Streifen geschnitten
2 Sellerieknollen, geschält, 1 grob gewürfelt, 1 in feine Streifen geschnitten
1 1/2 l Wasser
1 1/2 TL Salz
2 EL Butter
2 EL Mehl
3 Sardellen, gehackt
Blätter von 1 Bund Petersilie, gehackt
Blätter von 1 Bund Majoran, gehackt
Saft von 1/2 Zitrone
500 g Kartoffeln, geschält und in dünne Streifen geschnitten

Schöpsernes

Hammelfleisch mit Petersilie

500 g ausgelöstes Hammel-
fleisch von der Schulter
50 g Schmalz
2 Zwiebeln
1 Knoblauchzehe,
im Mörser zerrieben
Salz
1/2 TL Kümmel
2 TL Paprikapulver, edelsüß
1/4–1/2 l sehr trockener
Rotwein
500 g Paradeiser (= Tomaten)
Blätter von 2 Bund
Petersilie, gehackt

Das Fleisch waschen, trockentupfen und in grobe Würfel schneiden. Das Schmalz in einer großen, hohen Pfanne erhitzen, das Schöpserne darin scharf anbraten. Die gehackten Zwiebeln zugeben und glasig dünsten. Knoblauch, Salz, Kümmel und Paprikapulver zugeben und etwas Rotwein angießen. Alles zusammen bei schwacher Hitze 1 Stunde lang schmoren, dabei immer wieder Rotwein nachgießen, wenn er verkocht ist.

Die Paradeiser mit kochendem Wasser überbrühen und enthäuten; das Fruchtfleisch pürieren und zum Fleisch geben. Nochmals 30 Minuten garen.

Die Petersilie darüber streuen und sehr heiß servieren.

Dazu passen Erdäpfel.

Seinen Namen hat das Schöpserne vom tschechischen Wort *skopec* für Hammel. Lamm, wie heute üblich, wurde zu Mozarts Zeiten in bürgerlichen Haushalten serviert. Und das uns heute oft zu intensive Aroma des Hammelfleischs wurde offenbar geschätzt. In seinem »Neuen Salzburgischen Kochbuch« von 1719 empfiehlt Conrad Hagger neben einem Hammelragout mit Morcheln, Kapern und Knödeln eine gefüllte Hammelbrust, die mit Honigwasser beim Braten übergossen wird, gespickten Hammelschlegel mit Sardellenfilets, aber auch Hammelhoden, in Scheiben geschnitten, in Mehl gewendet und im Fett herausgebacken. Lamm war nur etwas für die Tische der feinen Herrschaften.

Geröstete Kutteln

auf Roten Rüben

Die Kutteln unter fließendem Wasser ausgiebig wässern, mindestens 4 Stunden, besser länger. Dann die graue Innenhaut der Kutteln abrubbeln, indem man die Kuttelflecke aneinander reibt. Fettansatz, Knorpel und unschöne Stellen wegschneiden. Die Kuttelflecke müssen weiß und makellos sein.

Die Kutteln in sehr viel Wasser aufsetzen, Lorbeerblätter, Wacholderbeeren, Essig und Salz zugeben und ca. 4 Stunden lang weich kochen. Aus dem Wasser nehmen, gründlich trockentupfen und in sehr feine Streifen schneiden.

Butterschmalz erhitzen. Die Kutteln darin anrösten, die Zwiebel zugeben und mitrösten, bis die Kutteln goldbraun sind. Pfeffern und salzen.

Etwas Sonnenblumenöl in einer Kasserolle erhitzen, die roten Zwiebeln darin anschwitzen, die Rote-Rüben-Streifen zugeben, den Ingwer darüber streuen, pfeffern, salzen und mit Curry würzen. Mit etwas Sherry ablöschen. Die Roten Rüben auf Tellern anrichten, die Kutteln darauf legen und mit fein gehacktem Koriander garnieren.

ill er Mitleid oder Bewunderung ernten? Oder ein Vorbild sein? Leopold Mozart schildert jedenfalls seiner Tochter Nannerl allzu gern, wie sparsam er lebt. »...zu mittag (...) etwa ein Lüngerl oder Kreß [= Gekröse, also Kalbskutteln vom Netzmagen] (...) Kurz! ich lebe wie die Soldaten ...«!

Für die Kutteln:
ca. 2 kg Kalbskutteln
vom Netzmagen
Salz
4 Lorbeerblätter
6 Wacholderbeeren
3 EL Weißweinessig
3 EL Butterschmalz
1 Zwiebel, geschält
und gehackt
Pfeffer

Für das Gemüse:
etwas Sonnenblumenöl
2 rote Zwiebeln, geschält
und gehackt
4–6 Rote Rüben (=Rote Bete),
gekocht und geschält, in
feine Streifen geschnitten
1 walnussgroßes Stück
Ingwerwurzel, geschält
und gemahlen
Pfeffer, Salz
Curry
etwas Sherry
Blätter vom grünen
Koriander, fein gehackt

Leberknödel
mit Sauerkraut (Hauptspeise)

60–70 g Weißbrot
etwas Milch
1 rote Zwiebel
Butterschmalz oder
Rinderfett
300 g Rindsleber
1 Bund Petersilie
Blätter von ca. 2 Stängeln
Majoran, gehackt (oder
getrockneter Majoran)
Blätter von ca. 2 Stängeln
Liebstöckel
(oder getrocknetes
Liebstöckelkraut)
1 Eidotter, 1 ganzes Ei
Pfeffer, Salz
1/2 bis 1 Tasse Semmelbrösel

Für das Sauerkraut:
60 g Butterschmalz
50 g Zucker
1 große Zwiebel
500 g Sauerkraut
1/4 l trockener Weißwein
1/2 TL gemahlener Kümmel
6 Wacholderbeeren
3 Lorbeerblätter
ca. 1/4 l Rindssuppe

Das Weißbrot in der Milch einweichen und dann ausdrücken.

Die gehackte Zwiebel in etwas Rinderfett oder Butterschmalz anrösten.

Die Leber fein schaben (also mit scharfem Messer so fein wie nur möglich schneiden) und in eine Schüssel geben. Die gehackten Kräuter, die angeröstete Zwiebel, den Eidotter und das Ei zugeben, dann das eingeweichte ausgedrückte Brot. Alles gut durchpassieren oder pürieren. Pfeffern und salzen. Wenn nötig, Semmelbrösel zugeben, damit die Masse schön fest wird. Kleine (!) Knödel formen. 10 Minuten in kochend heißem Salzwasser oder in heißer Rindssuppe ziehen lassen.

Sauerkraut

Das Butterschmalz erhitzen, den Zucker darin bräunen, die gehackte Zwiebel zugeben und mitrösten. Sauerkraut hineingeben, den Weißwein angießen, Kümmel, Wacholderbeeren und Lorbeer hinzutun und zugedeckt 40 Minuten dünsten lassen. Zwischendrin immer wieder Rindssuppe angießen. Ist das Kraut wohl schmeckend, Lorbeerblätter und Wacholderbeeren entfernen, auf vorgewärmte Teller geben und je 3 oder 4 Knödel darauf anrichten. Sofort servieren.

In einem erlesenen Haus eingeladen und womöglich noch mit den lange entbehrten heimischen Spezialitäten verwöhnt zu werden – das waren für Mozart und seinen Vater hart verdiente Erholungspausen. So schreibt Leopold aufatmend an seine Frau aus Mailand am 5. Januar 1771: »*Am Donnerstag speisten wir bey der Madame v. Asteburg* [= Marianne d'Asti von Asteburg, Tochter des Leopold Troger, Hofbeamter beim Generalgouverneur in Mailand, dessen Schwester in Salzburg lebte] *oder ehemals Trogermariandl, die uns mit Leberknödl und Sauerkraut, so sich der Wolfg: ausgebetten (…) aufs prächtigste bewirthet hat.* «

Gesottene Kalbszüngerl
auf Semmelkren

Die Züngerl 2 Stunden wässern, in kochendes Wasser einlegen und mit dem Wurzel-gemüse, Zwiebeln, Lorbeerblättern, Pfefferkörnern und Salz 1 Stunde kochen lassen. Kalt abschrecken und die Haut abziehen. Die Zungen in den heißen Sud zurücklegen und zur Seite stellen.

Die Frühlingszwiebeln putzen, das Grüne auf ca. 5 cm kürzen. 2 Minuten in kochendem Wasser blanchieren, kurz abschrecken und abtropfen lassen.

Die Semmeln entrinden und fein würfeln. Die Semmelwürfel in der Rindssuppe so lange einweichen, bis sie fast aufgelöst sind. Mit einem Schneebesen oder einem Mixer verrühren, aufkochen, salzen, pfeffern und Muskat darüber reiben. Die Eidotter mit dem Obers vermischen, in die noch warme Semmelmasse einrühren, mit frisch geriebenem Kren und einem Spritzer Essig abschmecken

Die Frühlingszwiebeln in etwas Butter mit einem Schuss Wasser erhitzen. Salzen. Die Züngerl schräg in Scheiben schneiden, im Sud nochmals kurz erhitzen und auf Semmelkren anrichten. Mit den Frühlingszwiebeln dekorieren und alles mit ein paar Tropfen Sud benetzen.

4 Kalbszüngerl, geputzt und am dicken Ende glatt geschnitten
3 Karotten, geschabt oder geschält, in großen Stücken
1 kleine Sellerieknolle, geschält und geviertelt
1–2 Stangen Lauch, geputzt, in großen Stücken
2 Zwiebeln, geschält und geviertelt
6 Lorbeerblätter
8–10 Pfefferkörner
20 Frühlingszwiebeln
1–2 EL Butter
Salz

Für den Semmelkren:
4 Semmeln
1/2 l Rindssuppe
Salz, Pfeffer
Muskatnuss
2 Eidotter
1/4 l Obers (Sahne)
4–6 EL Kren, frisch gerieben
ein Spritzer Weißweinessig

ozart machte gerne Eindruck in Wiens verwöhnten Kreisen, indem er beschrieb, welche Köstlichkeiten es in seiner Heimatstadt gab. Aller-dings brauchte er seinen Vater, um in Wien zu beweisen, wie gut die Salzburger Spezialitäten waren. »— dann wollte ich sie auch bitten mir Salzburger zungen mit nächster gelegenheit oder Postwagen (wenn es wegen der Mauth möglich ist) zu schicken. — ich habe der fr. baronin [von Waldstätten] vielle verbindlichkeit, und der discours war ein-mal eben von zungen, und da sagte sie, daß sie sie gerne einmal Probiren möchte, und ich habe mich offrirt ihr damit aufzuwarten.« Mit »Salzburger zungen« sind wohl Rinds- oder Kalbszungen gemeint. »Ich danke ihnen verbindlichst für die mir geschickten Zungen — Ich habe 2 der fr: Baronnin gegeben, und die andern 2 für mich behalten, und morgen wollen wir sie verkosten.«

LE NOZZE

DIE HOCHZE

Eine comische Oper

in Musik

von

WOLFGANG AMA

Mozart
in Wien

Die Pracht und die Niedertracht: Wien mit seinen 200 000 Einwohnern, seinen schönen Fassaden und reichen Räumlichkeiten — wie rechts der barocke Prunksaal der Nationalbibliothek — beeindruckten Mozart. Die erniedrigenden Umstände seines Hinauswurfs aus erzbischöflichen Diensten und die Intrigen konnten ihm nicht den Glauben daran nehmen, dass diese Stadt der richtige Ort sei für sein Genie.

Banal, aber fatal: Eine Tischordnung gibt den Ausschlag für Mozarts weiteres Leben. Denn sehr klein gewachsene Männer sind empfindlich. Und Tischordnungen sind eine heikle Angelegenheit, weil sie immer als Rangordnungen verstanden werden. Sie verraten, meint der Gast, wer dem Gastgeber wie viel wert ist. Wen er für wichtig hält und wen für unwichtig. Viele Gastgeber verzichten deswegen darauf, Platzanweiser zu sein und stellen es den Gästen frei, sich hinzusetzen, wo sie wollen. Doch beim Salzburger Fürsterzbischof wäre eine derartige Lässigkeit undenkbar, auch wenn er auswärts residiert.

Schon am 20. Januar 1781 ist Graf Colloredo mit einem Teil seines Hofstaats nach Wien gereist, aus privaten Beweggründen: Dort will er seinen Vater besuchen, den Reichsvizekanzler Rudolph Joseph Fürst Colloredo-Mels und Wallsee, 75 Jahre alt und im Dezember 1780 »sehr gefährlich« erkrankt.

Wenn ein Erzbischof einen Krankenbesuch macht, bedeutet das einen beträchtlichen Aufwand. Colloredo hat sich samt Begleitung im Haus des Deutschritterordens in der Singerstraße einquartiert, einem Palast mit Prachtsälen nahe beim Stephansdom. Und er hat beschlossen, den Wienern zu zeigen, was er bieten kann, kulinarisch wie musikalisch. Leider ist ein hier besonders beliebter und bekannter Angestellter abgängig: Herr Wolfgang Mozart hat seinen auf sechs Wochen festgesetzten Urlaub kommentarlos verlängert, ohne jede formelle Genehmigung. Er findet es aufregender in München, wo die Proben zu seiner neuen Oper, dem »*Idomeneo, Rè di Creta*«, laufen, der am 29. Januar uraufgeführt wird. Nachdem die Geschichte vom kretischen König mit großem Applaus über die Bühne gegangen ist, macht der Hofmusicus Mozart noch immer keinerlei Anstalten, sich in Salzburg zu zeigen — der Chef weilt ja in Wien. Da reißt Colloredo der Geduldsfaden, denn er will bei seinen Privatkonzerten, den so genannten Akademien, dem Wiener Adel imponieren, und dazu braucht er Mozart als Pianisten. Direkt und sofort beordert Colloredo ihn nach Wien, in harschem Ton und mit gutem Recht: Zu diesem Zeitpunkt hat Mozart bereits an die drei Monate überzogen. Am 12. März 1781 verlässt er widerwillig München, reist über

Reisestation: Mehrmals kam Mozart in seinem Leben durch Linz — hier eine Fassade am Hauptplatz — und setzte der Stadt ein Denkmal in seiner »Linzer Symphonie«.

die Route Altötting — Braunau — Linz und kommt »*müde wie ein Hund abends um 7 uhr in St: Pölten an*«. Er schläft sieben Stunden, bricht nachts um 2 Uhr auf und erreicht am 16. März morgens um 9 Uhr Wien.

»*Mon trés cher amy!*«, beginnt sein erster Bericht von dort an den Vater; nie zuvor hat er ihn je so intim angesprochen. Warum nun auf einmal diese Vertrautheit? Mozart hat Gründe dafür; er ahnt schon, dass es einen spektakulären Krach mit dem Erzbischof geben wird und will den Vater auf seiner Seite wissen. Und er weiß, dass es nicht schwer ist, Leopold als Verbündeten zu gewinnen, wenn er Colloredo als überheblichen Ignoranten darstellt, der das Genie Mozart zu erniedrigen sucht. Mit dem Spott des Verletzten schildert Wolfgang, wie der Fürsterzbischof ihn behandelt — wie einen Lakaien, der überwacht werden muss und den er deshalb nicht aus den Augen lässt; eine höchst fragwürdige Bevorzugung, »*distinzione*«, nennt es Mozart. »*Ich hab ein scharmantes Zimmer in nemlichen hause wo der Erzbischof logirt — brunetti* [= der Geiger Antonio Brunetti] *und Ceccarelli* [= der Kastrat Francesco Ceccarelli] *logiren in einen andern hause — che distinzione!*«

Doch als er feststellt, wo man ihn an der Tafel platziert hat, bricht es aus ihm heraus, wie gekränkt er ist über die erniedrigende Behandlung. Erbittert berichtet er dem Vater: »*um 12 uhr zu Mittage — leider für mich ein bischen zu frühe — gehen wir schon zu tische — da speisen die 2 Herrn Herrn* [sic] *leib und Seel kammerdiener, H: Controleur, H: Zetti, die zuckerbacker, 2 herrn köche, Ceccarelli, Brunetti und — meine Wenigkeit — NB*

[= nota bene]: *die 2 herrn leibkammerdiener sitzen oben an — Ich habe doch wenigstens die Ehre vor den köchen zu sitzen.«*

Er lässt seinen *»trés cher amy«* wissen, in welche Tischgesellschaft er da geraten ist und dass er nicht daran denkt, sich mit solchen Leuten auf ein Niveau zu begeben, also gemein zu machen; *»bey tische werden einfältige grobe spasse gemacht; mit mir macht keiner spasse, weil ich kein Wortrede [sic], und wenn ich was reden muß, so ist es allzeit mit der grösten seriosität — so wie ich abgespeiset habe so gehe ich meines Weegs.«* Mit seinen Tischgenossen will er privat nichts zu tun haben, auch nicht mit dem Geiger, weil *»der grobe und schmutzige Brunetti (…) seinem Herrn, sich selbst, und der ganzen Musick schande macht«*.

Mozarts Abendessen kann ebenfalls schwer zum Exzess ausarten, denn er kann es zwar einnehmen, wo er will, dem Willen jedoch sind finanzielle Grenzen gesetzt. *»Abends haben wir keine tafel, sondern jeder bekommt 3 duckaten — da kann einer weit springen.«*

Trotzdem fühlt Mozart sich in Wien wohl, genießt es, dass *»Personnen von der grösten Noblesse«* ihn bejubeln und erklärt dem Vater am 4. April 1781: *»ich versichere sie, daß hier ein Herrlicher ort ist — und für mein Metier der beste ort von der Welt.«*

Leopold ist vorgewarnt. So viel Begeisterung für die Kaiserstadt muss ihm suspekt sein. Sein Sohn verschweigt ihm zwar zuerst einmal, dass der Erzbischof ihn am 1. Mai aus dem Haus des Deutschritterordens hinausgeworfen hat, er sich eine eigene Wohnung gesucht und ausgerechnet dort gefunden hat, wo für Vater Mozart das Laster Urstände feiert: bei Frau Weber. Deren Mann Fridolin ist gestorben, Mozarts erfolglos angebetete Aloysia hat den Hofschauspieler Joseph Lange geheiratet, und die Witwe lebt nun mit ihren drei ledigen Töchtern Josepha, Constanze und Sophie in dem hohen, düsteren Haus *»Zum Auge Gottes«* im Schatten von St. Peter.

Untermieter wie Mozart, die auch noch Kostgeld zahlen, nimmt sie gerne auf. Doch das gesteht Wolfgang seinem Vater erst eine Woche später in einem Brief, der Leopold ohnehin zu schaffen macht. Nach dem großen Brocken, den er schlucken muss, fällt der kleine gar nicht mehr auf: *»Ich bin noch ganz voll der Galle! — und sie, als mein bester, liebster vatter, sind es gewis mit mir. — man hat so lange meine Gedult geprüft — endlich hat sie aber doch gescheitert [sic]. Ich bin nicht mehr so unglücklich in Salzburgerischen diensten zu seyn — heute war der glückliche tage für mich; hören sie.«* Auch wenn

Zwischenstation: Nachdem ihn der Erzbischof aus dem Dienst hatte expedieren lassen, er also sein Zimmer im Haus des Deutschen Ritterordens räumen musste, war Mozart froh, als Untermieter bei Caecilia Weber unterzukommen, die hinter der Peterskirche wohnte, in einem Haus, das wegen seiner Lage »Zum Auge Gottes« genannt wurde. Vater Leopold allerdings hielt die Weberschen für eine rundum gottlose Sippe.

die Tatsache, dass er seinen Dienst gekündigt hat und nun ohne feste Stelle in der Kaiserstadt herumgeistert, mit diplomatischem Geschick formuliert ist, kann Mozart sich
denken, wie entsetzt sein Vater darüber ist. Im Windschatten dieser Nachricht lässt er
ihn wissen: »die alte Mad.me Weber war so gütig mir ihr haus zu offriren — da habe ich
mein hüpsches Zimmer; bin bey dienstfertigen leuten, die mir in allen, was man oft
geschwind braucht, und (wenn man allein ist nicht haben kann) an die hand gehen.« Die
Kassandraschreie seines Vaters vor der Weberschen Verderbtheit scheint er ebenso vergessen zu haben wie die Briefzensur in Salzburg, denn er beendet den Brief mit
den Worten: »ich will nichts mehr von Salzburg wissen — ich hasse den Erzbischof bis
zur raserey.«

Mozart macht dem Vater deutlich, dass es keinen Weg zurück gibt, denn nur drei
Tage später schreibt er: »wenn ich beym Erzbischof v: Salzburg 2000 fl. gehalt bekommen
kann, und in einem andern ort nur 1000 — so gehe ich doch in das andern ort. — denn für die
andern 1000 fl. genüsse ich meine gesundheit und zufriedenheit des gemüths.«

Immer wieder liefert er dem Vater Argumente dafür, dass die Entscheidung
die einzig richtige war: »sie müssen mir doch selbst gestehen, daß in Salzburg — wenigstens für mich — um keinen kreutzer unterhaltung ist; mit
vielen will ich nicht umgehen. — und den meisten andern — bin ich zu
schlecht.«

Doch Leopold beunruhigt zu diesem Zeitpunkt bereits
sehr viel mehr, dass sein Sohn in die Fänge der Weberschen
geraten ist, und wenn Wolfgang die »Dienstfertigkeit« der
Damen dort rühmt, denkt sich der Vater dabei seinen
Teil.

Cäcilia, die Mutter, hält Leopold für eine Kupplerin,
die ihre Berufung zur Bordellwirtin verfehlt hat und
nichts anderes im Sinn hat, als ihre verbliebenen drei
Töchter mit Gewinn an den Mann zu bringen. Sophie ist
mit ihren vierzehn noch zu jung, aber Josepha mit zweiundzwanzig und Constanze mit neunzehn sind im heiratsfä-
higen Alter. Dass auch die gute Küche der Cäcilia Weber eine
Attraktion für Wolfgangs hungrigen Magen darstellt, versteht
der Vater erst Jahre später, als er bei ihr zum Essen eingeladen ist
und widerwillig ihre Kochkünste preist.

Geduldig und unnachgiebig verteidigt Wolfgang seine Freunde aus
Mannheim dem Vater gegenüber: »was sie wegen den ›Weberschen schreiben‹, kann ich
sie versichern, daß es nicht so ist.« Er genießt es, umsorgt zu werden, denn Selbständig-
keit ist er, der Weitgereiste, mit mittlerweile fünfundzwanzig Jahren noch nicht
gewohnt. Immer war jemand da gewesen, der sich um sein leibliches Wohl, seine Wäsche
und alle anderen täglichen Notwendigkeiten gekümmert hatte. Zu Gast bei Mozart sein

heißt nach wie vor, dort zu essen, wo für ihn gekocht und serviert wird. Sein Vater hält trotzdem die bequeme Unterkunft bei den Weberschen Grazien für untragbar und ist erfreut, als ihm zugetragen wird, Wolfgang habe nun seine eigenen vier Wände. Doch Leopold hat sich zu früh gefreut. Mit ungewohnter Aufmüpfigkeit macht sein Sohn ihm klar, er solle nicht auf Gerüchte und Gewäsch hören und sich außerdem darüber im Klaren sein, dass ein aufsteigender Komponist eine repräsentative Wohnung brauche und sich nicht mit irgendeiner Absteige zufrieden geben dürfe. »*Wegen der adreße meiner neuen Wohnung kann ich ihnen Ja noch nichts schreiben, weil ich noch keine habe; doch bin ich mit zweyerley im Preiszank, wovon eines ganz gewis genommen wird, weil ich künftiges Monath nicht mehr hier wohnen könnte, folglich ausziehen muß. — es scheint, H: v: Auerhammer hätte ihnen geschrieben — und geschrieben daß ich schon wirklich eine Wohnung habe! — ich habe auch wirklich schon eine gehabt; aber, was für eine! — für Ratzen und Mäuse aber nicht für Menschen. — die stiege müste man Mittags um 12 uhr mit einer laterne suchen. das zimmer konnte man eine kleine kammer nennen. durch die küche kamm man in mein zimmer, und da war an meiner kammerthure ein fensterchen; man versicherte mich zwar man würde ein fürhängerle vormachen, doch bat mich zugleich daß, so bald ich angezogen wäre, ich es wieder aufmachen sollte, denn sonst sähen sie nichts so wohl in der küche als in den anstossenden andern zimmer. — die frau selbst nennte das haus das Ratzen=Nest; mit einem wort, es war fürchterlich anzusehen. — das wäre mir eine Noble Wohnung gewesen, wo doch unterschiedliche leute von Ansehen zu mir kommen.*«

Wo dieses Rattenloch gelegen war, wissen wir nicht, wohl aber, dass der mitteilungsfreudige Herr Auernhammer, der ihm offenbar auch diese Wohnung andrehen wollte, wenig Chancen hat, Mozart an seinen Mittagstisch zu ziehen, obwohl er dort gratis essen könnte. Das Hindernis: seine Frau und seine Tochter, die Mozarts Klavierschülerin ist. Unflätiger als über diese beiden ist Mozart wohl kaum je über Frauen hergezogen. Es hilft nichts, dass jener Johann Michael Auernhammer (den Mozart immer nur Auerhammer nennt), »*der beste Mann von der Welt*« ist, denn »*seine frau, die dummste und Närrischste schwätzerin von der Welt, hat die hosen an. so, daß wenn sie spricht, er sich kein Wort zu sagen trauet; er hat mich, da wir öfters zusamm spatzieren gegangen gebeten, ich möchte in seiner frauen Gegenwart nichts sagen, daß wir einen fiacre genommen, oder Bier getrunken haben*«. Ein solcher Pantoffelheld erntet von Mozart nur Verachtung. Anscheinend hat sein Vater, der immer deutlich machte, dass er der Herr im Haus und der Herr aller Dinge war, sein Männerbild geprägt. Nachgiebige Geschlechtsgenossen und erst recht solche, die vor der Frau den Schwanz einziehen, findet Mozart kläglich; »*zu so einem Mann kann ich ohnmöglich vertrauen haben; er ist mir in betracht seiner haushaltung zu unbedeutend.*« Dass er bei dem geschmähten Gönner kostenlos durchgefüttert würde, interessiert ihn nicht, denn der Preis, zwei in seinen Augen so unangenehme Tischdamen wie Frau und Fräulein Auernhammer ertragen zu müssen, ist ihm zu hoch. Dann lieber ein kaltes Hendl aus der Hand, wie früher auf Reisen. »*ich könnte öfters bey ihm zu Mittage speisen, ich pflege mir aber meine Gefälligkeiten nie-*

malen bezahlen zu lassen. — sie wären freylich mit einer Mittag Supe nicht bezahlt.« Damit sein Vater auch einsieht, warum er das Geld sparende und gesellschaftlich ehrenvolle Angebot des angesehenen Herrn von Auernhammer ausschlägt, greift Mozart verbal kräftig in die Saiten: »*von der Mutter will ich gar keine beschreibung machen. genug, daß man über tisch genug zu thun hat, um das lachen zu halten; basta*«. Frau Auernhammer, erklärt er, sei »*dumm und boshaft*«. Doch für die Tochter, seine Schülerin Josepha, zwei Jahre jünger als Mozart selbst und pianistisch so begabt, dass Mozart ihr viele anspruchsvolle Werke widmen wird, findet er noch deutlichere Worte: »*wenn ein Maler den Teufel recht natürlich Malen wollte, so müste er zu ihrem gesicht zuflucht nehmen. — sie ist dick wie eine bauerdirne; schwizt also daß man speien möchte; und geht so bloß [= so wenig angezogen] — daß man ordentlich lesen kann. — ich bitte euch schauet hier her; das ist wahr, zu sehen ist genug; daß man blind werden möchte; aber — man ist auf den ganzen tag gestraft genug wenn sich unglückseeligerweise die augen darauf wenden — da braucht man Weinstein [= ein damals übliches Brechmittel]! — so abscheulig, schmutzig, und grauslich! — pfui Teufel!*«

Wer bedenkt, dass Mozart nur ungefähr eins fünfzig groß war, mit seiner dicken Nase, seinen leicht vorstehenden Augen, dem unmännlich kleinen Kinn und einem für den Körper entschieden zu großen Kopf etwas Gnomenhaftes hatte, wundert sich über solche Ausfälle. Wie kann ein Mann mit diesem Äußeren so hart urteilen über andere, denen die Natur ebenfalls die Schönheit versagt hat?

Mag sein, dass er, der viel Wert darauf legte, gepflegt zu sein, vor allem von der mangelnden Körperhygiene der schwitzenden Auernhammer-Tochter abgestoßen war. Doch in seinem Abscheu äußert sich auch sein stabiles Selbstbewusstsein. Wolfgang weiß um seine Bedeutung, seine Begabung, seine Einzigartigkeit. Und leitet daraus ab, dass er Ansprüche stellen darf. Seine radikale Unhöflichkeit mag aber auch andere Gründe haben. Er spürt, dass er sich befreien muss von allem, was ihn hemmen könnte, um seinem Genie freie Entfaltung zu ermöglichen. Vorschriften, Regeln, Warnungen, Bedenken — das alles schlägt er nun auf einmal in den Wind. Hat er zuvor die Diätempfehlungen seines Vaters hingenommen — befolgt hat er sie in Leopolds Abwesenheit wahrscheinlich nie —, macht er sich nun darüber lustig. In einem Brief vom 6. Oktober empfiehlt nun er seinerseits dem Vater: »*— nehmen sie wagenschmier in ein Papierlen eingewicklt, und tragen sie es auf der Brust — und nehmen sie auch das kayserbeinl von einem kalbschlegel, und für einen kreutzer schindlwurzel [= Arnikawurzel] in einen Papier und tragen sie es bey sich im sack. — Ich hoffe daß es ihnen gewis helfen wird.*«

Aber folgsamer Sohn, der er auch noch immer ist, zieht er, wie es der Papa wünscht, bei den Webers aus. Das Bäsle in Augsburg lässt er jedenfalls bereits am 23. Oktober 1781 wissen: »*— wenn sie mich, wie ich hoffe, mit einer antwort beehren wollen, so haben sie nur die gewogenheit den brief wie lezthin — nemlich auf dem Peter, im auge Gottes, im 2:ten Stock zu adreßiren; ich wohne zwar nicht mehr dort, allein auf der post ist die adreße schon so bekannt, daß wenn ein brief gerade an meine logis gewiesen ist, ich selben einem tag oder ein paar täge später erhalte.*«

Dieser zweite Umzug und der Einzug ins Haus Am Graben, Innere Stadt Nr. 1175 (heute Nr. 17) dürfte nicht anstrengend gewesen sein – mehr als ein, zwei Koffer hatte Mozart nicht zu packen und in den 3. Stock zu schleppen. Einen Hausstand braucht er nicht einzurichten, denn die neue Wohnung liegt nahe bei den Webers, wo ihm weiter-hin gegen Kostgeld sein Mittag- und Abendessen auf den Tisch gestellt wird. Obwohl das neue Domizil nicht geeignet ist, um Gäste aufzunehmen und zu bewirten, nötigt Leopold seinen Sohn, den gemeinsamen Bekannten Ceccarelli bei sich aufzunehmen, als der zu Besuch nach Wien kommt. Zu Gast bei Mozart sein hieß für Ceccarelli wohl nur, sein müdes Haupt gratis auf eine Matratze legen zu können.

Doch Mozart behagt dieses Junggesellendasein nicht. Weil er von Kindheit an dau-ernd auf Achse war, vermisst er den familiären Dunst umso schmerzlicher. Und so sicher er sich ist, was sein Genie betrifft, so verunsichert ist er in seiner Männlichkeit. Als ein Mensch mit ausgeprägtem Schönheitssinn muss er darunter leiden, so gar keine »bella figura« zu machen wie gerade die italienischen Musikerkol-legen in Wien. Er sucht die entbehrte Geborgenheit und Nestwärme allerdings ausgerechnet dort, wo Vater Mozart nur das Gegenteil sieht, nämlich Haltlosigkeit, Verwahrlosung und kalte Berech-nung – bei den Webers. Mozart sucht das, was er vermisst, bei der dritten Tochter, Constanze. Die Beschreibung, die er seinem Vater von der Frau seiner Wünsche abgibt, wird oft zitiert, aber meistens ohne Verständnis. Wie kann Mozart nur auf eine verfallen, die so durchschnittlich ist, wie er sie beschreibt? »… sie ist nicht hässlich, aber auch nichts weniger als schön«, erklärt Wolfgang dem Vater; »ihre ganze schönheit besteht, in zwey kleinen schwarzen augen, und in einen schönen Wachsthum. sie hat keinen Witz, aber gesunden Menschenverstand genug, um ihre Pflichten als eine frau und Muter erfüllen zu können. sie ist nicht zum auf-wand geneigt, das ist grundfalsch. – imgegentheil ist sie gewohnt schlecht gekleidet zu seyn. – denn, das wenige was die Muter ihren kindern hat thun können, hat sie den zwey andern gethan, ihr aber nie-malen. – das ist wahr daß sie gern Nett und reinlich, aber nicht propre gekleidet wäre. (…) und sie frisirt sich auch alle Tage selbst. – versteht die hauswirthschaft, hat das beste herz von der Welt – ich liebe sie, und sie liebt mich vom herzen? – sagen sie mir ob ich mir eine bessere frau wünschen könnte?«

Wolfgangs Absicht ist durch die rhetorische Verschleierung hindurch mühelos zu erkennen: Er will dem Vater suggerieren, dass er nicht etwa sinnlichen, erotischen Reizen erlegen sei, sondern nüchtern nach einer soliden Hausfrau gesucht habe, die seinem Genie ein weiches Bett bereitet, ein warmes Bad und ein billiges, gutes Essen. Sie hinzustellen als ein Muster an Sparsamkeit ist ein durchsichtiges Manöver. Und der

Vater fällt auch nicht darauf herein: Er lehnt Constanze ab. Seinen Sohn hat er aber dennoch ebenso unterschätzt wie die verhasste Cäcilia Weber, denn die beschließt, den heiratswilligen Mozart unter Druck zu setzen. Wenn er zaudert, weil der Vater seine Einwilligung verweigert, muss eben nachgeholfen werden. Gewitzt wie sie ist, übernimmt sie das nicht selbst, sie delegiert die Erpressung an den Vormund der noch nicht volljährigen Constanze, auf den sich die gesamte Wut der Beteiligten entladen soll. Wolfgang gibt sich weiterhin als ein Mann, der nur aus dem Kopf, nicht etwa aus dem Unterleib heraus entscheidet und den die Liebe keineswegs blind macht. »— meinen Brief und geständnüss meiner liebe und absicht werden sie nun durch mein leztes schreiben schon erfahren haben. — und werden daraus gesehen haben daß ich in meinen 26:ten Jahre nicht so dumm seyn werde so im tage hinein zu heyrathen, ohne etwas gewisses zu haben — daß meine ursachen mich so bald möglich zu verheyrathen sehr gut gegründet sind, und daß, nachdem wie ich ihnen mein Mädchen geschildert habe, mir selbe als frau sehr gut zu statten kommen wird. denn so wie ich sie ihnen beschrieben, so ist sie — um kein haar besser, noch schlechter. «

Cäcilias Rechnung geht, was Wolfgang betrifft, auf. Nicht die Schwiegermutter in spe, sondern der Vormund ist der Buhmann, der berechnende, herzlose Bürokrat. »Nun aber auf den Ehecontract, oder vielmehr auf die schriftliche versicherung meiner guten absichten mit dem Mädchen zu kommen, so wissen sie wohl, daß weil der vatter (leider für die ganze familie und auch für mich und meine konstanze) nicht mehr lebt, ein vormund vorhanden — diesem (der mich gar nicht kennt) müssen so dienstfertige und Naseweisse herrn wie H: Winter und ihrer mehrere allerhand dinge von mir in die ohren geschrien haben — — daß man sich mit mir in acht nehmen müsse — daß ich nichts gewisses hätte — daß ich starken umgang mit ihr hätte — daß ich sie vieleicht sitzen lassen würde — und das Mädchen hernach unglücklich wäre etc: dies kroch dem H: vormund in die Nase — denn die Mutter die mich und meine Ehrlichkeit kennt, liess es dabey bewenden, und sagte ihm nichts davon. — denn mein ganzer umgang bestund darinn, daß ich — dort wohnte — und nachhero alle tage ins hauß kamm. — ausser dem hause sah mich kein Mensch mit ihr. — dieser lag der Mutter mit seinen vorstellungen so lange in den ohren, bis sie mir es sagte; und mich bat mit ihm selbst davon zu sprechen, er wolle die täge herkommen. — er kamm — ich redete mit ihm — das Resultat — (weil ich mich nicht so deutlich explicirte, als er es gewollt) war — dass er der Mutter sagte mir allen umgang mit ihrer tochter zu verwehren, bis ich es schriftlich mit ihm ausgemacht habe. (…) — was blieb mir also für ein Mittel übrig? — eine schriftliche legitimation zu geben, oder — das Mädchen zu lassen. — wer aufrichtig und solid liebt, kann der seine geliebte verlassen? — kann die Mutter, kann die geliebte selbst nicht die abscheulichste auslegung darüber machen? — das war mein fall. «

Der Vater soll aber nicht meinen, sein Sohn lasse sich übertölpeln. Wolfgang gibt sich kühl und vernunftbetont: »ich verfasste die schrift also, daß ich mich verpflichte in zeit [von] 3 Jahren die Mad:selle Constance Weber zu eheligen; wofern sich die ohnmöglichkeit bey mir erreignen sollte, daß ich meine gedanken ändern sollte, so solle sie alle Jahre

300 fl: von mir zu ziehen haben. — ich kann ja nichts leich[t]ers in der Welt schreiben. — denn ich wusste daß es zu der bezahlung dieser 300 fl: niemalen kommen wird — weil ich sie niemalen verlassen werde — — und sollte ich so unglücklich seyn meine gedanken verändern zu können — so würde ich recht froh seyn, wenn ich mich mit 300 fl: davon befreyen könnte — und die Constanze wie ich sie kenne, würde zu Stolz seyn, um sich verkaufen zu lassen.«

Besonders viel liegt Mozart daran, Constanze von jedem Verdacht reinzuwaschen, sie sei an diesem Komplott im Mindesten beteiligt: *»was that aber das himmlische Mädchen, als der vormund weg war? — sie begehrte der Muter die schrift — sagte zu mir. — lieber Mozart! ich brauche keine schriftliche versicherung von ihnen, ich glaube ihren Worten so; — und zeriss die schrift. — dieser zug machte mir meine liebe konstanze noch werther«,* schrieb er am 2. Dezember 1781.

Alle Nachgeborenen, die beschlossen haben, Constanze widerwärtig zu finden, so als erhöhte ihre Herabsetzung das Podest, auf dem Mozart steht, werden wie Leopold auch der Ansicht sein, nichts als Kalkül liege dieser Geste zu Grunde. Belege für diesen Verdacht gibt es nicht. Wolfgang glaubt an seine Zukünftige, Leopold glaubt ihr kein Wort. Mozart ist sicher, dass sie ihm gut tun wird, sein Vater ist überzeugt, sie schade ihm. Energisch verteidigt sich Wolfgang gegen Leopolds Unterstellung, Constanze habe ihn im Mai dazu gebracht, den Dienst beim Erzbischof zu quittieren; *»das muß ich ihnen noch sagen, daß damals als ich quitirte die liebe noch nicht war — sondern erst durch ihre zärtliche sorge und bedienung (als ich im hause wohnte) gebohren wurde.«* Das heißt, in der Zeit zwischen Mai und Anfang September 1781, als Mozart sich bei Constanzes Mutter in dem Haus »Zum Auge Gottes« eingemietet hatte.

Dass Constanzes *»zärtliche sorge und bedienung«* nicht nur darin bestand, ihn kulinarisch zu versorgen, sondern dass sie es ihm auch erotisch recht machte, mehr noch: ihn als erste Frau richtig ranließ, darf vermutet werden.

Offenbar sind Leopold Gerüchte zugetragen worden, wo und wie sein Sohn in Wien unterwegs sei, dass es mit ihm an der Seite Constanzes sozial steil abwärts gehe, aber auf solche Unterstellungen reagiert Mozart unfreundlich: *»ich sag es ihnen aufrichtig daß ich es nicht der Mühe Werth achte, auf allen den dreck zu antworten was so ein lausbub und Elender stümper gesagt haben mag, er macht sich nur selbst lächerlich dadurch. — wenn sie glauben, daß ich bey hofe, bey der ganzen und halben Noblesse verhasst seye, so schreiben sie nur an H: v: Strack, — grafin thun — gräfin Rumbeck — Baronin Waldstätten — H: v: Sonnenfels — fr: v: Trattner — Enfin an wem sie wollen, unterdessen will ich ihnen nur sagen, daß der kayser lezthin bey der Tafel das grösste Eloge von mir gemacht hat; mit den Worten begleitet. C'est un talent decidè! [= Das ist ein ausgesprochenes Talent!]«*

Der Vater kann doch nicht schlecht heißen, was seinem Sohn gut tut. Wolfgang wird mit jedem Brief deutlicher und dringlicher. *» — ohne meine liebste constanze kann ich nicht glücklich und vergnügt seyn — und ohne ihre zufriedenheit darüber würde ich es nur zur hälfte seyn. — machen sie mich also ganz glücklich, mein liebster, bester vatter! ich bitte sie. «* Leopold lässt sich bitten, aber nicht erweichen. Er ist es gewohnt, dass sein Sohn früher oder später klein beigibt. Der jedoch argumentiert und gibt dem Vater nur in einer Hinsicht Zucker: Auch er findet Constanzes Mutter unerfreulich.

Um seinem Vater einen braven Eindruck von seinem Alltag zu vermitteln, beschreibt Mozart seinen Tagesablauf wie ein Schuljunge: »*um 6 uhr früh bin ich schon allzeit frisirt* [der Friseur kommt zu ihm ins Haus]. — *um 7 uhr ganz angekleidet. — dann schreib ich bis 9 uhr* [das heißt, er komponiert]. *Von 9 uhr bis 1 uhr habe ich meine lectionen* [er gibt Klavierstunden in verschiedenen Häusern]. — *dann Esse ich, wenn ich nicht zu gaste bin, wo man dann um 2 uhr und auch 3 uhr speist, wie heute und Morgen bey der gräfin Zizi* [= Maria Gräfin Zichy] *und gräfin Tthun* [= Maria Wilhelmine Gräfin Thun-Hohenstein]. — *Vor 5 uhr abends oder 6 uhr kann ich nichts arbeiten* [= komponieren] *— und öfters bin ich durch eine accademie* [= ein Privatkonzert] *daran verhindert; wo nicht, so schreibe ich bis 9 uhr. — dann gehe ich zu meiner lieben konstanze — alwo uns aber das vergnügen uns zu sehen durch die bittern reden ihrer Mutter mehrerentheils verbittert wird*«.

Die Mutter ist für Constanze sicher der Hauptgrund, überstürzt in die Ehe mit Wolfgang zu fliehen. Und für beide das wichtigste Argument, sich eine eigene Wohnung zu suchen, um nicht unter einem Dach mit Cäcilia weiterhin von ihr drangsaliert zu werden. Er und Constanze, versichert Mozart dem Vater, hätten nur eins im Sinn: dem Einfluss Cäcilias zu entkommen. Aber selbst Mozarts Schimpftiraden über Frau Weber bringen Vater Mozart nicht dazu, einem gemeinsamen Hausstand seines Sohnes mit der Weberschen zuzustimmen. Wolfgang fleht: »*Nur noch dieses, (den ohne diesen könnte ich nicht ruhig schlaffen) — Muthen sie nur meiner lieben konstanze keine so schlechte denkungsart zu — glauben sie gewis daß ich sie mit solchen gesinnungen ohnmöglich lieben könnte. — Sie und ich — beyde haben wir die absichten der Muter längst gemerkt — sie wird sich aber gewis sehr betrügen — den — sie wünschte uns (wenn wir verheyratet seyn werden) bey sich auf dem Zimmer zu haben (denn sie hat quartier zu vergeben) — daraus wird aber nichts. — denn, ich würde es niemalen thun, und meine constanze noch weniger. — O Contraire — sie hat im sinne sich bey ihrer Muter sehr wenig sehen zu lassen, und ich werde mein möglichstes thun daß es gar nicht geschieht — wir kennen Sie* [gemeint ist Frau Weber].«

Wolfgang weiß, dass sein Vater von jeher alles zu vermeiden suchte, was die Schaffenskraft seines Sohnes beeinträchtigte. Also erklärt er ihm, dieser ganze Liebeskampf und Liebeskrampf zehre derart an ihm, dass er nicht mehr komponieren könne. Und außerdem sei er als ein Junggeselle darauf angewiesen, dass jemand für ihn Ordnung halte und ihm die alltäglichen Notwendigkeiten vom Hals schaffe — ein durchaus berechtigtes Argument, denn Mozarts Hilflosigkeit in praktischen Dingen ist belegt.

»*— ich muß sie bitten, um alles in der Welt bitten; geben sie mir die Einwilligung daß ich Meine liebe constanze heyrathen kann. — glauben sie nicht daß es um des heyrathen[s] wegen allein ist — wegen diesen wollte ich noch gerne warten. — allein ich sehe daß es meiner Ehre, der Ehre meines Mädchens, und meiner gesundheit, und gemüths zustand wegen unumgehlich nothwendig ist. — Mein herz ist unruhig, mein kopf verwirrt — wie kann man da etwas gescheides denken und arbeiten? — wo kömmt das her? — die meisten leute glauben wir sind*

schon verheyrathet — die Muter wird daruber aufgebracht — und das arme Mädchen wird
samt meiner zu tode gequält. — Diesem kann so leicht abgeholfen werden. — glauben sie mir
daß man in den theuern Wienn so leicht leben kann als irgendwo, es kömmt nur auf wirth-
schaft und ordnung an. — die ist bey einem Jungen, besonders verliebten Menschen nie. —
wer eine frau bekommt, wie ich eine bekomme, der kann gewis glücklich seyn. — wir werden
ganz still und ruhig leben — und doch vergnügt seyn ...«

Es hilft nichts. Leopold beharrt auf seinem Nein.

Da spitzt sich alles dramatisch zu. Der Vormund droht, Constanze von der Polizei abholen zu lassen. Mozart warnt, das wäre »*eine prostitution für die ganze famille*« — und trifft eine kühne Entscheidung gegen den Vater, denn sein Erfolg verleiht ihm Flügel: am 16. Juli ist sein Singspiel »*Die Entführung aus dem Serail*« uraufgeführt und bejubelt worden, wie schon lange nichts mehr im kritischen Wien. Nun handelt er. Am 23. Juli 1782 bezieht er eine Wohnung im Haus »Zum Roten Säbel«, in der genügend Platz für zwei ist, am 4. August heiratet er im Stephansdom seine Constanze. Freunde nennen die Aktion »*Die Entführung aus dem Auge Gottes*«.

Dem Vater stellt er das Ganze so dar, als habe Constanze ihm damit ein großes Opfer gebracht. Und, so widersinnig das klingt in den Ohren der späteren Anbeterinnen, die sich nichts Größeres denken können, als Mozarts Frau zu sein: wahrscheinlich stimmte das. Constanze hat sich vermutlich nach einem Mann gesehnt, der ihr ein solides, gesichertes und geordnetes Dasein bieten kann, denn nichts hat sie in ihrem chaotischen Elternhaus mehr vermisst als das. Und als Witwe gab sie später mit verblüffender Offenheit zu, Mozart mehr bewundert als geliebt zu haben.

»*Meine liebe konstanze*«, vermeldet Wolfgang dem Vater nach vollbrachter Tat, »*nunmehr (gott sey dank) meine wirkliche frau, wuste meine umstände und alles was ich von ihnen zu erwarten habe, schon lange von mir. — ihre freundschaft aber und liebe zu mir war so groß daß sie gerne — mit grösten freuden ihr ganzes künftiges leben meinem — schicksaale aufopferte.*«

Wie geht es zu im gemeinsamen Hausstand? Von Constanzes häuslichen Qualitäten wissen wir wenig; gerne wird gelästert, sie sei schlampig gewesen und habe auch keine Lust verspürt, Wolfgang eine fürsorgliche Gattin, Haushälterin und Köchin zu sein. Doch es fragt sich, wie es zu dieser Unterstellung kam, denn nachdem Mutter Weber eine ausgezeichnete Köchin war, daran gewöhnt, Untermieter und Gäste zu bewirten, wobei die Töchter ihr helfen mussten, ist eher zu vermuten, dass Constanze ihren Wolfgang recht ordentlich verköstigt hat. Seine geliebten Leberknödel mit Sauerkraut hat sie mit Sicherheit hingekriegt. Dass sie keine vollendete Gastgeberin gewesen ist, kann ihr keiner vorwerfen. Wenn nicht klar ist, wie die nächste Miete bezahlt werden soll und die Gläubiger hingehalten werden können, dann ist es schwer, eine entspannt lächelnde Hausherrin im Kreise lieber Freunde zu spielen. Dass nicht sie schuld war an der dauernden Finanzmisere, sondern der Großverdiener und Spieler Mozart, der

mit Geld einfach nicht umgehen konnte, steht außer Zweifel, denn nach seinem Tod entpuppte Constanze sich als gewiefte Geschäftsfrau.

Hinderlich am Festefeiern war außerdem, dass die Mozarts ständig umzogen — im Durchschnitt zwei Mal pro Jahr; ein Imbiss zwischen gepackten Kisten und Koffern ist aber nicht das, was sich einer vorstellt, der bei Mozart eingeladen wird.

Außerdem erschwert es die Gastfreundschaft, wenn die Hausfrau schwanger ist. Und Constanze, eine schmale, noch im Alter mädchenhaft zart gebaute Frau, hatte sechs Geburten in ihren neun Ehejahren zu überstehen. Nur zwei Söhne überlebten, vier Mal mussten die beiden einen Säugling oder ein Kleinkind zu Grabe tragen.

Möglicherweise wollte Mozart abends auch einfach seine Ruhe, denn tagsüber war er sehr oft in Etablissements unterwegs, in denen es nach Bier und Speck, Braten und Kraut roch. Nicht als Gast, sondern als Pianist. Die hehre Stille, die ein Star der Musikszene heute erwarten darf von seinem Publikum und auch erlebt, wenn nicht Husten oder Handys stören, war damals nur in Gotteshäusern üblich. Dass die meisten Konzertveranstalter eigentlich Gastwirte waren, spricht für sich und gegen die Aufmerksamkeit der Zuhörer.

Mozart lebt also damit, dass geredet, gelacht, gerülpst und geschmatzt wird, während er Unsterbliches spielt, dass seine Arpeggien von Tellerklappen und Töpfescheppern übertönt werden oder zumindest untermalt vom dumpfen Klang aneinander stoßender Bierkrüge.

Beengt: die Gassen rund um den Stephansdom, in dessen Nähe die Wohnung der Mozarts in der Schuler-straße lag, sind noch heute schmal und dunkel wie im 18. Jahrhundert. Die Griechengasse, die hier zu sehen ist, hat wie das Griechenbeisel, in dem Mozart nachweislich zu Gast war, seinen Namen von den zugezogenen griechischen Händlern, die in dieser Ecke wohnten.

Beschweren kann er sich nicht darüber, denn er verdient gut mit solchen Auftritten. Und keiner findet, es sei für Mozarts Ruf abträglich, dass er nicht nur in den so genannten Akademien, in den Theatern oder Konzertsälen auftritt, sondern auch im Augarten, im Kasino »Zur Mehlgrube« oder im Saal des Gastwirts Jahn in der Himmelpfortgasse.

Der Augarten, dem das österreichische Meißner, ein feines Manufakturporzellan, seinen Namen verdankt, ist zu Mozarts Zeit eine Art Vergnügungspark: Kaiser Joseph II. hat 1775 die Gartenanlage mit Schloss im heutigen 2. Bezirk für die Allgemeinheit geöffnet und sich damit viele Sympathien gesichert. Schon seine Widmung erheitert die Besucher: *»Aller Menschen Erlustigungsort von ihrem Schätzer«*. Mozart ist Teil der »Erlustigung«. Er tritt aber nicht im Schloss auf, sondern in einem ebenerdigen Gebäude mit Restaurant, Tanzsaal und Billardzimmer, wo der Hof-Traîteur und Koch Ignaz Jahn die so genannten Morgenkonzerte veranstaltet. Weil sie in der Frühe um 7 oder 8 Uhr beginnnen, müssen die Gäste währenddessen selbstverständlich ihr

Frühstück einnehmen. Und nachdem das Abonnement nicht viel kostet — für die ganze Saison nur 2 Dukaten —, muss der Veranstalter das Geld mit Speisen und Getränken machen.

Im Kasino »Zur Mehlgrube« geht es auch nicht ruhiger zu. Seinen hustenreizenden Namen hat das Etablissement von dem Mehldepot der Stadt Wien, das an diesem Platz von 1453 bis in die Mitte des 17. Jahrhunderts gestanden hatte — heute befindet sich dort das »Hotel Ambassador«, 1. Bezirk, Neuer Markt 5. Die Liebhaberkonzerte in der »Mehlgrube«, *»Dilektanten-Konzerte«* genannt, veranstaltete Philipp Jakob Martin, der damit offenbar gut verdiente. Denn angesichts der finanziellen Erfolge wollte Mozart selbst Konzertveranstalter werden und plante — was aber nicht zustande kam — eigene Akademien im »Trattnerhof« am Graben und in Philipp Ottos neuem Kasino in der Spiegelgasse. Bei den Akademien hätte er den üblichen gastronomischen

Basso continuo vermeiden können, aber daran waren die Wiener letztlich gewöhnt, und die wenigsten hatten etwas dagegen. Nur eine kleine Gruppe von Gebildeten regte sich auf über das Logenpublikum, vor allem an der Geschwätzigkeit der Damen im *parterre noble*, die sich durch kein »pst pst«, kein Zischen und keine scharfen Blicke oder Räusperer in ihren Gesprächen irritieren ließen.

Still konnte es im Parterre der Theater, auch des Burgtheaters, ohnehin nicht werden, denn der so genannte *Numero* lief nicht nur in den Pausen, sondern auch während der Vorstellung herum und bot Süßigkeiten, Limonaden und Mandelmilch, Wein, auch Champagner an. Die Wiener der Mozartzeit waren Genießer, und ihr leibliches Wohl war ihnen mindestens so wichtig wie der Kunstgenuss. Im Jahr 1790/91 gab es hier laut Adressbuch 640 Bierwirte, 990 Weinwirte und ein paar verstreute Branntweinschenken. Und zu Hause wurde ebenfalls gezecht. Vater Mozart, wie wir wissen kein Antialkoholiker und mühelos imstande, allein mit seiner Frau auf Reisen zwei Liter Rotwein pro Tag zu vertilgen, hat jedoch Angst, Mozart könne der Trunksucht verfallen, eine bei Dichtern wie Komponisten nicht seltene Neigung. Schuld daran wäre in seinen Augen der verderbliche Einfluss der Weberschen. Schon vor der Hochzeit musste Mozart seine Frau gegen die Unterstellung verteidigen, als eine Tochter der Cäcilia Weber sei sie so haltlos wie die Mutter. In einem verschollenen Brief hat Leopold seinen Sohn offenbar auf das Gerücht hingewiesen, die Webers seien alle Säufer.

»— der apendix ihre [Constanzes] *Mutter betreffend ist nur in so weit gegründet, daß sie gerne trinkt, und zwar mehr — — als eine frau trinken sollte, doch — besoffen habe ich sie noch nicht gesehen, das müsste ich lügen. — die kinder trinken nichts als wasser — und obschon die Mutter sie fast zum Wein zwingen will, so kann sie es doch nicht dazu bringen. da giebt es öfters den grösten Streitt deswegen — könnte man sich wohl so einen Streitt von einer Muter vorstellen?«*

Es scheint, als werde das Hickhack, die Webers betreffend, kein Ende finden, auch dann nicht, als Leopold längst vor vollendete Tatsachen gestellt und wider Willen zu Constanzes Schwiegervater geworden ist. Leopold wird den Verdacht nicht los, die beiden seien nach wie vor in den Fängen der Mutter Weber und stünden unter ihrem verderblichen Einfluss. Mozart hat wohl aufgehört, den Vater detailgenau über jeden Schritt zu unterrichten, denn er erntet ohnehin nichts als Kritik, Warnungen und Anschuldigungen. Eine Webersche kann für ihn nur eine miserable Hausfrau sein, ohne Zucht und Ordnung. Erst recht, wenn sie dem Dunstkreis der Mutter nicht entflieht — was aber längst geschehen ist.

»*Sie sagen, ich hätte Ihnen nicht geschrieben im wie vielten Stock daß wir wohnten?*«, meldet sich Mozart erstaunt, »— *das muß mir in der That in der feder stecken geblieben seyn; ich schreibe ihnen nun daß ich im 2:ten Stock wohne; — wie sie aber zu dem gedanken kommen daß meine hochgeehrteste fr: schwiegermutter auch da logirn könnte — das weis ich nicht.* [Cäcilia Weber wohnt weiterhin Am Peter, Zum Auge Gottes, 2. Stock.] — *denn ich habe in der that die Meinige nicht so bald geheyrathet um im verdruß und Zank zu leben,*

sondern um Ruhe und vergnügen zu genüssen! — und das konnte auf keine andere art gesche-
hen als sich von diesem hause loszumachen. wir haben seit unsere heyrath ihr 2 visiten
gegeben — bey der zweyten aber hat es schon wieder Zank und Streitt gegeben, so daß meine
arme frau zu weinen anfieng — ich machte also dem Streitt gleich ein Ende, da ich zu ihr
sagte es wäre nun zeit weg zu gehen; und seit deme waren wir nicht mehr dort, und gehen
auch nicht mehr hin, bis nicht ein geburts= oder Nammenstag von der Mutter oder den
beyden schwestern ist.«

Leopold Mozart leidet unter dem Gefühl, nicht mehr die wichtigste Person im Leben
seines Sohnes zu sein, er spürt, dass er nicht mehr gebraucht wird. Sein Sohn schlägt
also zwei Fliegen mit einer Klappe, als er den Vater bittet, ihn mit Salzburger Delikatessen zu versorgen: Leopold darf etwas tun, und zwar für eine Baronin, mit der sein
Sohn engen Umgang pflegt und der er offenbar von den unvergleichlichen Köstlichkeiten in der Heimatstadt vorgeschwärmt hat. So etwas ist Balsam für die väterliche
Seele. Und ganz nebenbei wird Mozarts neu installierter Haushalt mit Feinkost versorgt.

»*— dann wollte ich sie auch bitten mir Salzburger zungen mit nächster gelegenheit oder*
Postwagen (wenn es wegen der Mauth möglich ist) zu schicken. — ich habe der fr: baronin
[von Waldstätten] *vielle verbindlichkeit, und der discours war einmal eben von zungen, und*
da sagte sie, daß sie sie gerne einmal Probiren möchte, und ich habe mich offrirt ihr damit
aufzuwarten (...). könnte ich nicht schwarzreuter bekommen?«

Bei den Salzburger Zungen hatte es sich wohl um Rinder- oder Kalbszungen gehandelt, die dort zu den klassischen Sonntagsgerichten gehören. Und als Schwarzreiter
wurde die besonders wohl schmeckende Forellenart *salmo salvenilis* bezeichnet, die in
den Seen des Salzkammerguts und im Königssee bei Berchtesgaden bis heute vorkommt.

Leopold, zuverlässig wie ehedem, reagiert prompt; die gepökelten Zungen werden
mit der Extrapost verschickt. Und Wolfgang gibt zu, etwas für sich abgezweigt zu haben.
Woraus wir schließen können, dass Constanze sie zuzubereiten wusste, vielleicht mit
der in Wien damals beliebten Kapernsauce. »*Ich danke ihnen verbindlichst für die mir*
geschickten Zungen — Ich habe 2 der fr: Baronnin gegeben, und die andern 2 für mich
behalten, und morgen wollen wir sie verkosten; — haben sie die güte mir zu schreiben wie sie
es mit der bezahlung dafür gehalten haben wollen. — wenn sie mir auch schwarzreuter
zuwege bringen können, so machen sie mir in der that sehr viel vergnügen.«

Der kulinarische Frieden aber trügt: Noch immer hat Leopold seine Schwiegertochter nicht akzeptiert. Eine schwere Krankheit, die sie durchsteht, beschert ihr kein Mit-
leid und die erste Schwangerschaft keine Sympathien. Auch dass Constanze in dieser
Zeit einen Umzug nach dem anderen hinter sich bringen muss, stimmt ihn nicht mil-
der, obwohl sein Sohn das Ganze ausführlich schildert. Denn offenbar hat das junge
Ehepaar genügend Gelegenheiten zu feiern und nutzt selbst die Umzieherei noch für
Feste. »*— vergangene Woche habe ich in meiner Wohnung einen Ball gegeben*«, berichtet
Wolfgang seinem Vater am 22. Januar 1783, »*— versteht sich aber die chapeaus haben*

Jeder 2 gulden bezahlt. — wir haben abends um 6 uhr angefangen und um 7 uhr aufgehört; — was nur eine Stunde? — Nein Nein — Morgens um 7 uhr; — sie werden aber nicht begreifen wie ich den Platz dazu gehabt habe? — Ja — da fällt mir eben ein daß ich ihnen immer zu schreiben vergessen habe daß ich seit anderthalb Monathen [also seit Anfang Dezember 1782] ein anders logis habe — aber auch auf der hohen brücke — und wenige häuser entfernt; — wir Wohnen also, im kleinen Herbersteinischen hause, N: 412 im 3:t Stock; — bei H: v: Wezlar — einen Reichen Juden. — Nun da habe ich ein zimmer — 1000 schritt lang und einen breit — und ein schlaf=zimmer — dann ein Vorzimmer — und eine schöne grosse küche; — dann sind noch 2 schönne grosse Zimmer neben unser welche noch leer Stehen — diese benutzte ich also zu diesen hausball — Baron wezlar und sie — waren auch dabey — wie auch die Baron Waldstätten — H: v: Edelbach — gilowsky, der Windmacher — der Junge Stephani et uxor — Adamberger und sie — lange und langin — etc etc: — Ich kann ihnen ohnmöglich alle hersagen.«

Das hört sich allerdings nicht nach Entsagung und Tristesse an. Eher bestätigen solche Berichte Leopold in seiner Meinung, Constanze sei ein lebensgieriges Luder, das seinen Mann zu einem ebenso unsoliden Lebenswandel verführe. Dass sie außerdem schon ein halbes Jahr nach der Hochzeit in Mozarts finanzielle Schwierigkeiten hineingerissen wird, dass ihr Mann sich bereits in dem Teufelskreis befindet, dem er nicht mehr entkommen wird, und Darlehen mit Darlehen zurückzahlt, wird Leopold selbstverständlich vorenthalten. Er ahnt nichts von den flehentlichen Briefen, die sein Sohn bereits regelmäßig verschickt an Bekannte oder Freunde wie die Baronin von Waldstätten. *»Ich bitte Euer Gnaden, ums Himmelswillen, helfen Sie meine Ehre und guten Namen nicht zu verlieren!«*, schreibt er ihr am 15. Februar 1783. *»Mein armes Weiberl befindet sich ein wenig unpäßlich, und folglich kann ich sie nicht verlassen, sonst würde ich selbst gekommen sein, um Euer Gnaden Mündlich darum zu bitten.«*

Die unpässliche Constanze hat wohl mit den typischen Beschwerden zu tun, die Schwangere im fünften Monat durchmachen. Doch sie kann sich nicht hinlegen und ausruhen. Im Februar erst sind die beiden eingezogen in das Haus am Kohlmarkt, Stadt 1179, heute Nr. 7, das 1783 Maria Anna Freiin von Prandau gehört. Und schon am 24. April — sie ist jetzt im siebten Monat — muss Constanze wieder Kisten und Koffer packen und die neue Wohnung am Judenplatz einrichten. Unter der Bezeichung »Schulhof« war er bis 1421 Zentrum der ehemaligen Judenstadt gewesen: hier befanden sich das Judenspital, die Synagoge, die Badestube, das Haus des Rabbi und die Judenschule. Zu Mozarts Zeit wohnen an diesem Platz mit seinen schönen Abmessungen noch immer viele Juden, es wird also aus den Küchen ein etwas anderer Duft gestiegen sein als der sonst gewohnte. Der *gefilte* Fisch ist unter der Bezeichnung Judenfisch auch in katholischen Haushalten beliebt, wird dort allerdings meist nur als Vorspeise mit Sardellensauce serviert. Und Wolfgang und Constanze haben gute Gründe, ihren jüdischen Mitbürgern freundlich gesonnen zu sein, denn einer ihrer größten Wohltäter ist Jude: Baron Raymund Wetzlar von Plankenstern.

»*Nun fällt es mir erst ein*«, schreibt Mozart am 21. Mai 1783 aus der neuen Wohnung an den Vater, »*daß ich seithero schon in der zweyten wohnung bin, und habe es noch nicht geschrieben. — der Baron Wetlar [sic] hat in seine wohnung eine Dame bekommen. — und wir sind also ihm zu gefallen ausser der zeit in eine schlechte logis auf den kohlmarkt gezogen. — erhat [sic] aber hingegen für die 3 Monathe als wir dort logirten nichts angenommen, und die kosten des ausziehens auch übernommen. unterdessen suchten wir ein gutes quartier; — und fanden es auf den Juden Platz alwo wir nun sind. — auf dem kohlmarkt hat auch er alles gezahlt. — unsere logis ist also auf dem Juden Plaz [sic] im burgischen hause, N.o 244 im ersten Stock.*«

Die Kisten werden noch nicht alle ausgeräumt sein, da bekommt Constanze am 17. Juni 1783 ihr Kind. Doch der Zufall will, dass auch dieser freudige Anlass Leopold der Schwiegertochter gegenüber nicht freundlich stimmt, denn das Kind bekommt seinen Namen nur als Appendix. Und Wolfgangs Überschwänglichkeit kann nicht übertönen, wie peinlich ihm das ist. »*Ich gratuliere, Sie sind Gros=Papa! — gestern früh den 17. um halb 7 Uhr ist mein liebes Weib glücklich mit einem großen, Starken und kugel-runden Buben entbunden worden (...) Nun wegen der gevatterschaft! — hören sie was mir geschehen ist. — ich liess die glückliche Entbindung meiner frau gleich dem Baron Wetzlar (als meinem wahren guten freund) benachrichtigen; — er kamm gleich darauf selbst — und offrirte sich zum gevatter — ich konnte es ihm nicht abschlagen — und dachte bey mir, ich kann ihn deswegen doch Leopold nennen — — und als ich das dachte [von Mozart korrigiert* in »sagte«] – so sagte er voll freuden – Ah, nun haben sie einen Raymundl – und küsste das kind – was war also zu thun – ich liess den Buben also Raymund Leopold taufen. «

Unermüdlich nutzt Wolfgang die Gelegenheit, seiner ungeliebten Schwiegermutter ein paar Pluspunkte zu verschaffen. »– um halb 2 uhr Nachts fiengen die Schmerzen an – folglich – war es mit dieser Nacht um alle ruhe und schlaf für beyde getan. – um 4 uhr schickte ich um meine Schwiegermutter – und dann um die Hebamme; – um 6 uhr kamm sie im Stuhl – und um halb 7 uhr war alles vorbey. – Meine Schwiegermutter bringt nun alles das üble was sie ihrer tochter ledigerweise zugefügt hat, nun wieder mit allem guten herein. – sie bleibt den ganzen tag bey ihr. (...) Ich hoffe zu Gott, daß, da sie sich gut hält, sie ihr kindbett auch glücklich überstehen wird. «

Wer sich unter kulinarischen Gesichtspunkten mit Mozarts Leben beschäftigt, erfährt sogar etwas darüber, wie das große Genie sich mit den Kleinigkeiten der Säuglingsnahrung befasst hat. Und dass er, im Gegensatz zu anderen Künstlern, die Leiden seiner Frau nicht übersah – der drei Jahre jüngere Arzt Friedrich Schiller erkannte nicht mal die Schwangerschaft seiner Frau als solche –, sondern ernst nahm. »... auf das Milchfieber habe ich Sorge! – denn sie hat ziemliche Brüste! – Nun hat das Kind wieder [sic] meinen Willen, und doch mit meinem Willen eine Säug=Amme bekommen! – Meine Frau sie seye es im Stande oder nicht, sollte niemalen ihr kind stillen das war immer mein fester Vorsaz [sic]! – allein, einer andern Milch solle Mein kind auch nicht hineinschlucken! – sondern bey Wasser, wie meine Schwester und ich, will ich es aufziehen. – allein die Hebamme, meine Schwiegermutter, und die meisten leute hier haben mich ordentlich gebeten ich sollte das nicht thun, nur aus dieser ursache weil hier die meisten kinder beym Wasser darauf gehen, indemm die leute hier nicht damit umgehen können – das hat mich nun bewegt – nachzugeben – denn – ich möchte mir nicht gerne einen Vorwurf machen lassen. «

Bei dem so genannten Wasser handelt es sich natürlich nicht um das gewöhnliche, sondern um mit Wasser gekochte Getreide, die sich so wenig appetitanregend Schleim nennen: Hafer- oder Gerstenschleim. Nachdem Mozart die Briefe seines Vaters mit den unvermeidbaren Diätrezepten aufbewahrt hat, kann er nun ja nachlesen.

Um das Wohl seines nicht von der Mutter gesäugten Säuglings macht er sich offenbar weniger Sorgen als um sein Stanzerl, denn als die beiden am 25. Juli 1783, einen Monat nach der Geburt, die lang geplante, oft verschobene Reise nach Salzburg antreten, lassen sie das Raymundl in Wien zurück. Wolfgang hätte auch gar keine Nerven, sich um das schreiende Kleinkind zu kümmern. Er ist voll und ganz damit beschäftigt, seine Strategien umzusetzen: Bei diesem Antrittsbesuch soll seine Constanze endlich das Herz des Vaters erobern und das der Schwägerin gleich mit. Sie wird ein Sopransolo in der c-moll-Messe singen, die dort in der Peterskirche zum ersten Mal aufgeführt wird, und damit beweisen, dass sie in jeder Hinsicht die geeignete Frau für Wolfgang ist. Am 28. Juli betritt Constanze zum ersten Mal das Tanzmeisterhaus am Hannibalplatz in Salzburg, nervös wegen des Schwiegervaters und erschöpft, denn

Wundervoll und grauenvoll: Dass Mozart hier, am Judenplatz, zwei Mal mit seiner Constanze wohnte, gehört zu den wenigen schönen Erinnerungen an diesem Ort. Am Haus Nr. 6 erinnert eine Tafel an die Mitschuld der Kirche an den mittelalterlichen Judenverfolgungen, am Haus Nr. 2, dem Jordanhaus, prangte eine antisemitische Inschrift, die jene erste Gesera, die erste Vertreibung der Juden aus Wien, preist als einen reinigenden Prozess: »So erhob sich im Jahre 1421«, steht dort auf Latein, »die Flamme des Hasses, wütete durch die ganze Stadt und sühnte die furchtbaren Verbrechen der Hebräerhunde. Wie damals die Welt durch die Deukalonischne Fluten [= Sintflut] gereinigt wurde, so sind durch das Wüten des Feuers alle Strafen verbüsst. « Mozarts erster, als Säugling verstorbener Sohn Raimund hatte seinen Vornamen übrigens von einem jüdischen Vermieter und Freund der Familie, dem Baron Raimund von Wetzlar.
Und Mozarts wichtigster Librettist, Lorenzo da Ponte, war ebenfalls Jude.

einen Monat nach der Entbindung ist für eine zarte Person wie sie die Reise von Wien hierher strapaziös gewesen. Noch nervöser steht sie dann auf der Empore von St. Peter, denn am ersten Pult der Geigen sitzt als Konzertmeister der abweisende Leopold Mozart.

Als die jungen Eheleute nach fast genau drei Monaten am 27. Oktober 1783, morgens um halb zehn, wieder von dort aufbrechen, haben sie nichts gewonnen, im Gegenteil: Sie haben einiges Geld gelassen in Salzburg, denn Wolfgangs Freunde wollten mit den beiden ausgehen, zum Kegeln, zum Billardspielen, zum Tanzen, einen Frühschoppen heben bei den Augustinern in Mülln, einen Gansbraten essen beim »Stieglbräu« oder im heute ebenfalls noch existierenden »Gasthof zur Traube«. Und mit Mozarts väterlichem Freund Michael Haydn, dem Bruder von Joseph, haben sie einige Abende durchgezecht, wahrscheinlich im Klosterkeller von St. Peter, Michaels Wohnzimmer, wenn er seiner Frau entkommen will.

Leopolds Herz konnte Constanze nicht gewinnen. Und während ihres Aufenthalts haben die beiden auch noch ihr erstes Kind verloren: Aus Wien kommt die Nachricht, das Raymundl sei tot. Zwei Bankrotteure steigen Ende Oktober in die Postkutsche nach Wien. Und werden beim Einsteigen noch abkassiert von einem Gläubiger. Dankbar nehmen die gedemütigten Eheleute achtzehn Gulden an, die Leopold ihnen zusteckt. Und kommen drei Tage später hungrig und enttäuscht in Wien an. Sie ahnen noch nicht, dass Leopold seine schlechte Meinung über alle Webers bald ändern müssen wird. Nicht nur Liebe, auch Verzeihen geht durch den Magen.

Obst, Nachspeisen & Getränke

Offenbar waren Zitronen und Orangen in Salzburg sehr viel leichter zu bekommen als am Wolfgangsee, denn Leopold Mozart versorgt die Familie seiner Tochter regelmäßig damit. Er schreibt an Nannerl am 1. Dezember 1786: »*Danke für die überschickten 2 Händl. damit die schachtl nicht leer ist schicke euch ein paar Limoni, den Kindern etliche Ayerweckl und ein paar Semmel, damit ihr seht wie gros sie sind.*« Oder er vermeldet im Begleitbrief einer Sendung vom 5. Februar 1787: »*Hier schicke euch 6 Limone und 2 Pomeranzen [= Orangen]. die Limoni hab um 2 x kauft, die Pomeranzen sind ein Present.*«

Limoni-Pomeranzen Kuchen

Für den Mürbteig
(auf Vorrat zubereitet, lässt
er sich im Kühlschrank
eine Woche, im Tiefkühlfach
mehrere Monate aufbewahren):
300 g Butter
Schale von 1 Zitrone
500 g Mehl, und Mehl
für die Arbeitsfläche
200 g Kristallzucker
1 Ei, 1 Eidotter
1 Messerspitze Salz

250 g Mürbteig (s.o.)
2 große Orangen
2 unbehandelte große
Zitronen
2 Eier
3–4 Eidotter
1/4 l Obers (Sahne)
200 g Kristallzucker
Mandelblättchen für die
Dekoration

Die Butter für den Mürbteig in kleine Stücke schneiden, mit der fein geriebenen Zitronenschale und allen anderen Zutaten mit den Fingern verkrümeln, bis sie sich alle binden. Aus dem Teig eine Kugel formen und in Folie eingeschlagen mindestens 2 Stunden im Kühlschrank ruhen lassen. 1 Stunde vor dem Ausrollen aus dem Kühlschrank nehmen, damit er beim Ausrollen nicht bricht. Den Teig und die Arbeitsfläche gut mit Mehl einstäuben, den Mürbteig gleichmäßig ausrollen, eine flache runde Kuchenform damit auslegen und einen ca. 3 cm hohen Rand stehen lassen; was mehr ist, abschneiden. Den Boden an der Form festdrücken, mit Alufolie bedecken, diese evtl. mit Linsen oder Saubohnen bedecken und den Teig blind bei 220 °C in der Mitte des Ofens backen.

Währenddessen mit dem Zestenreißer feine Streiflein von den Orangen- und Zitronenschalen abheben. Ist kein Zestenreißer zur Hand, Orangen und Zitronen sehr fein schälen und die Schalen in hauchfeine Streifen schneiden.

Die Zesten mit kochendem Wasser übergießen, kurz darin liegen lassen und abseihen. Dann die Zesten mit 1/8 l Wasser und 2–3 EL Zucker 5 Minuten lang köcheln. Abseihen. Den Saft aus den Zitronen und Orangen pressen, mit den Zesten, den Eiern, Dottern, dem Obers und dem übrigen Zucker vermischen. Den Mürbteigboden aus dem Ofen nehmen, die Fülle hineingießen und auf der mittleren Schiene bei 160 °C backen. Stockt nach ca. 40 Minuten die Füllung, ist der Kuchen fertig. Mit Mandelblättchen dekorieren und lauwarm servieren.

Reisschmarren
mit Topfen (Haupt- oder Nachspeise)

0,2 l Milch
5 EL Kristallzucker
2 Stangen Zimt
150 g Rundkornreis
800 g trockener,
gepresster Topfen (= Quark)
von ca. 10 % Fett
abgeriebene Schale von
1 Zitrone
5–6 Eier
0,4 l Sauerrahm
2–3 EL Maismehl
(= Stärkemehl)
ausgekratztes Mark von
1 Vanilleschote
4 EL Butter
Staubzucker

Den Backofen auf 160 °C vorheizen.

Die Milch mit 2 EL Zucker und den Zimtstangen aufkochen. Den gewaschenen Reis zugeben, die Milch nochmals zum Kochen bringen. Nun den zugedeckten Topf ins Rohr schieben und 25 Minuten dünsten. Herausnehmen, die Zimtstangen entfernen und den Reis abkühlen lassen.

Den Backofen auf 230 °C hinaufschalten.

Nun den Topfen grob zerteilen, nicht passieren – es sollen noch Stückchen erhalten bleiben. Die Zitronenschale darüber reiben. Die Eier trennen. Reis, Topfen und Zitronenschale mit dem restlichen Zucker, Sauerrahm, Maismehl, dem Vanillemark und den Dottern verrühren. Die Eiklar zu steifem Schnee schlagen und unter die Topfen-Reis-Masse heben.

In zwei flachen ofenfesten Formen je 2 EL Butter erhitzen. Je die Hälfte der Masse in eine Form geben. 10 Minuten lang golden backen, dann zerteilen und die einzelnen Teile wenden. Nun von der anderen Seite wieder 10 Minuten backen. Den Schmarren entnehmen, mit zwei Gabeln in mundgerechte Stücke zerteilen und mit Zwetschgenröster servieren.

Zwetschgenröster sind in Butter geröstete, dann abgelöschte und gekochte Zwetschgen an Stelle des üblichen, eher wässrigen Zwetschgenkompotts.

Nicht nur Knödel und Nudeln in Gestalt von so genannten Fleckerln, auch Reis gehörte zu den klassischen Beilagen in der österreichischen Küche der Mozartzeit. Er wurde aber auch als Hauptgericht gegessen – salzig, mit Fleisch- oder Geflügeleinlage, oft auch Bratenresten, oder süß. Gerade in einer Großfamilie wie der von Nannerl war Reis unverzichtbar. Leopold vermeldet Nannerl am 11. März 1787: »… alles das übrige, was ihr verlangt wird zwischen Heut und morgen eingekauft werden. die 20 Pfund Reis glaube sind schon gekauft …«

Apfelkuchen
mit Vanilleguss

Die Äpfel schälen, vierteln und vom Kerngehäuse befreien. Die Apfelviertel in blättrig-feine Scheiben schneiden, in eine Schüssel legen. 1 EL Zucker, den Saft einer 1/2 Zitrone, den Rum und den Zimt vermischen und die Äpfel damit übergießen.

Das Rohr auf 220 °C vorheizen.

Den Blätterteig mit etwas Mehl bestäuben, ca. 3 mm dick ausrollen, eine Form von ca. 27 cm Durchmesser damit auslegen, sodass ein ca. 2 cm hoher Rand stehen bleibt. Den Teig überall mit einer Gabel anstechen, damit er gleichmäßig aufgeht, den Teigrand an der Form festdrücken. Dann den Boden mit den geriebenen Walnüssen bestreuen. Die Apfelscheiben aus der Marinade nehmen, gut abtropfen lassen und auf dem Boden verteilen. Obers, Eier, Vanillemark und 3 EL Zucker gründlich miteinander verrühren und über die Äpfel gießen. Den Kuchen auf der mittleren Schiene ins Rohr schieben, 15 Minuten backen. Dann die Hitze auf 190 °C reduzieren und nochmals weitere 15 Minuten backen. Lauwarm servieren.

3 große säuerliche Äpfel
4 EL Kristallzucker
1 unbehandelte Zitrone
2 EL Rum
1/2 TL Zimt
etwas Butter
Mehl
200 g Blätterteig
(Fertigprodukt)
100 g Walnüsse, gerieben
1/4 l Obers (Sahne)
3 Eier
ausgekratztes Mark von
1 Vanilleschote

Äpfel regten die Köche und Köchinnen, weil sie billig waren, zu zahllosen Rezepten an. Nicht nur als Sauce zu Wild und Braten wurden sie verwendet, sondern auch zu vielerlei Desserts wie Apfelstrauben oder Apfelschwammmerl (= Apfelpilze), wofür die Apfelstücke in Mehl gewendet und in Fett herausgebacken wurden. Leider sind die meisten der damals beliebten Apfelsorten heute gar nicht mehr bekannt und gedeihen bestenfalls noch in ein paar alten Gärten. Sicher ist: mit Golden Delicious oder Granny Smith hatten sie nichts zu tun.

Türkenkoch

(Dessert oder süße Hauptspeise)

3/4 l Milch
1/4 l Wasser
300 g Maisgrieß
(Polentagrieß, fein)
etwas Salz
50 g Butter
250 g frische
Heidelbeeren oder
Heidelbeerkompott

Milch und Wasser in einem Topf aufkochen, den Maisgrieß langsam löffelweise hineingeben und unter dauerndem Rühren aufkochen. Salz zufügen und den Brei bei ganz schwacher Hitze auf dem Herd oder zugedeckt im 100 °C warmen Backofen 15 Minuten ausquellen lassen. In eine Schüssel geben, die Butter darauf verschmelzen lassen.

Heidelbeeren oder Heidelbeerkompott darüber geben. Ersatzweise: Sauerkirschkompott.

*K*och ist in Deutschland nur eine Berufsbezeichnung. In Österreich meint das Wort bis heute einen gekochten, nahrhaften Pudding, woraus auch immer. Ein mildes Koch taugte als Frühstück und als Krankenkost. So vermeldete Leopold seiner Tochter Nannerl am 3. November 1785: »*Schon am Samstag (…) merkten wir daß der Leopoldl nicht recht wohl war. Es zeigte sich hinnach ein Stecken [= Stechen] auf der Brust, und mit dem Schleim hat das Kind ohnehin immer zu thun. am Wolfgang Tag um 8 uhr morgens, nach dem Kochessen [Koch = Mus] bekam er einen Augenblick ein solches stecken (…) auf die Nacht gab man ihm etliche Coffée=Löferl voll Binnadl [= Panadl, also Brotsuppe] …*«

Die für Uneingeweihte oft befremdlichen Bezeichnungen der unterschiedlichen Kochs erklären sich durch die Provenienz der Zutaten: Das Heidenkoch wird aus Buchweizen gemacht, der als unchristlich galt, das Türkenkoch aus Maismehl, das als typisch türkisch angesehen wurde, auch wenn der Mais bekanntlich aus der Neuen Welt zu uns gekommen ist und die Österreicher das Gericht wahrscheinlich ihren italienischen Nachbarn verdanken. Türkenkoch bildete zu Mozarts Zeit in vielen Gegenden das Frühstück.

Mandelkoch

mit frischen Erdbeeren

Butter mit der Hälfte des Zuckers, Vanillezucker, Salz und geriebener Zitronenschale schaumig rühren. Die Eidotter zugeben und nochmals die ganze Masse schaumig rühren. Die in Milch eingeweichte Semmel gut ausdrücken, passieren und unter die Masse mischen. Die Eiklar zu sehr steifem Schnee schlagen, mit dem restlichen Kristallzucker aufschlagen und zusammen mit den gemahlenen Mandeln und den Bröseln unter die Dottermasse heben.

Das Backrohr auf 200 °C vorheizen.

Den Teig nun in zwei Hälften aufteilen. In die eine Hälfte den Kakao einrühren, die andere hell belassen. Vier nicht zu kleine feuerfeste Formen ausbuttern, mit Zucker ausstreuen. Abwechselnd die helle und die dunkle Masse hineingeben. Die Formen oben gut mit Alu-Folie verschließen, etwa drei Viertel hoch in ein Wasserbad stellen und das Koch im vorgeheizten Ofen 20 Minuten backen.

Währenddessen die Erdbeeren putzen und waschen, mit dem Staubzucker bestäuben und mit dem Zitronensaft beträufeln. Das Obers mit Zucker steif schlagen und den abgetropften Mandellikör unterziehen.

Den Schlagrahm auf vier Teller verteilen, je ein Koch in die Mitte stürzen und die marinierten Erdbeeren blütenförmig darum dekorieren.

Für das Mandelkoch:
70 g Butter
70 g Kristallzucker
1 Kaffeelöffel
selbst gemachter
Vanillezucker
(siehe Seite 199)
1 Prise Salz
geriebene Schale von
1/2 Zitrone
3–4 Eidotter
etwas Milch
1 entrindete Semmel
3–4 Eiklar
70 g gemahlene Mandeln
10–15 g Semmelbrösel
25 g Kakao
Butter für die Förmchen

Für die Garnitur:
500 g frische Erdbeeren
2–3 EL Staubzucker
Saft 1/2 Zitrone
1/4 l Obers (Sahne)
Zucker
Mandellikör (Amaretto)

Mandelmilch

3/4 l Vollmilch
1–2 Eidotter
100 g gemahlene
süße Mandeln
etwas Bittermandelöl
1 Schnapsglas
Mandellikör

Alle Zutaten mit Eiswürfeln vermischen und mixen.
In Champagnerschalen servieren.

Mandelmilch wird heute die Milch genannt, die aus gepressten Mandeln gewonnen wird. Zu Mozarts Zeiten verstand darunter jeder dieses Erfrischungsgetränk. Es gehörte zum Standardprogramm jedes Kaffeehauses und ersetzte nahezu eine Mahlzeit. Voraussetzung für das Gelingen: Die Mandeln müssen frisch sein. Ein leicht ranziger Beigeschmack ruiniert alles.

Getrocknete Feigen
in Madeira

Getrocknete Feigen
(5 Stück pro Person)
Rotwein, Madeira
Zimtstangen
etwas Pfeffer

Die Feigen in so viel Rotwein und Madeira einlegen, dass sie bedeckt sind. Die Zimtstange dazulegen und leicht pfeffern. Die marinierten Feigen zu Vanilleeis servieren. Sie schmecken aber auch zu Käse oder luftgetrocknetem Schinken.

Leopold am 21. November 1772 an seine Frau: »*die feigen, die H: Joseph* [= Ignaz Joseph Hagenauer, Sohn von Lorenz und dessen wichtigster Mitarbeiter in der Salzburger Spezereiwarenhandlung] *bey der Abreise* [also vor zehn Monaten] *dem Wolfg: gegeben, waren so wundersamm wie das Brod und die fische im Evangelio, dann gestern assen wir noch davon zur abendmalzeit, die täglich in nichts als trauben und Brod und einem glaß wein bestehet.* «

Limonade

Es lohnt sich, die Bezeichnung Limonade wörtlich zu nehmen.
Die Zitronen schälen, die Schalen mit Zucker in 1 l Wasser auskochen, den Saft auspressen, beides kalt stellen. Die Schalen entfernen, den Zitronenschalen-Zucker-Saft und den frischen Zitronensaft mischen. Mit Mineralwasser aufgießen und sehr kalt servieren.

4 unbehandelte Zitronen
1 l Wasser
1 l Mineralwasser
ca. 250 g Zucker, nach
Geschmack auch mehr

Melonen-Gratin
mit Heidelbeeren

Den Portwein mit Vanillezucker und der Zimtstange 10 Minuten sirupartig einkochen. Die Zimtstange entnehmen, abkühlen lassen.

Den Backofen auf 220 °C vorheizen.

Ei, Eidotter und Zucker schaumig rühren, den Sirup langsam angießen. Die Melone schälen, entkernen in feine Scheiben schneiden und in vier ausgebutterte feuerfeste Förmchen schichten. Die Beeren darauf verteilen, mit der Creme überziehen und im vorgeheizten Ofen 4–5 Minuten golden backen.

1/10 l Portwein
1 EL hausgemachter
Vanillezucker
1 Zimtstange
1 Ei, 1 Eidotter
1 1/2 EL Zucker
1 kleine Netzmelone
20 g Butter
150 g Heidelbeeren

Ungleich aromatischer als industrieller Vanillezucker schmeckt der hausgemachte: Dafür wird das Mark von 1 Vanilleschote ausgekratzt, mit Kristallzucker vermischt, in den auch die leere Schote gelegt wird, und in ein Glas mit Schraubdeckel gefüllt.

Feigen mit Ribisel-Sauce

8 frische kleine Feigen
30 g Butter
1/4 l Ribisel-Likör
(= Cassislikör)
1/4 l trockener Riesling
2 Zimtstangen
2 Nelken

200 g Himbeeren zum
Pürieren
100 g (8–12 Stück)
für die Dekoration
1 EL Puderzucker
1 EL Himbeergeist

Saft von 1 Limette
1 dl Granatapfelsirup
(= Grenadine)
Cayennepfeffer

Den Backofen auf 180 °C vorheizen. Die Feigen mit feuchtem Küchenpapier vorsichtig abreiben, die Stielansätze wegschneiden und die Haut mit einer spitzen Gabel mehrmals einstechen. Eine Gratinform, in der die Feigen gut, aber nicht zu viel Platz haben, mit Butter ausstreichen. Den Ribisel-Likör mit dem Weißwein vermischen, die Feigen damit überziehen, Zimtstangen und Nelken in die Flüssigkeit legen. Die Form auf die unterste Schiene im Backofen schieben. Die Feigen 40 Minuten garen lassen, dann herausnehmen und in der Flüssigkeit abkühlen lassen. Die Himbeeren mit Puderzucker und Himbeergeist pürieren und kalt stellen.

Die Feigen aus der Sauce nehmen. Die Sauce in einen kleinen Topf geben, den Limettensaft, den Granatapfelsirup und das Himbeerpüree zugeben, dickflüssig einkochen, mit Cayennepfeffer würzen. Die Feigen hineinsetzen, kurz erwärmen. Die Sauce auf Teller verteilen, je zwei Feigen darauf setzen und mit den übrigen Himbeeren verzieren.

Dazu passt Zitronensorbet oder Zitroneneis.

Leopold an seine Frau »Vom Landgut ausser Bologna« [Alla Croce del Biacco. Damals vom Markgrafen Gian Luca Pallavicini-Cenutioni gepachtet] am 11. August 1770: »Ausser unsern zimmer ist die Sala terrena wo wir speisen, und wo alles frisch, khül [sic] und angenehm ist. (...) du bist auf die kostbarsten feigen, Mellonen, und Pfersig eingeladen! und ich bin höchst vergnügt, daß ich dir schreiben kann, daß es uns, Gott sey unend: Dank gesagt, gut gehet.«

Auflauf-Omeletts
mit Pfirsichen
(süße Hauptspeise oder in kleinen Mengen als Nachspeise)

Das Backrohr auf 150 °C vorheizen.

Die Pfirsiche mit Wein, Zucker und so viel Wasser, dass die Früchte gerade bedeckt sind, aufsetzen, aufkochen und vom Herd nehmen. Nach dem Abkühlen die Pfirsiche senkrecht halbieren und enthäuten, in den Weinsud zurücklegen.

Die Himbeeren pürieren, mit Zucker und Himbeergeist abschmecken.

Die Mandelblättchen auf ein gebuttertes Blech streuen, in den vorgeheizten Ofen schieben und unter mehrmaligem Wenden bräunen (das Ganze lässt sich auch in einer Pfanne machen).

Für die Omelettmasse die Eier trennen. Die Milch mit Butter und Vanillezucker aufkochen, unter ständigem Rühren das Mehl einstreuen und so lange rühren, bis sich die Masse vom Topfboden zu lösen beginnt. Die Eidotter nacheinander in den Mehl-kloß einrühren.

Die Eiklar mit dem Zucker zu sehr steifem Schnee schlagen. Ein Drittel des Eischnees unter die Mehlmasse rühren, den Rest vorsichtig unterheben.

In zwei Pfannen Butterschmalz erhitzen. Die Omelettmasse löffelweise eingießen und bei geringer Hitze je 4 handtellergroße Omeletts backen; einmal wenden.

Die Pfirsiche im Weinsud erwärmen. Auf vier vorgewärmte Teller je 2 kleine Ome-letts setzen. Die Pfirsichhälften darauf anrichten, mit der Himbeersauce beträufeln und mit den Mandeln bestreuen.

Für die Pfirsiche:
6 große oder 8 kleine möglichst weiße Pfirsiche
1/2 l Weißwein
3 EL Kristallzucker

Für die Himbeersauce:
300 g Himbeeren
1 TL Kristallzucker
1 Schuss Himbeergeist

4 EL Mandelblättchen
Butter

Für die Omeletts:
6 Eier
1/4 l Milch
100 g Butter
1 TL hausgemachter Vanillezucker
(siehe Seite 199)
100 g Mehl
125 g Zucker
1 EL Butterschmalz

Schokoladenkonfekt

Für 12 Stück:
140 g Schokolade
140 g Zucker
140 g Butter
4 Eier, getrennt
3 EL Mehl
3 EL Butter
3 EL Brösel für das
Backblech
100 g Mandelstifte

250 g Schlagobers (Sahne)
1–2 TL Staubzucker

Die Schokolade mit 3 EL Wasser aufkochen, abkühlen lassen, dabei ab und zu umrühren. Zucker, Butter und Eidotter schaumig rühren, die Schokoladenmasse Löffel für Löffel darunterrühren. Die Eiklar zu sehr steifem Schnee schlagen. Mit dem Mehl unter die Schokoladenmischung heben. Ein Backblech mit Butter bestreichen, mit den Bröseln bestreuen. Den Teig auf das Backblech streichen, dann mit den Mandelstiften bestreuen und bei 175 °C nur so lange backen, dass das Innere noch weich ist: Nach 15 Minuten Backzeit erstmals mit einer Stricknadel prüfen.

Den gebackenen Teig in gleich große Quadrate schneiden und mit gezuckertem Schlagobers servieren.

Wer die Pastelle von Liotard kennt, weiß, dass Schokolade zu trinken im Frankreich des 18. Jahrhunderts eine große Mode war. Aber auch in Österreich: »ich tranck morgens Caccalotte«, berichtet Leopold von unterwegs. Dass es italienisch korrekt Cioccolata heißt, war Leopold selbstverständlich bekannt. Offenbar war auch seine Tochter Nannerl scharf auf den süßen Seelentrost, denn sie bittet ihn wieder und wieder, ihr aus Salzburg Schokolade zu beschaffen.

»Von Hof [= von der Hofhaltung] giebts kein Choccolate zu kaufen, das Loch ist aller Orten verrennt. Dieser Choccolate à 1 f 15 Xr macht keine Hitzen da er im wasser gesotten wird: Er hitzt nur wenn man ihn, wie das Brod, stückweis is[s]t. aigentlich hitzt nur der Choccolate der 2 f 30 X und 3 f kostet, wegen der vielen Vanillia. Und überhaupts nehme ich niemal ein ganzes Ziegerl auf einmahl. man kann iedes Ziegerl in 3 Theile abschneiden oder zertheilen, und 2 Theile auf ein portion nehmen, so hat man 2 Ziegerl für 3 täge genug, das ist wirtschaftlich, folglich für die physicalische und moralische Hitze gesorgt, da es nicht so viel kostet als der Coffée. weil ein Ziegerl nicht auf 4 x 3 Pfenning kommt, und es ist gesünder als der Coffée.« Am 13. Februar 1787 schreibt er an Nannerl: »Hier schicke euch abermahl einen Choccolate. Ich musste von Herzen lachen, daß in Betref der Choccolate sonst weiter in deinem Brief nichts enthalten war, da ich euch nur 1/2 Pfund schickte, und bey der Nacht in Eyle das andere liegen ließ. das Pfund vom theuren Choccolate ist Münchner Gewicht [d.h. 1 Pfund = 0,56 Kilogramm], und nicht gewöhnliches Chocc: Gewicht: folg: schwerer, folgt also hier das zweyte halbe Pfund.«

Gefüllte Ananas
mit Karamellkruste

2 Ananas
pro Person je 2 Kugeln
Vanilleeis oder Malagaeis

Für die Gratinmasse:
50 g Butter
4 Eier, getrennt
50 g Kristallzucker
1/4 l Obers (Sahne)
100 g Mehl
75 g Haselnüsse
3 EL Rumrosinen

Die Ananas-Früchte halbieren, ohne die Ähre zu entfernen. Den harten Kern der Ananas sauber herausschneiden; es darf nichts Hartes in der Mitte verbleiben.

In diese Höhle nun das Eis hineinfüllen, mit Plastikfolie abdecken und die 4 Ananashälften 3 Stunden gefrieren (tiefkühlen); sollte Eis übrig bleiben, kühlen und später zur Dekoration verwenden.

Für die Gratinmasse 3/4 der Butter mit den Dottern schaumig schlagen.

In einer Pfanne behutsam den Kristallzucker karamellisieren, bis er golden ist, dann die restliche Butter zugeben und langsam mit Obers aufgießen. Gut verrühren und so lange köcheln lassen, bis das Karamell flüssig wird. Etwas abkühlen lassen, dann in die Butter-Eigelb-Mischung langsam eingießen. Das Mehl und die Haselnüsse unterrühren.

Die 4 Eiklar zu sehr steifem Schnee schlagen und unter diese Masse heben.

Das Backrohr auf 230 °C vorheizen. Die 4 Ananashälften aus der Tiefkühlung nehmen, die Gratinmasse darauf häufen, die Ähren in Aluminiumfolie wickeln, damit sie nicht verbrennen, auf ein mit Alufolie bedecktes Blech legen und im vorgeheizten Ofen ca. 8–10 Minuten goldbraun gratinieren.

Entnehmen, auf vier Teller verteilen und mit ein paar Rumrosinen dekorieren.

Gegebenenfalls das übrige Eis in je einer Kugel daneben setzen.

Birnenknödel

mit Nüssen (Haupt- oder Nachspeise)

Die Birnen schälen und vierteln und vom Kernhaus befreien. In wenig Wasser und etwas Weißwein, dem Zucker und Nelken zugegeben wurden, 15 Minuten kochen. Entnehmen, abtropfen und abkühlen lassen.

Die Erdäpfel in der Schale kochen, noch heiß schälen und gründlich zerstampfen oder passieren. Mehl, Grieß, Schmalz, Salz, Ei, Eidotter und Zimt darunterrühren und zu einem Teig verkneten. Die gekochten Birnen in kleine Stücke schneiden und daruntermischen.

In einem großen Topf reichlich Wasser zum Kochen bringen, leicht salzen.

Aus dem Teig kleine Knödel formen, ins kochende Wasser einlegen und ca. 15 Minuten ziehen lassen (nicht sprudelnd kochen).

Die geriebenen Walnüsse mit dem Staubzucker und etwas Zimt vermischen.

Knödel aus dem Wasser heben, abtropfen lassen und dick mit der Walnuss-Zucker-Mischung bestreuen. Warm servieren.

3 große feste Birnen (Winterbirnen, die sich zum Einwecken eignen)
Wasser und Weißwein
2–3 EL Zucker
3 Gewürznelken
400 g Erdäpfel
80 g Mehl
80 g Grieß
30 g Butterschmalz
Salz
1 Ei, 1 Eidotter
150–200 g geriebene Walnüsse
etwas gemahlener Zimt
2 EL Staubzucker

Nicht Kaviar und Hummer, sondern Obst war der kulinarische Luxus zu Mozarts Zeit. Am 12. November 1784 schreibt Leopold an Nannerl einen Begleitbrief zu Geschenken von ihrem ehemaligen Verehrer, der offenbar nach wie vor an seine Geliebte denkt und sie zumindest kulinarisch in ihrem trostlosen Ehealltag tröstet. »*H: von D'Ippold hat einen schönen Annanas und dann eine Schachtl mit kostbaren Birn geschickt. den Annana soll ich euch nebst seiner Empfehlung schicken, und ich werde sehen, daß der Both die Birn auch mitnehmen kann. — die Schachtl ist zimmlich schwer: muß halt sehen was der Both sagt. (...) — Wie es mir geht? — — Nicht gut, — und nicht schlecht ... Mit dem Essen wäre schon so zufrieden, wenn nur das Rindfleisch nicht wie Stein, und schlecht wäre.*«

Kaffeecremetorte

Für den Biskuitteig:
8 Eier
150 g Staubzucker
75 g Mehl
50 g Stärkemehl
Butter und Mehl
für die Form

Für die Creme:
7 Eidotter
150 g Staubzucker
ausgekratztes Mark
von 1/2 Vanilleschote
1/8 l Obers (Sahne)
1/8 l starker Kaffee
(Espresso oder Mokka)
250 g Butter

geröstete Kaffeebohnen

Das Rohr auf mittlere Hitze (180 °C) vorheizen.

Die Eier trennen. Zuerst den Zucker mit den Dottern schaumig schlagen. Dann die Eiklar zu sehr steifem Schnee schlagen. Das Mehl und das Stärkemehl unter die Zucker-Eidotter-Mischung ziehen, dann den Eischnee unterheben. Diese Masse in eine mit Butter ausgeriebene und bemehlte Tortenform geben, in die Mitte des Ofens schieben und in ca. 45 Minuten backen. Währenddessen die Creme vorbereiten.

Eidotter, Staubzucker und Vanillemark, Sahne und Kaffee in einen Topf geben, ins Wasserbad stellen, erwärmen und so lange schlagen, bis die Masse dick wird. Dann den Topf in kaltes Wasser stellen und wiederum so lange schlagen, bis die Masse ganz abgekühlt und steif ist. Nun die schaumig geschlagene Butter unterrühren. Für 40 Minuten in den Kühlschrank stellen.

Die Torte aus der Form nehmen, auf einem Kuchengitter abkühlen lassen, dann umdrehen, zweimal horizontal durchtrennen, sodass drei Böden entstehen. Mit der Kaffeecreme füllen und außen überziehen. Mit den Kaffeebohnen verzieren.

Wein & Getränke

Durch die vielen Reisen waren Leopold und sein Sohn, ohne es zu wollen, zu Weinkennern geworden und beurteilten durchaus kritisch, was ihnen kredenzt wurde. Die deutschen Rheinweine genossen in Österreich damals einen legendären Ruf und galten als Kostbarkeit. Mozart selber schätzte Madeira und Champagner, aber auch den Moselwein — wahrscheinlich Riesling.

Moselwein

Guter Wein tröstete Mozart über mangelnde Qualität der Speisen hinweg. Obwohl oder gerade weil ihm sein Vater immer davon abriet, Wein zu trinken, weil ihn das erhitze. Am 28. September 1790 schreibt Mozart aus Frankfurt am Main seiner Constanze nach Wien: »— in Regensburg Speisten wir prächtig zu Mittag, hatten eine göttliche TafelMusick, eine Englische bewirthung [= den Engeln gebührende, also himmlische], und einen herrlichen MoslerWein. zu Nürnberg haben wir gefrühstücket — eine häßliche Stadt [Leopold hatte ihm erklärt, Fachwerkbauten seien scheußlich]. — zu Würzburg haben wir unsere theuern Mägen mit Coffè gestärkt, eine schöne, prächtige Stadt. — die Zährung war überall sehr leidentlich [= leidlich].«

Rosso di Montepulciano

Vom Hauswirt und Delikatessenhändler Hagenauer um einen — damals unersetzlichen — Reisebericht gebeten, erledigt Leopold Mozart auf seinen Reisen mit seiner Frau, Nannerl und Wolfgang diese Pflicht mit der üblichen schulmeisterlichen Gewissenhaftigkeit. Und gibt damit Einblick in den vielseitigen Alkoholkonsum im London des 18. Jahrhunderts. Wie heute waren die Engländer auf importierte Weine angewiesen und damals bereits zeigte sich, dass sie die önologische Kultur des Kontinents auszukosten wussten. England, seit dem 18. Jahrhundert an der Spitze in der Champagner-Einfuhr, war dereinst auch ein großer Abnehmer toskanischer Rotweine für den Alltagsdurst. Und der scheint nach Leopolds Angaben beachtlich gewesen zu sein.

Punsch, österreichisch

Den Zucker in etwas Wasser auflösen, aufkochen und in das heiße Zuckerwasser die Eidotter einrühren. Den frisch gepressten Zitronensaft zugeben, alles gut durchquirlen, eine Flasche Champagner aufgießen. In einen Krug oder ein Bowlegefäß geben, oben gut verschließen und 2 Stunden sehr kalt stellen. In den hierfür geeigneten Champagnerschalen servieren.

800 g Zucker
4–5 Eidotter
Saft von 4 Zitronen
1 Flasche sehr
kalter Champagner

Punsch

Unsere englischen Nachbarn«, *berichtete Alexandre Dumas im 19. Jahrhundert, »hegen eine besondere Vorliebe für Punsch, was man an jenem, den Sir Edward Russel, Oberbefehlshaber der britischen Streitkräfte am 25. Oktober 1694 ausschenkte, gut sehen kann. Dieser Punsch war der außergewöhnlichste, von dem man je gehört hatte, und er wurde im Marmorbecken im Garten von Russels Haus zubereitet. Vier Fässer Branntwein, acht Fässer reines Wasser, fünfundzwanzigtausend Limonen, achtzig Pinten Zitronensaft, dreizehn Doppelzentner Zucker aus Lissabon, fünf Pfund Muskatnuss, dreihundert zerstoßene Keks und schließlich ein Schlauch Malaga wurden ins Becken gegossen, über das man eine Plane gespannt hatte, um es vor Regen zu schützen. Man hatte aus Rosenholz ein kleines Boot bauen lassen, auf dem ein elegant gekleideter Schiffsjunge, der der englischen Flotte angehörte, auf dem Punsch hin und her fuhr, um den Gästen diesen zu kredenzen.«*

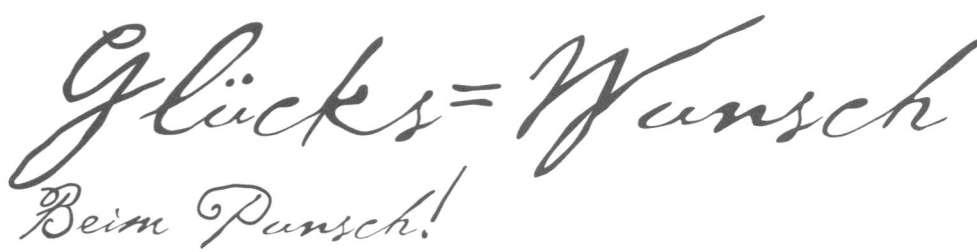

Glücks = Wunsch
Beim Punsch!

Ich bin heut ausgegangen, Du wußtest nicht, warum. —

Ich kann nur so viel sagen, daß es geschah darum,

Um Dich mit etwas kleinem Wein wenig zu erfreu'n,

Wobei ich weder Kösten, noch Fleiß noch Müh wollt' scheu'n —,

Ich weiß zwar nicht gewieß ob Du den Punsch magst trinken,

O! sage doch nicht — Nein, — sonst möcht' das Bindband [= Angebinde] stinken;

Ich dachte so bei mir, Du liebst die Engeländer,

Denn liebtest Du Paris, so gäbe ich Dir Bänder,

Wohlriechende Gewässer, ein künstliches Bouquet,

Du aber, liebste Schwester, Du bist keine Coquette,

Drum nimm aus meiner Hand den guten, kräft'gen Punsch,

Und laß ihn Dir recht schmecken, das ist mein einz'ger Wunsch.

Salzburg, den 31. Juli 1783

-6-

Mozart als Gastgeber

Ein bankrötter Gott, der Madeira liebt

Es klebt am Namen dieser Stadt wie die goldbraune Kruste der Rohrnudeln an der Reine: Gemütlichkeit gehört angeblich zu Wien.

Zu den vielen, die das widerlegen, gehört Mozart. Die zehn Jahre, die er dort verbringt, sind aufregend, anstrengend und ungemütlich.

Schon im Januar 1784, ein Vierteljahr nach der Rückkehr aus Salzburg, packen die Mozarts wieder ein und ziehen vom Judenplatz in den »Trattnerhof« Am Graben, Stadt Nr. 591-596, heute Nr. 29, 2. Stiege, 3. Stock. Hausbesitzer ist der Buchdrucker und Verleger Johann Thomas Edler von Trattner, ein guter Freund der Mozarts; seine Frau Maria Theresia ist eine von Mozarts ältesten Klavierschülerinnen, beide sind häufig zu

Gast bei Wolfgang und Constanze. Trattner, fast vierzig Jahre älter als Mozart, besitzt neben satten Privilegien einen funktionierenden Betrieb: Schon ein Jahr bevor Mozart geboren wurde, nannte er 15 Druckpressen sein Eigen und beschäftigte 100 Angestellte, mittlerweile kommt er auf 37 Pressen und 200 Angestellte. Das Gebäude, das er Am Graben beim Kohlmarkt hinsetzen ließ, ist daher alles andere als bescheiden: sechs Etagen, zwei mächtige zweiflügelige Haustüren, die Toreinfahrten werden flankiert von steinernen Atlanten, auf dem Dachgesims stehen zehn allegorische Steinfiguren. Eine gut gelegene und durchaus repräsentative Wohnung also, die Mozarts beziehen, auch wenn sie im dritten Stock liegt. Die Miete für das halbe Jahr von Georgi, dem 24. April, bis Michaeli am 29. September, beträgt 75 fl (Gulden), hinzu kommt ein Beleuchtungsbeitrag von 1 fl. Am 24. Februar 1784 zahlt Mozart sage und schreibe nur 2 fl an, Trattner gewährt ihm zu allem hinzu noch einen Nachlass von 10 fl. Mozart schuldet also noch den Rest der Halbjahresmiete, 63 fl, doch die lässt er seinem Vermieter erst am 18. Juni 1784 zukommen. Und bereits fünf Tage danach kündigt er die Wohnung wieder. Warum, wissen wir nicht. Gut, es hatte dort einigen Ärger gegeben mit dem Dienstmädchen, aber daran trug nicht die Wohnung Schuld. Leopold jedenfalls muss sich Mozarts Beschwerden in voller Länge anhören, denn das offenbar ebenso faule wie dumme und intrigante Mädchen ist eine Cousine der Theres Päncklin, jener Tresl, die in der Getreidegasse jahrzehntelang treue Dienste geleistet, Wolfgang mit Kapaunen verwöhnt hatte und noch immer dem alten Leopold zur Seite steht.

Gastfeindlich: Joseph II. spart, wo es ging. Schloss Schönbrunn (hier abgebildet) nutzte er überhaupt nicht mehr, die Hofburg ebenfalls nur teilweise — ganze Trakte wurden abgesperrt. Beliebt machte er sich bei den Wienern nicht durch diese Politik. Sie vermissten den gewohnten Glanz großer Bankette und Feste. Doch Joseph mied Gäste und Gelage.

Constanze ist schon wieder schwanger, Wolfgang hoffnungslos ungeschickt in allen praktischen Belangen, doch die dringend benötigte Haushaltshilfe ist keine, im Gegenteil. Erfrischend an dem Ärger ist jedoch die Sprache, in der Mozart die Affäre mit dem Dienstmädchen seinem Vater schildert.

»Nun muß ich ihnen etwas in betreff der schwemmerl liserl sagen. Sie schrieb an ihre Mutter, und da ihre adreße so beschaffen war daß man den brief auf der Post schwerlich angenommen haben würde (...) so sagte ich ihr ich wollte eine andere adreße darauf

Mitten in der Gesellschaft: Mozart trat nicht nur in Opernhäusern, Konzertsälen und Lokalen auf, wo er während des laufenden Restaurantbetriebs spielte, sondern auch in privaten Häusern wie dem des Hofrats Greiner. In diesen Salons ließen es sich die vermögenden Wiener etwas kosten, den Meister selbst am Klavier zu erleben, am liebsten mit Stücken aus der jeweils aktuellen Oper. Auf diesem kolorierten Stich um 1850 spielt Mozart angeblich aus seinem »Don Giovanni«.

machen. — aus Vorwitz und mehr um das schöne Concept weiters zu lesen, als um auf heimlichkeiten zu kommen, erbrach ich den brief. — sie beklagte sich darinn daß sie zu spätt ins bette, und zu früh aufstehen müsse ich glaube von 11 bis 6 uhr kann man sich genug schlafen. es sind doch 7 Stund. — wir gehen erst um 12 uhr ins bett, und stehen um halb 6 auch 5 uhr auf, weil wir fast alle tage in der frühe in Augarten gehen. ferners beklagt sie sich über die kost, und zwar mit den impertinentesten ausdrücken: — sie müsse verhungern — wir viere, als meine frau, ich, die köchin und sie, hätten nicht so viel zu Essen, als die Mutter und sie zusammen gehabt hätten ... sie wissen daß ich dermalen dieses Mädl aus bloßem mitleiden genommen habe, damit sie als eine fremde Person in Wienn [sic] eine unterstützung hat. — wir haben ihr das Jahr 12 gulden versprochen, womit sie ganz zufrieden war, obwohlen sie sich nun in ihren brief darüber beklagt. — und was hat sie zu thun? — den tisch abzuPutzen [sic], das Essen herum und hinaus zu tragen, und meiner frau ein kleid an= und ausziehen zu helfen. — übrigens ist sie außer ihrem Nähen die ungeschickteste und dümmste Personn von der Welt. — sie kan nicht einmal feuer anmachen, geschweige erst einen Koffè [sic] machen. — und das soll doch eine Person die ein Stubenmädl abgeben will, können. — Wir haben ihr einen Gulden gegeben; den andern tag verlangte sie schon wieder geld. — sie musste mir die Rechnung von ihrer ausgabe machen, und da lief die meiste ausgabe aufs bier trinken hinaus. — es ist ein gewisser h. Johannes mit ihr her gereist, der darf sich aber nicht mehr bei mir blicken lassen. — zweymal als wir aus waren, kamm er her, ließ wein bringen, und das mädl welches nicht gewohnt ist wein zu trinken, suff sich so vull, daß sie nicht gehen konnte, sondern sich anhalten musste, und das letzte mal, ihr bett ganz anspie. — welche leute würden eine solche Personn auf diese art behalten?«

Doch das Schwemmerl Liserl ist sicher nicht der Beweggrund, den »Trattnerhof« nach einem halben Jahr schon wieder zu räumen. Menschlicher Zwist mit dem Hausbesitzer ist auszuschließen, denn das Verhältnis zu Trattner, der Wolfgang um sieben Jahre überleben wird, ist nach wie vor herzlich, was allein der Umstand beweist, dass Trattner 1791 Taufpate von Wolfgangs Jüngstem werden soll. Dieser Umzug dürfte ausnahmsweise erfreuliche Gründe haben, denn im Frühjahr 1784 erlebt Wolfgang einen steilen Aufstieg. Stolz vermeldet er am 4. März dem Vater: »sie müssen mir verzeihen daß ich wenig schreibe, ich habe aber ohnmöglich Zeit, da ich die 3 lezten Mittwochs in der fasten von 17:ten dieses angefangen, 3 Concerte im Trattnerischen Saale auf abonnement gebe, wozu ich schon bereits 100 subscripteurs habe, und bis dahin leicht noch 30 bekomme.

(...) nun können sie sich leicht vorstellen, daß ich nothwendig Neue Sachen spiellen muß —
da muß man also schreiben. — der ganze vormittag ist den scolaren gewidmet. — und abends
habe ich fast alle tage zu spiellen. — sie werden unten die liste von allen accademien, worin
ich gewis spiellen muß lesen.«

Diese Liste umfasst 22 Termine, dicht gedrängt. Zwei Wochen darauf schickt er dem Vater die Auflistung seiner Subskribenten, die sich liest wie ein Auszug aus dem »Gotha«; Wiens angesehenste Adelsfamilien sind fast ausnahmslos vertreten.

Mozart arbeitet fieberhaft rund um die Uhr, unterrichtet am Vormittag seine Schüler, setzt sich dann ans Komponieren wie heute ein Büroangestellter an den Computer, tritt abends als Solist eines gerade vollendeten Klavierkonzerts auf und ist nebenbei mit seiner eigenen Vermarktung beschäftigt.

In dieser atemlosen Zeit brechen auch noch Gäste bei den Mozarts ein, stehlen dem Herrn des Hauses Zeit und wollen nach dem Essen mit ihm zusammen musizieren; »*da ich durch Besuche verhindert worden, so konnte ich diesen brief nicht aus* [= zu Ende] *schreiben*«, klagt Wolfgang dem Vater im Juni. Außerdem ist Constanze hochschwanger und als Gastgeberin nicht voll einsatzfähig.

Für die Vernunftheirat seiner Schwester, vom Vater eingefädelt und letztlich erzwungen, hat er also wenig Sinn, und für Gratulationscouren auch nicht. Hastig schreibt er am 21. Juli 1784 an seine Schwester Nannerl: »*Meine frau und ich wünschen dir beyde viel glück zu deinen Nammenstag; — Meine frau hätte dir gerne selbst geschrieben, allein das lange sitzen kommt ihr gar zu schwer an, weil ihr der zukünftige Majorats=Herr* [= das nächste Kind — er geht wohl zu Recht von einem Sohn aus] *gar keinen fried lässt. (...) — Nun ist seit acht tagen der alte Hampel* [= der Klarinettist Thaddäus Hampel] *mit seinem Sohne* [= der Geiger Paul Joseph Hampel] *von München hier, und wird übermorgen nach Russland abgehen. — sie speisen Morgen bey uns, und abends werden wir eine kleine Musique machen.*«

Weder Wolfgang noch Constanze sind dabei, als Nannerl am 23. August in St. Gilgen den dortigen Pfleger Johann Baptist von Berchtold zu Sonnenburg ehelicht, fünfzehn Jahre älter als sie, bereits zweimal verwitwet, der fünf miserabel erzogene Kinder in die Ehe bringt. Eine Mussheirat, denn mit dreiunddreißig ist eine Klavierlehrerin ohne Mitgift schwer zu vermitteln.

Mozart hat für die Sorgen anderer keinen Kopf. Am 21. September 1784 wird Carl Thomas geboren, eines der beiden Kinder, die überleben werden. Eine Woche nach der Entbindung muss Constanze, den Säugling im Arm, umziehen. In die einzige Behausung Mozarts in Wien, die noch zu besichtigen ist und die ganz unsere Klischees davon, wie er gelebt haben müsste, bedient. Es ist die

Mitten in der Einsamkeit: Mozarts Schwester Nannerl heiratete spät — hier auf einem anonymen Gemälde, kurz vor ihrer Hochzeit entstanden — und unglücklich. Ihr Mann, Freiherr Berchthold zu Sonnenburg, war Pfleger in St. Gilgen am Wolfgangsee, was für sie der Inbegriff von Einöde war. Wie sehr Nannerl darunter litt, hier fernab ihrer Freunde, des Theater- und Musikbetriebs dahinzuvegetieren, verraten ihre Briefe an den Vater in Salzburg. Neidvoll dachte sie an das Leben ihres Bruders in Wien.

Rechts:

Idyllischer Anblick: Das Haus des Stuckateurs Camesina, in das die Mozarts 1784 einzogen, war von der Ausstattung und von der Lage her – nah beim Stephansdom zu wohnen galt als besonders begehrenswert – eine exklusive Adresse (Fotografie von Emil Mayer von 1910 unten rechts). Und eine teure: Leopold Mozart, der Sohn und Schwiegertochter hier besuchte, erschrak über den hohen Mietzins. Die Fassade zur Schulerstraße hin (Aquarell von Richard Moser unten links) sieht heute fast genauso aus wie zu Mozarts Zeit.

Wohnung eines erfolgreichen Mannes, der Stil und einen erlesenen Bekanntenkreis hat; im ersten Stock in einem gepflegten Haus nahe beim Stephansdom gelegen, Große Schulerstraße, Stadt Nr. 846, heute Schulerstraße 5, reicht sie über den Hof in die Domgasse, besteht aus vier Zimmern, zwei Kabinetten und entsprechenden Nebenräumen und kostet beachtlich viel: 480 fl. Die vorherige Wohnung im »Trattnerhof«, allerdings kleiner und nicht in der Beletage gelegen, hat nur 75 fl, für die Mozarts mit Freundschaftsrabatt sogar nur 65 fl im Halbjahr gekostet. Doch die neue Wohnung hat alles, was es braucht, für den arrivierten Komponisten: eine gute Adresse, genügend Licht, eine schöne Ausstattung, elegante Proportionen und die Lage in der Beletage.

Während Mozart zulegt, hat sein Vater in Salzburg jetzt, wo er allein in den weitläufigen Räumen am Hannibalplatz haust, seinen Lebensstil radikal reduziert. »Kurz! ich lebe wie die Soldaten, – hab ich was. – so eß ich was. Kommt der Tag; so bringt der Tag! Geduld!«, schreibt er seiner frisch verehelichten Tochter nach St. Gilgen.

Rechts:
Intimer Einblick: In diesen Räumlichkeiten verbrachten Wolfgang und Constanze wohl ihre glücklichsten drei Lebensjahre, hier kam der Sohn Carl Thomas zur Welt, hier entstand seine Oper »Le Nozze di Figaro«, weswegen das Gebäude auch Figaro-Haus genannt wird.

Umso mehr imponiert es ihm, was er nun in Wien erlebt, als er dort zum ersten Mal seinen Sohn besucht.

Es ist der richtige Zeitpunkt, um den Vater nach Wien zu bitten: Besser wird Mozart nie mehr dastehen. Leopold, der eine beschwerliche Reise hinter sich gebracht hat – »der weg war durchaus abscheulich von schnee, Eyss, und gruben, und aller orten weegarbeiter« –, berichtet im Februar 1785 seiner Tochter Nannerl aus Wien, wo er bei Mozarts wohnt. »daß dein Bruder ein schönes quartier mit aller zum Hauß gehörigen Aus-

zierung hat mögt ihr daraus schlüssen, weil er 480 fl Hauszünß zahlt. den nämlichen Freytag abends fuhren wir um 6 uhr in sein erstes subscriptions Concert, wo eine große versam-
lung von Menschen von Rang war. iede [sic] Person zahlt für die 6 Fastenconcert einen
Souvrin d'or oder 3 Dugatten. Es ist auf der Mehlgrube, er zahlt für den Saal iedesmal nur
einen halben Souvrin d'or. Das Concert war unvergleichlich, das Orchester vortrefflich,
außer den Synfonien sang eine Sängerin vom welschen Theater 2 Arien. dan war ein neues
vortreffliches Clavier Concert vom Wolfgang, wo der Copist, da wir ankamen noch daran
abschrieb, und dein Bruder das Rondeau noch nicht einmal durchzuspielen Zeit hatte, weil er
die Copiatur übersehen mußte. Daß nun da viele bekannte angetroffen, und mir alles zulief,
kannst dir leicht vorstellen: bey anderen aber wurde aufgeführt. am Samstag war abends H:
Joseph Haydn und die 2 Baron Tindi bey uns, es wurden die neuen quartetten gemacht, aber
nur die 3 neuen die er zu den anderen 3, die wir haben, gemacht hat, sie sind zwar ein bischen
leichter, aber vortrefflich componiert: H: Haydn sagte mir: ich sage ihnen vor gott, als ein
ehrlicher Mann, ihr Sohn ist der größte Componist, den ich von Person und den Nahmen
[sic] nach kenne: er hat geschmack, und über das die größte Compositionswissenschaft. «

Er ist beeindruckt von solchen Urteilen aus berufenem Mund, er ist überwältigt von
dem Glanz, der seinen Sohn umgibt, von der Prominenz, die ihn umjubelt. Und er
ist gerührt von Mozarts Musik. »Ich war hinten nur 2 Logen von der recht schönen
würtemb: Prinzessin neben ihr entfernt und hatte das vergnügen alle Abwechslungen der
Instrumente so vortrefflich zu hören, daß mir vor Vergnügen die thränen in den augen
standen. als dein Bruder weg gieng, machte ihm der kayser mit dem Hut in der Hand ein
Compl: hinab und schrie bravo Mozart. — als er herauskam zum spielen, wurde ihm ohnehin zugeklatscht. — gestern waren wir nicht im Theater, — dann es ist alle Tage Accademie. «

Widerstrebend muss Leopold, zu Gast bei Mozart und dessen Freunden, einige Vor-
urteile aufgeben. Die geschmähte Schlampe Constanze, geborene Weber, kümmert
sich aufopfernd um ihn, als er, eine Spätfolge der Reise, krank wird. Und das Kind,
das sie geboren hat, ist nicht so unausstehlich, wie es sein müsste mit 50 Prozent
Weberschem Erbgut. Auch die restliche Familie Weber ist keineswegs so widerwärtig,
wie Leopold das bis dahin geglaubt hat. Denn als ihn rheumatische Schmerzen quälen,
springt Constanzes jüngere Schwester Sophie als Krankenpflegerin und Teeköchin
ein, solange die Hausfrau unterwegs ist.

Leopold genießt es, zu erleben, wie wichtig und begehrt sein Sohn hier ist, und, als
wäre er jung, bis spätabends auszugehen. »Heute wirds wohl wieder 1 uhr werden, bis wir,
wie gewöhnlich, ins Bette kommen. «

Und er gibt zu, dass die von ihm so übel beschimpfte Mutter Constanzes zumindest
vom Kochen etwas versteht: »den 17ten, am donnerstage, speissten wir bey deines Bruders
Schwiegermutter, der Frau Weber, wir waren nur wir4 [sic], die Weberin und ihre Tochter
Sophie, denn die älteste tochter ist in Gratz. ich muß dir sagen, daß das Essen nicht zu viel
und nicht zu wenig, anbey unvergleichlich gekocht war: das gebrattene war ein schöner
grosser Phasan, — alles überhaupts vortreflich zugericht. «

Ihm, der sich an sein soldatisch karges Dasein in Salzburg schnell gewöhnt hat, erscheint freilich die Wiener Gastfreundschaft entschieden zu üppig. »*Freytag den 18ten war Tafel beym jüngern Stephani, wo niemand als wir 4, dann H: Le brun, seine Frau, der Carl Cannabich und ein geistlicher waren. Nun, zum Voraus gesagt, ist hier an keinen Fastetag zu gedenken. Es wurde nichts als Fleischspeisen aufgetragen, und der Phasan war zur Zuspeise im Kraut, das übrige war Fürstlich, am Ende Austern, das herrlichste Confect, und viele Boutellien Champagner wein [sic] nicht zu vergessen überall Coffée — das versteht sich. (…) Noch hat man hier keine fastenspeiß gegeben. den 20ten gestern, waren wir bey einer Tafl von 21 Personen bey H: Schauspieler Miller. das war auch herrlich, aber nicht so übertrieben.*«

Doch es beruhigt ihn, dass sein Sohn gut verdient und dass Constanze sparsam wirtschaftet. »*… Ich glaube, daß mein Sohn, wenn er keine Schulden zu bezahlen hat, itzt 2000 f. in die bank legen kann: das Geld ist sicher da, die Hauswirthschaft ist, was Essen und Trinken betrifft, im höchsten Grad ökonomisch …*« Dass Mozart selbst in dieser Phase Schulden hat, die er auch jetzt als Großverdiener nicht zurückzahlt, und keinen Kreuzer, um ihn auf die Bank zu legen, ahnt Leopold nicht. Als er nach zweieinhalb Monaten, die er in Wolfgangs und Constanzes schöner Wohnung verbracht hat, zurückkreist, ist er höchst zufrieden. Er legt noch ein längeres Gastspiel bei Freunden in München ein, bevor er seine verlassene Wohnung am Hannibalplatz betritt, wo ihn Depressionen beschleichen: »*Ich kann nicht läugnen, daß mir die Zeit sehr lang ist, und erst noch länger werden wird, wenn die Commoedien kommende Woche aufhören: denn gegen 4 Monate war ich aller Orten unter vielen Menschen, und hier hatte ich das Vergnügen euch zu haben; itzt aber habe nur die angenehme unterhaltung mit der Tresel, wo den stumen Printzen absolute machen muß …*«, klagt er am 27. Mai 1785 seiner Tochter.

Bereitwillig fährt er also schon zweieinhalb Wochen später nach St. Gilgen, um das hochschwangere Nannerl zu versorgen — wozu ihr Mann offenbar nicht imstande oder bereit war. Doch das Kind kommt am 27. Juli nicht in St. Gilgen, sondern in Leopolds Salzburger Wohnung zur Welt. Und dort wird Leopoldus Alois Pantaleon, genannt Leopoldl, bis zum Tod seines Großvaters bleiben. Ob Nannerl ihr Kind nicht dem schlechten Ein-

Versöhnung geht durch den Magen: Über dem gebratenen Fasan und anderen Köstlichkeiten aus Cäcilia Webers Küche vergaß Leopold Mozart zumindest vorübergehend seinen abgrundtiefen Widerwillen gegen die Mutter seiner Schwiegertochter Constanze, für ihn — wie alle »Weberschen« — eine moralisch verwahrloste, verlogene Person.

Forschung und Verkitschung:
Im 19. Jahrhundert enstand einerseits ein süßliches, verzuckertes Bild vom Rokoko-Schönling Amadeus, andererseits wurden die Grundlagen moderner Mozart-Forschung gelegt. Otto Jahn veröffentlichte 1856 bis 1859 seine vierbändige Biografie, Ludwig Ritter von Köchel brachte 1862 sein Verzeichnis sämtlicher Tonwerke Mozarts heraus. Doch die meisten Menschen liebten ein Mozart-Bild, wie es diese Szene hier vermittelt: Mozart, groß, elegant und edel, im erlesenen Kreis an einer Festtafel bei Emanuel Schikaneder. Links von Mozart die Komponisten Joseph Haydn

und Albrechtsberger, rechts von ihm Salieri, dessen Geliebte, die Sängerin Caterina Cavalieri, Schikaneder, Constanzes Schwester Aloisia Lange und der alte Gluck. Zeitgenossen geben von den feucht-fröhlichen, bis in die Morgenstunden dauernden Gelagen beim »Zauberflöten«-Librettisten Schikaneder allerdings ein ganz anderes Bild.

fluss oder gar der Missgunst der Stiefgeschwister aussetzen will oder ob sie dem einsamen Vater etwas zu tun geben möchte, wissen wir nicht. Sicher ist nur, dass Leopold den Kleinen mit Liebe, Sorgfalt und der Hoffnung erzieht, es wachse hier noch einmal ein Wunderkind unter seiner Obhut heran. Dass Leopoldl in Salzburg lebt, ist für jeden, den das alltägliche Essen im Salzburg der Mozartzeit interessiert, ein glücklicher Zufall. Denn im Briefwechsel von Leopold und Nannerl geht es fast nur um Kost und Kosten. Leopoldl hält den alten Vater auf Trab, und das ist gut so, denn von seinem Sohn in Wien hört er immer weniger.

Mozarts Leben verläuft in dieser Zeit größtenteils so, wie wir es uns für ihn erträumen. 1786 riskiert er mit seinem Librettisten Lorenzo da Ponte die aufmüpfige Oper »Le Nozze di Figaro« und triumphiert. Schon mit der Uraufführung am 1. Mai geraten die großen Arien daraus zu Gassenhauern, werden im Prater und im Augarten gesungen und in gepflegten Haushalten am Klavier gespielt. Und Mozart benimmt sich, gut gelaunt und erfolgsverwöhnt, so koboldartig, wie es uns gefällt. In ihren »Denkwürdigkeiten« beschreibt Caroline Pichler, Tochter des einflussreichen Hofrats Franz Sales von Greiner, selbst Musikerin und Dichterin, einen typischen Auftritt Mozarts: »Als ich einst am Flügel saß und das Non più andrai aus ›Figaro‹ spielte, trat Mozart, der sich gerade bei uns befand, hinter mich, und ich musste es ihm wohl Recht machen, denn er brummte die Melodie mit und schlug den Takt auf meine Schultern; plötzlich aber rückte er sich einen Stuhl heran, setzte sich, hieß mich im Basse fortspielen und begann so wunderschön aus dem Stegreif zu variieren, daß Alles mit angehaltenem Atem den Tönen des deutschen Orpheus lauschte. Auf einmal ward ihm das Ding zuwider, er fuhr auf und begann in seiner närrischen Laune, wie er es öfters machte, über Tisch und Sessel zu springen, wie eine Katze zu miauen und wie ein ausgelassener Junge Purzelbäume zu schlagen.« Caroline Pichler hat solche nicht eben salonfähigen Manieren mit derselben Gelassenheit hingenommen und verständnisvoll gedeutet wie alle, die Mozart liebten. »Er gefiel sich darin«, erklärt sie uns, »die göttlichen Ideen seiner Musik mit den Einfällen platter Alltäglichkeit in scharfen Kontrast zu bringen und durch eine Art von Selbstironie sich zu ergötzen.«

Doch nicht alle Gastgeber Wiens besitzen so viel Toleranz, und mancher befindet, ein unerzogenes Genie sei gesellschaftlich nicht tragbar.

Durch den Umgang mit da Ponte, sein Leben lang ein Abenteurer und Genießer, gerät Mozarts Alltag kaum ruhiger oder bescheidener. Allein, daß der Sohn des jüdischen Gerbers und Lederwarenhändlers Geremia Conegliano sich nach wie vor nach seinem Paten, dem Bischof seines Geburtsortes im Veneto, nennt, obwohl er selbst aus dem kirchlichen Dienst geflohen ist, beweist seine Chuzpe. Die Nächte werden durch da Ponte sicherlich kürzer, der Weinkonsum wächst. Ob Mozart durch ihn jüdische Gerichte kennen lernt, vielleicht die in Wien beliebte jüdische Leber, oder doch eher einen *Fegato alla veneziana*, eine Kalbsleber nach Art seiner Heimat mit Salbei gebraten, ob er es ist, der Wolfgang mit dem Marzemino vertraut macht, der im »*Don Giovanni*« dann in die Operngeschichte eingehen wird, mit diesem süffigen, fruchtigen Roten, ist nicht belegt, jedoch die Tatsache, dass Mozart zwischen Auftritten und Reisen ein durchaus gastliches Haus führt.

»*Die freundliche Aufnahme, die mir Mozart in seinem häusl. Zirkel in Wien gewährte seine muntere Unterhaltung und besondeers [sic] wenn er oft spät in die Nacht uns auf dem Fortepiano phantasierte werden mir ewig unvergesslich bleiben.*« Daran erinnert sich Dr. Daniel Schütte, der Mozarts Schwager Lange in Frankfurt kennen gelernt hat und über ihn bei Mozarts eingeschleust worden war. Bald aber fehlen die Mittel, den Wein zur munteren Unterhaltung zu finanzieren. Constanze wird am 18. Oktober 1786 von ihrem dritten Kind entbunden, das keinen Monat später stirbt, ist entkräftet, hat mit einem Beinleiden zu kämpfen, braucht Behandlungen und Kuren, die Mozart selbstverständlich genauso aus eigener Tasche zahlen muss wie die Reise nach Prag im Jahr darauf. Noch verdient er gut, noch ist er begehrt, noch ist er der Star in Wiens Musikszene. Doch der nächste Umzug an Georgi, am 23. April 1787, hat leider keine erfreulichen Beweggründe. »*Dein Bruder*«, berichtet Leopold seiner Tochter am 11. Mai, »*wohnt itzt auf der Landstrasse No. 224. Er schreibt mir aber keine Ursache dazu. gar nichts! Das mag ich leider errathen.*«

Er kann sich denken, dass Constanze und Wolfgang nicht freiwillig die schöne Wohnung in der Schulerstraße aufgegeben haben, sondern der Geldmangel sie dazu zwingt. Obwohl Leopold seiner Tochter in demselben Brief noch erklärt, sein Zustand und seine Verdauung seien wie gewohnt – »*Ich befinde mich immer gleich, habe meine Öffnung und Apetit*« – soll das der letzte Brief sein, den sie von ihm erhält. Am 28. Mai 1787 schreibt Nannerls ehemaliger Verehrer Franz Armand d'Ippold, ihr Traummann, den sie aus Geldgründen nicht heiraten durfte, aus Salzburg an Wolfgang, sein Vater sei gestorben. Mozart erklärt daraufhin, er komme nicht zur Beerdigung, denn er könne »*dermalen Wien ohnmöglich verlassen*«, angeblich, weil er voll beschäftigt ist mit der Fertigstellung des »*Don Giovanni*«. Doch die Uraufführung findet erst am 29. Oktober in Prag statt, sodass wohl eher zu vermuten ist: Mozart hatte kein Geld für eine weitere Reise und investiert lieber in seine Zukunft als in den toten Vater. Nach Prag begleitet ihn Constanze, schon wieder hochschwanger. Dort werden die Duscheks ihre Wiener Freunde in der Bertramka, ihrem Anwesen vor den Toren der Stadt, wie üblich verwöhnen mit böhmischen Knödeln und böhmischen Enten, sauren Steinpilzen, Karpfen und Stubanky, diesen deftigen Nocken aus Kartoffelsterz, mit all den hiesigen Hefespezialitäten, von Dalken und Kolatschen bis zu Liwanzen, bestrichen oder gefüllt mit Mohnbutter oder Powidl, zu deutsch Zwetschgenmus.

Glückliche Gäste: In der Villa Bertramka vor den Toren Prags verwöhnten Josepha Duschek und ihr Mann Franz Xaver, sie Sängerin, er Komponist, Constanze und Wolfgang mit böhmischer Kost, bereitet aus dem, was der zugehörige Gutshof lieferte. Hier vollendete Mozart in großer Zeitnot seinen »Don Giovanni«, der im Prager Ständetheater seine triumphale Uraufführung erlebte.

Die beiden Mozarts nächtigen in einem Schlafzimmer voller Poesie, unter einer mit Pflanzen bemalten Balkendecke, durch die offenen Fenster dringt die klare Luft aus den Obstgärten und Weinbergen, in die eingebettet das Haus liegt.

Dennoch bleibt das Jahr anstrengend. In der zweiten Novemberhälfte erst kehren Mozarts nach Wien zurück, und bereits Anfang Dezember, als Constanze im neunten Monat schwanger ist, muss sie wieder einmal die Umzugskisten packen. Von der Vorstadt-Landstraße ziehen die Mozarts zurück in die Innere Stadt auf Nr. 281, »unter den Tuchlauben«, heute Nr. 27. Eigentlich dürften die Finanzen nicht schuld daran sein, dass Mozart seiner Constanze das zumutet, denn Kaiser Joseph II. ernennt Mozart am 7. Dezember zum k. k. Kammer-Kompositeur mit einem Jahresgehalt von 800 fl – leicht verdientes Geld, denn Joseph verlangt nicht wie etwa Colloredo, dass Mozart dafür regelmäßigen Dienst schieben muss, das Amt ist mehr als Ehrentitel zu verstehen. Doch das ehrenhafte Zusatzgeld reicht nicht, um die Löcher zu stopfen.

Drei Wochen später, direkt nach den Weihnachtsfeiertagen, kommt in der noch kaum eingeräumten Wohnung das vierte Kind der Mozarts zur Welt, ein kleines Mädchen, das so viele Monate leben wird, wie es Vornamen hat: Theresia Constantia Adelheid Friderika Maria Anna stirbt am 29. Juni 1788, kurz nachdem die Mozarts erneut umgezogen sind, wieder hinaus in die Vorstadt, in den Alsergrund Nr. 135, heute Währingerstraße 16. »Bey den 3 Sternen« heißt das Haus, aber es sieht nicht so aus, als gingen Sterne über Mozart auf: Wolfgang, mittlerweile Mitglied der Freimaurer, entdeckt in seinem Logenbruder Michael Puchberg einen Freund, der seiner Sympathie für den Komponisten in harter Münze Ausdruck gibt. Tragisch, dass dieser geduldige Geldleiher verarmt sterben sollte. Hätte er lange genug gelebt, wäre er wieder reich geworden mit dem Verkauf von Autografen aus Mozarts Hand. Denn Puchberg wird Besitzer einer umfassenden Sammlung von Bettelbriefen, die in immer dichteren Abständen bis zu Mozarts Tod bei ihm eingehen und deren Tonfall immer flehentlicher wird. Durch diese Korrespondenz erfahren wir, dass Mozart wirklich aus Geldnot umzog, denn er pumpt Puchberg an, um die Schulden beim ehemaligen Hauswirt, also dem vorletzten Vermieter, in der Landstraße zahlen zu können. Er bitte um »1 oder 2 tausend gulden« und ergänzt vorsichtshalber, voller Verständnis für den Gläubiger: »wenn Sie vieleicht so bald nicht eine Solche Summa entbehren könnten, so bitte ich sie mir wenigstens bis Morgen ein paar hundert gulden zu lehnen, weil mein hausherr auf der landstrasse so indiscret war, daß ich ihn gleich auf derstelle (um ungelegenheit zu vermeiden) auszahlen musste, welches mich sehr in unordnung gebracht hat! — wir schlafen heute daß erstemal in unserem neuen quartier, alwo wir Sommer und winter bleiben; — ich finde es im grunde einerley wo nicht besser; ich habe ohnehin nicht viel in der stadt zu thun, und kann, da ich den vielen besuchen nicht ausgesetzt bin, mit mehrerer Musse arbeiten; — und muß ich geschäfte halber in die stadt, welches ohnehin selten genug geschehen wird, so führt mich Jeder fiacre um 10 x: [= Kreuzer] hinein, um das ist auch das logis wohlfeiler, und wegen frühJahr, Sommer, und Herbst, angenehemer — da ich auch einen garten habe.«

Das allerdings ist keine faule Ausrede und keine Beschönigung der geldentblößten Tatsachen: Wolfgang ist versessen darauf, die wärmere Jahreszeit über einen Platz im Grünen zu haben, denn er ist verliebt in die Natur, in Tiere, vor allem in Vögel, und widmet einem Star, der ihn mit seinem Gesang erfreut hatte, sogar ein Grabmal mit selbst verfasstem Grabspruch.

Doch es ist klar: Constanze muss nun sparen, wo es geht. Gut, dass die Wiener Küche zwar nicht von beschränkten Kochkünsten, aber durchaus von beschränkten Mitteln ausgeht. Ob billige Gerichte wie ein Nierenkuchen oder ein Marmorkuchen aus Ochsenmaul, Zunge, Kalbseuter, Wammerl, Leber und Schweinsohr Wolfgangs Geschmack sind, wissen wir nicht, aber nachdem Sauerkraut mit Leberknödeln seine Leibspeise ist, dürfte eine preiswerte gefüllte Leber ebenso nach seinem Geschmack sein wie eine Sauerkrautsuppe mit Geselchtem oder die bewährte Wiener Leberreissuppe. Wer die Briefe an Puchberg liest, muss allerdings vermuten, Wolfgang ernähre sich von alten Burgunderweinen und Rehrücken. Wofür sonst kann er das Geld ausgeben, das er verdient, und immer noch hoch verschuldet sein?

Er hätte, gesteht er dem Logenbruder am 27. Juni 1788, »nicht einmal das Herz vor ihnen zu erscheinen, da ich gezwungen bin, Ihnen frey zu gestehen, daß ich ihnen das mir geliehene ohnmöglich sobald zurückzahlen kann, und sie ersuchen muß mit mir Gedult zu haben! — daß die Umstände dermalen und Sie mich nach meinem Wunsch nicht unterstützen können, macht mir viele Sorgen! — Mein Laage ist so, daß ich unumgänglich genöthigt bin Geld aufzunehmen. — aber Gott, wem soll ich mich vertrauen? Niemanden als ihnen, mein Bester! — Wenn Sie mir nur wenigst die Freundschaft thun wollen, mir durch einen andern Weg Geld zu verschaffen! — ich zahle ja gerne die Intereßen, und derjenige der mir lehnte, ist ja durch meinen Charakter u. meine Besoldung glaub ich gesichert genug — es thut mir leid genug, daß ich in diesem Falle bin, ebendeßwegen wünschte ich aber eine etwas ansehnliche Summe auf einen etwas längeren Termin zu haben, um einem solchen Falle vorbeugen zu können. — Wenn Sie werthester Br: mir in dieser meiner Laage nicht helfen, so verliere ich meine Ehre und Credit, welches das einzige ist, welches ich zu erhalten wünsche. «

Puchberg leiht ihm Geld, aber weniger als Mozart erwartet hat. Die Folge: Sein Schuldner macht ihm dreieinhalb Wochen später deswegen Vorwürfe und stellt eine Nachforderung. »Meine sachen habe mit mühe und sorge so weit gebracht, daß es nur darauf ankömmt mir auf diese 2 versatz=zettel etwas geld vorzustrecken. — ich bitte Sie bey unserer freundschaft um diese gefälligkeit, aber es müsste augenblicklich geschehen. — verzeihen sie meine zudringlichkeit, aber sie kennen meine laage. — Ach! Hätten sie doch das gethan um was ich sie bat! — thuen sie es noch — so gieng alles nach Wunsch. Ewig ihr Mozart. «

Mozart hatte also bereits Wertsachen ins Leihhaus getragen, um den Lebensunterhalt bestreiten zu können. Seine Schaffenskraft scheint davon nicht beeinträchtigt zu werden, denn innerhalb von nur sechs Wochen entstehen zwischen dem 26. Juni und dem 10. August drei seiner großen Sinfonien, darunter die in g-moll, KV 550. Braucht er Geld fürs Billardspielen, weil auch am hauseigenen Billardtisch um Geld gespielt wird? Braucht er so hohe Summen für Constanzes Kuren? Oder für seine Reisen nach Prag, Dresden und Berlin? Oder um den nächsten Umzug in eine billigere Wohnung zu finanzieren? Anfang 1789 ziehen die Mozarts aus der Währingerstraße wieder in die Innere Stadt, Nr. 245, an den Judenplatz, ein Haus neben dem, wo sie schon 1783 gewohnt hatten. Und dieses Jahr 1789 beschert Mozart eine Überraschung, die er gar nicht brauchen kann: Er scheint schlagartig außer Mode gekommen zu sein. Als sich auf einer seiner sonst randvollen Subskriptionslisten nur ein einziger Name findet, wird er aber nicht nervös, sondern erfinderisch: Es gibt ja noch andere nette Leute in Wien, die er anpumpen kann. Zum Beispiel den Mann seiner Klavierschülerin Magdalena, Franz Hofdemel, der bereits Ende März 1789 einen Originalbrief von Mozart in Händen hält, der ansonsten mehr Interesse an Magdalena bezeigt als an dem Gatten: »Ich bin so frey sie ohne alle Umstände um eine gefälligkeit zu bitten, — könnten oder wollten sie mir bis 20:t des künftigen Monaths 100 fl: lehnen, würden sie mich sehr verbinden; — am 20:ten fällt mir das Quartal meiner gage zu, wo ich dann meine schulde mit dank wieder zurückerstatten werde. «

Zu Gast ist bei Mozarts in dieser Zeit wohl kaum mehr jemand. Wolfgang selbst ist dauernd unterwegs. Am 8. April 1789 bricht er zu einer Stippvisite nach Prag auf, von wo es nach siebeneinhalb Stunden weitergeht nach Dresden. Da die Fahrtkosten nicht unerheblich sind, spart er, wo es nur geht: Constanze wohnt mit dem kleinen Sohn währenddessen unentgeltlich bei Puchbergs im Walseckischen Hause, und Mozart lässt sich von seinen Verehrern aushalten. Am Karfreitag, dem 10. April, berichtet er Constanze aus Prag: »*Wir kehrten ein beim Einhorn* [= »Zum goldenen Einhorn«, Lázenská-Gasse, auf der Kleinseite]; — *nachdem ich balbirt* [= rasiert], *frisirt und angekleidet war, fuhr ich aus in der Absicht, beym Canal* [= Joseph Emanuel Graf Canal von Malabaila] *zu speisen; da ich aber bey Duschek vorbey mußte, frug ich erstens dort an — da erfuhr ich daß die Madame gestern nach Dresden abgereist seye!!!* — — — *Dort werde ich sie also treffen. Er* [= Franz Xaver Duschek] *speiste bei Leliborn* [wohl ein privater Gastgeber] *wo ich auch öfters speiste; — ich fuhr also gerade dahin. — ich ließ Duschek (als ob jemand etwas mit ihm zu sprechen hätte) herausrufen. nun kannst du dir die Freude denken. — ich speiste also bei Leliborn.*«

In Prag empfinden es viele als Freude, den Komponisten zu bewirten, der hier seit der Uraufführung des »*Don Giovanni*« eine Legende ist. Und viele wissen gut, dass sie Mozart mit Verderblichem mehr erfreuen als mit Juwelen. Auch im Jahr darauf soll sich Mozart bei einem seiner Gönner in Prag mit poetischen Worten für alkoholische Versorgung bedanken. »*Und was soll ich denn sagen von Ihrem Präsent, mein allerbester Herr Baron? Das kam, wie ein Stern in dunkler Nacht, oder wie eine Blume im Winter, oder wie ein Glas Madeira bey verdorbnem Magen … (…) Hier, bester Freund und Gönner, ist das Blatt bald voll, die Flasche Ihres Weins, die heute reichen muss, bald leer …*«

Daheim in Wien nimmt er mittlerweile nicht nur mit Champagner, Burgunder und Madeira, sondern auch mal mit Bier vorlieb. Zumindest wenn es kostenlos angeliefert wird. »*Wenn ich gewußt hätte, daß Sie mit dem Biere fast zu Ende sind*«, schreibt er an Michael Puchberg, der ihm anscheinend nicht nur Geld, sondern auch Atzung zukommen lässt, »*so würde ich mich gewis nie unterstanden haben Sie davon zu berauben, ich nehme mir also die Freyheit Ihnen hiemit den andern Blutzer* [= Krug, Wiener Maßeinheit] *wieder zurück zu schicken, da ich heute schon mit Wein versehen bin; — ich danke Ihnen herzlich für den ersten und wenn Sie wieder mit Bier versehen seyn werden, so bitte ich mir ein Blutzerchen aus; Sie wissen wie gerne ich es trinke; — ich bitte Sie, bester Freund, schicken Sie mir nur auf ein paar Tage etliche Ducaten, wenn Sie können, weil es eine Sache betrifft, die sich nicht verschieben läßt, sondern augenblicklich geschehen muß …*«

Vielleicht sind es seelische Gründe, die Folgen der dauernden existenziellen Ängste, dass Constanzes fünftes Kind, das am 16. November 1789 zur Welt kommt, nur ganze zwei Stunden lebt: Der Geburtstag von Anna Maria ist auch ihr Todestag.

Ungeschönt: Denen, die ihn kannten, schien Mozart auf dieser Silberstiftzeichnung von Dora Stock besonders gut getroffen. Die Schwägerin des Schiller-Intimfreunds Körner hatte Mozart 1789 bei seinem Aufenthalt in Leipzig porträtiert und beschrieb, wie der Komponist über dem Klavierspielen völlig das zu seinen Ehren bereitete Festessen vergaß.

Schmerzlich: Dieser Anblick seiner zärtlich aneinander gelehnten Söhne war Mozart nicht mehr vergönnt, denn der Jüngere war ein halbes Jahr alt, als Mozart starb. Erst acht Jahre später, 1798, porträtierte der dänische Maler Hans Hansen, wohl auf Wunsch von Constanzes zweitem Mann, dem dänischen Diplomaten Georg Nikolaus Nissen, Carl Thomas und Franz Xaver Wolfgang, die einander wirklich sehr mochten und an ihrem Stiefvater Nissen hingen.

Die Nachwelt wird dennoch kein Mitleid haben mit Constanze Mozart, sondern sie stilisieren zu einer herzlosen Person, die Mozart niemals umsorgt und verwöhnt und schon gar nicht verstanden hat. Eine schlechte Hausfrau und eine untaugliche Partnerin.

Im Januar 1790 ist »*Così fan tutte*« uraufgeführt worden, Mozarts tiefste Oper, getränkt von schmerzlicher Menschenkenntnis. *Così fan tutte* — so machen es alle: Formel für die resignierende Einsicht in die menschliche Unzulänglichkeit. Diese Einsicht brauchen auch alle, die Mozart lieben oder gar mit ihm leben. Er denkt nicht daran, unterwegs auf etwas zu verzichten. Zufrieden schreibt er am 28. September 1790 aus Frankfurt am Main an Constanze: »*— In Regensburg speisten wir prächtig zu Mittag, hatten eine göttliche Tafel=Musick, eine Englische Bewirthung* [= den Engeln gebührende, also himmlische] *und einen herrlichen Mosler=Wein.* « Der Regensburger Weinwirt stellte ihn offenbar zufrieden, anderen gelingt das meistens nicht; der völlig bankrotte Mozart bleibt ein strenger Gourmetkritiker und findet sich keineswegs klaglos damit

ab, wenn die Qualität seines Mittagessens nicht seinen Ansprüchen entspricht — er hat schließlich kostbare Eingeweide. »*— Zu Würzburg haben wir unsern theuern Magen mit Kaffee gestärkt, eine schöne prächtige Stadt — die Zehrung war überall leidentlich* [= leidlich]. «

Während er ihr Restaurantkritiken schickt, muss Constanze schon wieder die Wohnung wechseln: Am 30. September 1790 zieht sie mit Carl Thomas in die Rauhensteingasse, Stadt Nr. 970 (heute Nr. 8), in den 1. Stock.

Aus Mozarts Nachlassinventar, das im Jahr darauf erstellt wird, wissen wir, dass der Umzug diesmal ganz beachtliche Ausmaße hatte. Außer Mozarts umfangreicher Garderobe und Constanzes deutlich bescheidenerer mussten transportiert werden: drei Betten — ein Ehebett, ein Kinderbett, ein Dienstbotenbett —, zwei Schubladenkästen, ein Sofa mit sechs Sesseln und zwei Hockern, ein Eckschrank, ein Nachttisch, Vorhänge, drei Tische, zwei Diwane mit sechs zugehörigen Sesseln, ein Lackschränkchen, ein Spiegel mit vergoldetem Rahmen, ein Lüster, ein weiterer Tisch, ein Billardtisch mit allem Zubehör, eine Laterne und vier Leuchter, ein eiserner Ofen, ein kleiner

Tisch, ein damastbezogenes Kanapee mit sechs Sesseln, ein Rollsekretär, eine Uhr mit vergoldetem Kasten, ein Fortepiano, eine Bratsche, ein lackierter Schriftenkasten, zwei Bücherregale, sechzig Teile Porzellan, Leuchter, Töpfe, Pfannen, Kannen und Gläser aus der Küche, zwei Arbeits- respektive Küchentische, eine Truhe, zwei Paravents, zwei weiche Betten, ein Schrank und kistenweise Wäsche, Bücher und Noten.

Kein kleinbürgerlicher Haushalt, mit allein achtzehn Sesseln und einem Billardtisch, ein Luxus, den sich nur wenige Wiener Bürger leisten konnten. Das alles wird nun in die Beletage im so genannten »Kleinen Kaiserhaus« in der Rauhensteingasse geschleppt. Ihren ungemütlichen Namen hat diese Gasse, die Weihburggasse und Himmelpfortgasse verbindet, von dem ehemaligen Hauptgefängnis Wiens, genannt »raucher Stein«, das sich im Mittelalter dort befunden hatte. Doch trotz der unwirtlich klingenden Anschrift ist diese Wohnung, in der Mozart im Jahr darauf sterben wird, nicht das, wozu sie die Legendenschreiber gerne machen, weder ärmlich noch düster und schon gar nicht eng: 145 Quadratmeter, zuzüglich einer Bodenkammer für das Dienstmädchen, einem Keller für den Wein und einem Gewölbe für das Holz.

Ein in jeder Hinsicht gastfreundliches Haus also, keineswegs eine Gruft, die das nahende Ende ahnen lässt. Das ahnt ohnehin bis zuletzt keiner, vor allem Mozart selber nicht.

Aus den Briefen, die er in seinem letzten Lebensjahr an Constanze schreibt, als sie in Baden auf Kur ist – zuerst hochschwanger, dann, um sich von den Folgen der schweren Geburt dieses letzten Kindes, Franz Xaver Wolfgang, am 26. Juli 1791 zu erholen –, sprechen Besorgnis um seine Frau, Lebensfreude, Übermut, die übliche Lust am Spott und ein gesegneter Appetit. Der vergeht ihm erst, als ein ominöser Bote bei ihm ein Requiem bestellt, ohne den Auftraggeber zu nennen, und Mozart ihn, vielleicht weil er in sich nun Schwäche und Krankheit spürt, als den eigenen Todesboten zu erkennen glaubt. Er verfällt nicht auf die Idee, dass sich nichts als Eitelkeit hinter dieser makabren Schmierenkomödie verbirgt: Ein adliger Laienkomponist will sich brüsten mit einem angeblich selbst komponierten Requiem.

Doch bis zum Auftritt dieser dunklen Gestalt steht Mozart mit seinen beiden kurzen Beinen mitten im Leben. Am 6. Juni 1791 schreibt er seiner Frau: »– mich freuet es daß du guten Apetit hast – wer aber viel frisst, muss auch viel sch...«

Ihm fehlt nichts, außer seinem Herzensweibchen. Und die geht ihm auch aus ganz banalen Gründen ab, denn wie Constanze auf einem Brief später ihren zweiten Mann

Tröstlich: Die Schilderungen von Mozarts letzter Wohnung als einer düsteren, ärmlichen Absteige werden von den Tatsachen Lügen gestraft. Die Räume in der Rauhensteingasse waren großzügig, das Haus lag gut und zentral. Doch wie fast alle Gebäude, in denen Mozart in Wien gelebt hatte – nur das »Figaro-Haus« blieb erhalten –, fiel es der Abrisswut zum Opfer. Heute steht dort das Kaufhaus Steffl.

vermerken lässt: »Man weiß, daß er in den Gebrauch seiner Hände ausser dem Clavier sehr ungeschickt war, daß er nicht Fleisch schneiden konnte etc. und daß seine Frau ihm das Fleisch wie einem Kinde schnitt.«

Deswegen muss er nun viel Geld ausgeben, um essen zu gehen, es sei denn, Freunde erbarmten sich des Strohwitwers. »Gestern speißte ich mit Süßmaiern bey der ungarischen Krone zu Mittag«, berichtet er am 7. Juni, »— heute weißt Du ohnehin, daß ich bey Schicaneder [dem Librettisten der »Zauberflöte«] esse, weil Du auch darzu eingeladen warst.« Dann ist er wieder bei seinem Gläubiger Puchberg zu Gast, vergisst zwischendrin im Arbeitsrausch, etwas zu sich zu nehmen, »— es ist halb 2 Uhr, ich hab noch nicht gegessen (...) — ich bin zu matt vor Hunger«. Nachdem er selber außer Stande ist, sich auch nur ein Brot zu richten, lässt er ab und zu etwas vom Kellner Joseph Deiner, wie auch Mozarts Kammerdiener Primus genannt, aus seinem Stammbeisl »Zur Goldenen Schlange« aus der Kärnterstraße 12 bringen, was den Vorteil hat, dass er sein einsames Billardspiel nicht unterbrechen muss. »Gleich nach Deiner Abseeglung«, berichtet er Constanze im Oktober 1791, »Spielte ich mit Hr: von Mozart (der die Oper beim Schikaneder geschrieben hat) 2 Parthien Billard. (...) — dann liess ich mir (...) den Primus rufen und schwarzen koffé hollen, wobey ich eine herrliche Pfeiffe toback schmauchte.«

Oder er geht der Nase nach. »um halb 6 uhr gieng ich beim Stubenthor hinaus — und machte meinen favorit Spaziergang über die Glacis ins Theater — was sehe ich? — was rieche ich? — — Don Primus ist es mit den Carbonadeln — che gusto! — izt esse ich [auf] deine Gesundheit — eben schlägt es 11 uhr; — vieleicht schläfst du schon? — St! St! St! — ich will dich nicht aufwecken!« Carbonadeln, also Schweins- oder Kalbskoteletts — in Bayern hießen auch Frikadellen so —, gehören zu seinen Leibgerichten.

Mozarts Versuche, sich zu Hause einen Tisch zu decken, enden eher komisch.

»Sammstags den 8t. — du hättest mich gestern beim Nachtessen sehen sollen! — das alte Tischgeräth habe ich nicht gefunden, folglich habe ich ein schne=blümelweisses hergegeben — und den dopelten leuchter mit wachs vor meiner! [= vor mir].« Was auf den mit Schneeblumen bemalten Tellern liegt, stammt wie immer aus seinem Stammbeisl. »— izt habe ich eben ein kostbares Stück Hausen zu leib genommen, welches mir D: Primus (welcher mein getreuer kammerdiener ist) gebracht hat — und da mein Apetit heute etwas Stark ist, so schickte ich ihn wieder fort mir noch etwas, wenn es möglich ist, zu bringen. (...) Sonntag um 7 uhr früh. (...) — ich habe mir mein halbes kapaunel, so mir freund Primus nachgebracht hat, herrlich schmecken lassen.« Weder der Hausen, ein störartiger Fisch, der heute nur noch im Schwarzen und Kaspischen Meer vorkommt, damals aber

auch in der Donau schwamm, noch der von Mozart so geliebte Masthahn sind Billigkost, beides zählt zu den Festtagsdelikatessen der Wiener Küche.

Und auch im letzten Brief, den Mozart an sein »*liebstes bestes Weibchen*« nach Baden
schreibt, geht es ums Essen. Nachdem er nun den älteren Sohn Carl Thomas bei sich
hat, wird der mit ausgeführt; »*ich supirte mit Carl bei Hofer*«, vermeldet er – offenbar
soupierten sie reichlich, denn danach fielen beide in Tiefschlaf. Tauchen bei ihm zu
Hause Gäste auf, werden auch die von seinem treuen Primus versorgt. »*eben ist Leitgeb und Hofer bei mir; – ersterer bleibt bey mir beym Essen, ich habe meinen treuen Kame-
raden Primus eben um ein Essen ins Bürgerspital geschickt.*«

Das sind seine Sorgen Mitte Oktober. Dann aber wird er zum echten Sorgenkind.
Am 20. November wird er bettlägrig, Constanze, die aus Baden zurückgekehrt ist,
pflegt ihn, aber ohne Aussicht auf Erfolg. Am 5. Dezember, eine Stunde nach Mitternacht, stirbt er.

Um seinen Tod werden bald die wildesten Gerüchte entstehen und sich bis heute

Abschied: Weil ein eitler Auftraggeber sich mit Mozarts Kunst schmücken und dessen Komposition als seine ausgeben wollte, schickte er einen anonymen Boten, um bei Mozart eine Totenmesse zu bestellen. Mozart steigerte sich in den Gedanken hinein, er schreibe sein eigenes Requiem — und sollte Recht behalten. Hier die Parti- tur des Werkes, das zuerst Eybler, dann Süßmayr zur Vollendung übergeben wurde. Auf Mozarts Klavichord (rechts) spielten dann seine Söhne, deren Begabung trotz aller Förderung, auch durch Salieri, mit der des Vaters nicht zu vergleichen ist. Kinder eines Genies sind nicht zu beneiden.

nicht beruhigen, als müsse ein so außergewöhnlicher Mensch auch ungewöhnlich
gestorben sein. Doch was Mozart unsterblich macht, ist eben nicht nur das Entrückte,
sondern das Menschliche in seiner Musik. Und wer Mozarts Lust an den sinnlichen
Genüssen nicht versteht, wird ihn nie ganz verstehen.

Verzeichnis der Rezepte

Suppen & Fastenspeisen

Erdäpfelsuppe	46
Fischbeuschelsuppe	53
Gebackene Austern	54
Gelbe-Rüben-Suppe	45
Gesulzter Karpfen	50
Karpfenknöderl auf Paprikakraut	52
Kräutersuppe	49
Palatschinken mit Belon-Austern	54
Rindssuppe	38
Rindssuppe mit Markknödeln	42
Safransuppe	44
Sauerkrautsuppe mit Bratwurst	44
Suppeneinlagen (Grießnockerl, Wiener Leberreis, Panadl)	41

Gemüsesuppen & -gerichte

Broccoli mit gestockten Eiern	87
Broccoli-Karfiol-Auflauf mit Eiern auf grüner Samtsauce	88
Dill-Fisolen	95
Erbsensuppe mit Pfefferminze	91
Erdäpfeltorte mit Madeira-Jus, einfache Version	84
Erdäpfeltorte mit Trüffeln und Madeira-Jus, Luxusversion	84
Gratinierte Erbsen und andere Frühlingsgemüse	90
Kohlrabisuppe mit Graubrotwürferln	91
Linsenpüree-Suppe	92
Mousse von Gelben Rüben und Birnen	86
Paradeiser-Fisolen	95

Flusskrebse & Fischgerichte

Brachsenfilets in Erdäpfelkruste mit Senfmousseline	115
Forellenfilets auf Gartenkräutern mit Sellerie	118
Geselchte Fische mit Rote-Rüben-Kren	110
Hausen(= Stör)schnitzel mit Kerbelschaum	119
Lachsschnitzel in Butter gebraten auf Gurkenrahm	114
Marinierte Flusskrebse auf Wiesensalaten	108
Rieslingcremesuppe mit Hechtnockerln	111

Steckerlfisch – frisch geräucherte Makrelen 116

Stockfisch auf Rahmsauerkraut 113

Fleisch & Wild

Apfelschmalz 149

Bierfleisch 151

Carbonadeln (= Schweinskoteletts) mit Estragonsauce und Specklinsen 152

Ente mit Majoranfülle 142

Fasan im Speckmantel mit Maroni-Rotkraut 144

Fasanen-Ragout 143

Gefüllter Kapaun 147

Geröstete Kutteln auf Roten Rüben 159

Gerstensuppe mit Rindfleisch 150

Gesottene Kalbszüngerl auf Semmelkren 163

Gesottenes Lämmernes in Majoransauce 157

Lammstrudel mit Minze 155

Leberknödel mit Sauerkraut 160

Marinierte Entenbrust mit Vogerlsalat 141

Rehmedaillons mit Erdäpfel-Eierschwammerl-Rösti 148

Rindfleischeintopf 154

Schöpsernes – Hammelfleisch mit Petersilie 158

Wiener Backhendl 138

Obst, Nachspeisen & Getränke

Apfelkuchen mit Vanilleguss 193

Auflauf-Omeletts mit Pfirsichen 201

Birnenknödel mit Nüssen 205

Feigen mit Ribisel-Sauce 200

Gefüllte Ananas mit Karamellkruste 204

Getrocknete Feigen in Madeira 196

Kaffeecremetorte 206

Limonade 199

Limoni-Pomeranzen-Kuchen 190

Mandelkoch mit frischen Erdbeeren 195

Mandelmilch 196

Melonen-Gratin mit Heidelbeeren 199

Punsch, österreichisch 209

Reisschmarren mit Topfen 192

Schokoladenkonfekt 202

Türkenkoch 194

Personen

Arco, Karl Joseph Maria Felix Graf von (1743–1830); Oberstküchenmeister bei Fürsterzbischof Hieronimus Graf Colloredo, der am 30. Juli 1781 Mozart mit einem Fußtritt aus den erzbischöflichen Diensten verabschiedet.

D'Asti von Astenburg, Marianne (ca. 1727–1798); Tochter des Leopold Troger, Hofbeamter beim Generalgouverneur in Mailand, dessen Schwester in Salzburg wohnte. Mariannes Familienangehörige nahmen sich später auch des ältesten Mozartsohnes, Carl Thomas, an, als er sich in Mailand beruflich etablierte.

Auernhammer, Josepha Barbara (1758–1820); Tochter von Auernhammer, Johann Michael von (gestorben 1782), wohnte im Maynonischen Hause Nr. 999, Kärntnerstraße.

Cavalieri, Caterina (1755 in Wien getauft–1801); Koloratursängerin, erste Darstellerin der Constanze bei der Uraufführung von Mozarts »*Entführung aus dem Serail*« in Wien; Schülerin und Geliebte von Antonio Salieri. Catarina war die Tochter des Musikers, Chorregenten und späteren »Musik-Direktors auf dem k. k. großen Redouten-Saal« Joseph Carl Cavalieri (1722–1787).

Ceccarelli, Francesco (1752–1814); Kastrat aus Foligno, der zehn Jahre lang bei der Hofmusik in Salzburg angestellt war.

Cobenzl, Graf Johann Philipp von (1741–1810); schloss 1779 als Vertreter Österreichs den Frieden von Teschen ab. Mozart kannte ihn seit 1763 und war oft bei ihm zu Gast auf dem Wiener Sommersitz auf dem Reisenberg. Seine Cousine war Mozarts erste Klavierschülerin in Wien.

Colloredo, Graf von Hieronymus Franz de Paula (1732–1812); Salzburger Erzbischof von 1772 bis 1812

Gilowsky von Urazowa, Franz Wenzel (1757–1816): Sohn von Wenzel Andreas Gilowsky, kam 1778 durch Kontakte zur Familie Firmian nach Wien, studierte Medizin und war Mozarts Trauzeuge.

Hagenauer, Johann Lorenz, senior (1712–1792); Handelsherr und Spezereiwarenhändler, Eigentümer der Häuser Getreidegasse 7–9 in Salzburg und eines Hauses im Nonntal; 1738 heiratete er Maria Theresia Schuster, die ihm elf Kinder gebar. Hagenauer stand Leopold Mozart in wirtschaftlichen und finanziellen Angelegenheiten bei. Über ihn lief die Verrechnung von Geldanweisungen an ausländische Geschäftsfreunde Hagenauers bei den Reisen der Mozarts.

Hagenauer, Kajetan Rupert (1746–1811); Sohn von Theresia und Johann Lorenz Hagenauer, trat 1764 ins Kloster von St. Peter ein; zur Primiz 1769 komponierte Mozart die so genannte *Dominikus-Messe KV 66*. Von da an nannte sich Kajetan Pater Dominicus. 1786, als Mozart längst in Wien lebte, wurde er zum Abt gewählt und bemühte sich vor allem darum, die musikalische Tradition des Klosters hochzuhalten.

Hagenauer, Maria Theresia, geb. Schuster (1717–1800); Ehefrau von Johann Lorenz, wie er Briefpartnerin Leopold Mozarts. Sie kam aus bester Familie: ihr Vater war in Salzburg Handelsmann und Ratsherr, ihr Halbbruder war der Salzburger Bürgermeister Weiser. Sie gebar ihrem Mann elf Kinder. Nach dem Tod des jüngsten Sohnes Johann Nepomuk, der das väterliche Geschäft weitergeführt hatte, übernahm sie, bereits über achtzig, mit drei Töchtern das Haus und die Spezereiwarenhandlung und führte diese mit angestellten Direktoren bis zu ihrem Tode.

Haibel (auch Haibl) Sophie, geb. Weber (1763–1846); jüngste der vier Weber-Schwestern; nach dem Tod ihres Mannes, Musiker und Komponist, zog sie zu Constanze nach Salzburg, wo sie auch starb.

Hasse, Johann Adolf (1699–1738); Komponist, getauft in Bergedorf bei Hamburg, gestorben in Venedig, Schüler von Porpora und Scarlatti, verheiratet mit der berühmten Sängerin Faustina Bordoni.

Haydn, Johann Michael (1737–1806); jüngerer Bruder von Joseph Haydn, ebenfalls Komponist. 1763 wurde er als »Hofmusicus« zweiter Konzertmeister in Salzburg,

stieg nach zehn Jahren später zum ersten Hofkonzert-
meister auf und wurde 1782 schließlich zum Hoforganis-
ten ernannt.

Hofdemel, Franz (ca. 1755–1791, Selbstmord); Kanzlist bei
der Obersten Justizstelle; wohnte in der Grünangergasse
Nr. 1360; seine Frau Maria Magdalena, geborene Pokorny
(geboren 1766), war Mozarts Schülerin; bei ihrem Vater,
dem reisenden Virtuosen Gotthard Pokorny (1733–1802),
verpfändete Mozart 1790 für ein Darlehen eine goldene
Taschenuhr und löste sie nicht mehr aus.

Hofer, Franz de Paula (1755–1796); Sohn des Musikerehe-
paars Markus und Elisabeth, geborene Christian, seit 1780
Violinist bei der Kirchenmusik St. Stephan, ab 1787 Violinist bei der kaiserlichen Hofmusik für 150 fl Jahresgehalt.

Lange, Aloisia, geborene Weber (1761–1839); Sängerin
und erste große Liebe Mozarts; in Zell geboren, kam sie
mit der Familie 1765 nach Mannheim. Als sie dort Mozart
kennen lernte, war sie siebzehn, wurde aber von der Familie jünger gemacht. Als die Mannheimer Hofkapelle nach
München übersiedelte, wurde sie vom Intendanten Johann
Anton Graf Seeau »zum deutschen Theater« engagiert.

Lange, Joseph (1751–1831); Schauspieler, heiratete, nachdem seine erste Ehefrau, Anna Maria Elisabeth, geborene
Schindler, am 14.3.1779 gestorben war, in zweiter Ehe am
31. Oktober 1780 Aloisia Weber.

Leitgeb oder Leutgeb, Joseph (1732–1811); Waldhornist,
mit Mozart seit 1763 bekannt, als er im Dienst der Salzburger Hofkapelle stand; 1777 ist er wohl nach Wien gezogen; dort nahm Mozart mit ihm kurz nach seinem Eintreffen 1781 Kontakt auf. Während Constanzes Aufenthalt in
Baden 1791 übernachtete Mozart öfter bei Leitgeb, der ein
Jahr nach dem Tod seiner ersten Frau Barbara 1785 nochmals geheiratet hatte. Er war öfter die Zielscheibe von
Mozarts Spott, obwohl er Leitgebs künstlerische Fähigkei-
ten zu schätzen wusste, was die ihm gewidmeten Werke für
Waldhorn belegen.

Mesmer, Dr. Franz Anton (1734–1815); kennt Mozart von
dessen Wien-Aufenthalt 1767/68. Der berühmte »Mes-

merische Garten«, südöstlich der inneren Stadt, im heutigen 3. Bezirk gelegen, gehört zum Landsitz, in der Rauch-
fangkehrergasse, heute Rasumofsky-Gasse.

Mozart, Carl Thomas (1784–1858); älterer der beiden
überlebenden Mozart-Kinder. Zog 1797 nach Livorno,
um dort eine Kaufmannslehre zu absolvieren. 1805 ging
er nach Mailand, wo er zuerst bei Bonifazio Asioli Musik
studierte, dann aber die Beamtenlaufbahn einschlug. Er
starb in Mailand.

Mozart, Franz Xaver Wolfgang (»Wolfgang Amadeus«)
(1791–1844); jüngerer der beiden Mozartsöhne, von der
Mutter zum Wunderkind stilisiert, ausgebildet in Prag und
Wien bei Hummel und Salieri. Zwanzig Jahre lebte er in
Lemberg, 1838 zog er dann nach Wien. Er starb während
eines Aufenthaltes in Karlsbad.

Mozart, Constanze, geb. Weber (1763–1842); Mozarts Frau,
Mutter von Carl Thomas und Franz Xaver Wolfgang. 1809
heiratete sie den dänischen Etatsrat Nikolaus Georg von
Nissen, mit dem sie elf Jahre in Dänemark lebte. Nach
seiner Pensionierung zogen die beiden nach Salzburg.

Mozart, Maria Anna Walpurga Ignatia (»Nannerl«) (1751–
1829), verheiratete Freifrau von Berchthold zu Sonnenburg; Pianistin und Klavierpädagogin; Mozarts in der
Jugend angebetete, später vernachlässigte Schwester

Nissen, Georg Nikolaus von (1761–1826); lernte Constanze
als deren Untermieter in Wien kennen, heiratete sie 1809
im Dom von Pressburg, lebte mit ihr von 1810 bis 1821 in
Kopenhagen, zog mit Constanze nach seiner Pensionierung 1821 nach Salzburg und arbeitete dort bis zu seinem
Tod an einer Mozart-Biografie, die aber erst postum fertig
gestellt und veröffentlicht wurde.

Schrattenbach, Siegmund (auch Sigismundus) Graf von
(1698–1777); Salzburger Fürsterzbischof von 1753 bis
1777, aus Graz stammend, großer Förderer Mozarts

Schütte, Dr. Daniel (1763–1850); später Hofrat und
Unternehmer des Bremer Theaters, der in Wien zu Besuch
war und dort Mozart privat kennen lernte.

Schubart, Christian Friedrich Daniel (1739–1791); Schriftsteller und Musiker, der wegen seiner scharf polemischen Zeitschrift »Teutsche Chronik« von Herzog Karl Eugen aus Württemberg ausgewiesen wurde, 1777 eben von diesem Landesherrn wieder ins Land gelockt und zehn Jahre auf der Festung Hohenasperg in Kerkerhaft gesetzt wurde, aus der er 1787 durch Vermittlung des preußischen Hofes freikam.

Schwingenschuh, Anna, Frau von Aloys Schwingenschuh, Adjunkt im Hauptmünzamt

Staiger (bei Mozart meist Steiger), **Anton** (ca. 1720–1781); Kaffeesieder, Schokoladenproduzent und Inhaber des Kaffeehauses »Staiger« in Salzburg

Staiger (bei Mozart meist Steiger), **Franz Seraph Anton** (1750–1820); Landschafts-, Bau- und Proviantverwalter in Salzburg, der das Kaffeehaus seines Vaters Anton übernahm, das spätere »Tomaselli«. Verheiratet war er mit Konstanze Franziska, geb. Bauernfeind, auch Baurnfeind oder Pauernfeind geschrieben (1761–1818), die vor ihrer Verheiratung mit den Eltern Nachbarn der Mozarts am Hannibalplatz war.

Thun-Hohenstein, Graf Franz Joseph von (1734–1800); Ehemann der Marie Wilhelmine; Mozart bezeichnet ihn als »der (...) sonderbare ... Cavalier«, weil er ein Anhänger des Magnetiseurs Dr. Franz Anton Mesmer war, selbst durch Handauflegen zu heilen versuchte, an Mystischem und Geheimnisvollem reges Interesse hatte und sich mit übersinnlichen Phänomenen beschäftigte. Er war wie Mozart Mitglied der Loge »Zur wahren Eintracht«.

Thun-Hohenstein, Gräfin Marie Wilhelmine von, geborene Komtesse Ulfeld (1747–1800), besondere Gönnerin Mozarts

Trattner, Johann Thomas von (1717–1798); Buchdrucker, Verleger und Buchhändler; seit 1752 durch van Swietens Hilfe Hofbuchhändler. Besitzer des »Trattnerhofs« Am Graben, der 1911 abgerissen und 1912 durch zwei Neubauten ersetzt wurde.

Weber, Cäcilie Cordula, geb. Stamm (1727–1793); Witwe des Fridolin Weber, Mutter von Josepha, Aloisia, Constanze und Sophie. Von Leopold Mozart bis aufs Messer gehasst.

Weber, Franz Fridolin (1733–1779); studierte in Freiburg von 1750–1752 Jurisprudenz, 1754 wurde er Amtmann in Zell zu Wiesental und Stetten durch Baron Ignaz Franz Ludwig von Schönau. 1756 heiratete er Maria Cäcilie Stamm, 1763 musste er seine Amtsstelle aufgeben, kam über Rheinfelden nach Mannheim und arbeitete dort als Bassist, Souffleur und Notenkopist des Hoftheaters. 1778 zog er mit seiner Familie nach München um, ein Jahr später nach Wien, weil Aloisia dort eine Stelle bekommen hatte. In dem Haus am Kohlmarkt, in dem Mozart von Februar bis Ende April 1783 wohnte, starb er am 23. Oktober 1779 an »Stickfluss«.

Weber, Josepha (1759–1819); älteste der Weber-Schwestern. Sie war später die erste Darstellerin der Königin der Nacht; 1788 hatte sie Mozarts Freund Franz Hofer geheiratet.

Weber, Maria Cäcilie, geborene Stamm (1727–1793): Tochter des kurpfälzischen Regierungssekretärs Johann Otto Stamm und seiner Frau Sophie Elisabeth, geborene Wimmer; Mozart kannte die Familie seit 1777 aus Mannheim. 1778 waren die Webers nach Wien umgezogen, nachdem Aloisia hier ein Engagement bekommen hatte.

Weber, Sophie (1763–1846); jüngste der Weber-Schwestern, die erst am 7. Januar 1807 in Diakowar in Slawonien den dort an der Domkirche beschäftigten Chordirektor Petrus Jakob Haibel heiratete (1762–1826), dessen Frau im Jahr zuvor in Wien gestorben war. Um 1789 stieß er als Singspielkomponist und Tenor zur Schikaneder-Truppe. Nach dem Tod ihres Manns zog Sophie zu Constanze nach Salzburg.

Wetzlar, Raimund oder Raymund Freiherr von Plankenstein (1752–1810); der jüdische, katholisch getaufte Hausherr Mozarts, nach dem sein erstes Kind den Namen Raimund oder Raymund bekam.

Bibliografie (eine Auswahl)

Angermüller, Rudolph und Geneviève Geffray: *Delitiae Italiae. Mozarts Reisen in Italien.* Bad Honnef 1994

Dieselb.: *Mozart auf der Reise nach Prag. Dresden, Leipzig und Berlin.*

Barth-Scalmani, Gunda, Brigitte Mazohl-Wallnig und Ernst Wangermann (Hrsg.): *Genie und Alltag. Bürgerliche Stadtkultur zur Mozartzeit.* Salzburg 1994

Bauer, Hermann (Hrsg.): *Conrad Hagger — Neues Salzburgisches Koch-Buch. Die altbewährten Rezepte des fürsterzbischöflichen Leibkochs, für die heutige Küche koch- und mundgerecht gemacht.* Salzburg 1976

Bauer, Wilhelm, und Otto Erich Deutsch (Hrsg.): *Mozart. Briefe und Aufzeichnungen.* Gesamtausgabe in sieben Bänden. Kassel, Basel, London, New York, London, Tours 1962–1975

Blümml, Emil Karl: *Aus Mozarts Freundes- und Familienkreis.* Wien, Prag, Leipzig 1923

Csobádi, Peter (Hrsg.): *Wolfgang Amadeus. Summa summarum.* Wien 1990

Deutsch, Otto Erich (Hrsg.): *Mozart. Die Dokumente seines Lebens.* Leipzig 1961

Internationale Stiftung Mozarteum (Hrsg.): *Mozart, Bilder und Klänge.* 6. Salzburger Landesausstellung im Schloss Klessheim, Salzburg, vom 23. März bis zum 3. November 1991. Salzburg 1991

Landon, H.C. Robbins: *Mozart. Die Wiener Jahre 1781–1791.* München 1990

Ders.: *1791 — Mozarts letztes Jahr.* Düsseldorf, Wien, New York 1991

Mittenzwei, Ingrid: *Zwischen Gestern und Morgen. Wiens frühe Bourgeoisie an der Wende vom 18. zum 19. Jahrhundert. Bürgertum in der Habsburgermonarchie VII.* Wien, Köln, Weimar 1998

Münster, Robert: *»ich würde München gewis Ehre machen«. Mozart und der Kurfürstliche Hof zu München.* Weißenhorn 2002

Pichler, Caroline: *Denkwürdigkeiten aus meinem Leben.* Hrsg. von Emil Karl Blümml. München 1914

Qualtinger, Leomare (Hrsg.): *Das Kochbuch der Anna Maria Stainer 1789.* Wien und Heidelberg 1978

Tanzer, Gerhard: *Spectacle müssen seyn. Die Freizeit der Wiener im 18. Jahrhundert. Kulturstudien. Bibliothek der Kulturgeschichte,* Hrsg. von H. Ch. Ehalt und H. Konrad, Band 21. Wien, Köln und Weimar 1992

Tichy, Gottfried: *Mozarts unfreiwilliges Vermächtnis. Der Genius musicae aus unbekannten Pespektiven.* Bonn 1998

Danksagung:

Die Fotografen und der Verlag möchten folgenden Personen und Firmen einen besonderen Dank aussprechen:

Wiener Porzellanmanufaktur Augarten GmbH, Schloß Augarten, Wien (Porzellan allgemein und die Mozart-Figuren)
Porzellanfabriken Christian Seltmann GmbH, Weiden/-Oberpfalz (Teller Fasan)
Porzellan Manufaktur Nymphenburg, München (Porzellan allgemein)
W. von Schmieder, Theatinerhof, München (Silber)
Antiquitäten Wolfgang Deckmann jun., Forchheim (Silberbesteck)
Antike Lampen, München (Glas)
Bohnhoff + Pluntke Antiquitäten, München (Glas)
Gabriele Wenzel, München (Tischwäsche)
Uschi Mampell, Trödel & Antiques, München (diverse Requisiten)

Bildnachweis:

Zoltan Nagy: 4, 12 (links), 14, 22-23, 25, 62-63, 74, 75, 77, 99, 100, 101, 102-103, 123, 124, 132, 133, 134, 167, 168, 179, 184
Bodo A. Schieren: 28-29, 36, 39, 40, 43, 47, 48, 51, 55, 82, 85, 89, 93, 94, 106, 109, 112, 117, 134, 136, 139, 140, 145, 146, 153, 156, 161, 162, 188, 191, 197, 198, 203, 207, 221,
IMAGNO/Otto Anrather: 18-19
IMAGNO/Austrian Archives: 6-7, 8, 9, 10-11, 12 (rechts), 13, 15, 17, 21, 26, 31 (links), 31 (rechts), 34, 56-57, 59, 61, 65, 67, 68, 70, 71, 72 (links), 72 (rechts), 96-97, 104, 120-121, 122, 125, 127, 129, 130, 164-165, 166, 169, 170, 173, 174, 178, 180 (rechts), 180 (links), 186, 187, 212-213, 217, 218 (links), 218 (rechts), 219, 224, 227, 228, 229, 230, 231, 232, 233
IMAGNO/Franz Hubmann: 105
IMAGNO/Interfoto: 222
IMAGNO/Christian Schuhböck: 214-215
IMAGNO/Ullstein: 24, 216
IMAGNO/Harry Weber: 98

Wenn nicht anders angegeben, sind die Rezepte in diesem Buch jeweils für vier Personen berechnet.

3. Auflage 2006

www.collection-rolf-heyne.de

Umschlaggestaltung: Hauptmann und Kompanie Werbeagentur, München – Zürich
Scherenschnitte auf dem Cover und Innenteil: Tatjana Hauptmann
Buchgestaltung: Elisabeth Petersen, München
Foodfotografie und -arrangements: Bodo A. Schieren, München
Requisite: Inge Pober, München
Foodstyling: Christiane Wenzel, Berlin
Redaktion: Ingrid Bade
Litho: Lorenz und Zeller, Inning
Druck und Bindung: Polygraf Print, Presov

Printed in Slovakia

ISBN 3-89910-220-7